Frank R. Pfetsch

Einführung in die Außenpolitik
der Bundesrepublik Deutschland

14-12-1982

Studienbücher zur Sozialwissenschaft   Band 43

Frank R. Pfetsch

Einführung in die Außenpolitik der Bundesrepublik Deutschland

Eine systematisch-theoretische Grundlegung

Westdeutscher Verlag

CIP-Kurztitelaufnahme der Deutschen Bibliothek

Pfetsch, Frank R.:
Einführung in die Außenpolitik der Bundesrepublik
Deutschland: e. systemat.-theoret. Grundlegung/
Frank R. Pfetsch. — Opladen: Westdeutscher Verlag,
1981.
    (Studienbücher zur Sozialwissenschaft; Bd. 43)
    ISBN 3-531-21538-8

NE: GT

© 1981 Westdeutscher Verlag GmbH, Opladen
Umschlaggestaltung: studio für visuelle kommunikation, Düsseldorf
Druck: E. Hunold, Braunschweig
Buchbinderische Verarbeitung: W. Langelüddecke, Braunschweig
Alle Rechte vorbehalten. Auch die fotomechanische Vervielfältigung des
Werkes (Fotokopie, Mikrokopie) oder von Teilen daraus bedarf der
vorherigen Zustimmung des Verlages.
Printed in Germany

ISBN 3-531-21538-8

Inhalt

1. Einleitung

Diese Einführung in die Außenpolitik der Bundesrepublik soll ein Desiderat der Außenpolitikforschung abdecken, nämlich eine systematische und problemorientierte Darstellung der Träger, Instrumente und Ziele der Außenpolitik. Monographien zur deutschen Außenpolitik, die Ende der sechziger Jahre zu schreiben begonnen wurden, zeichnen entweder Ereignisgeschichte oder sind an Fallbeispielen orientierte Darstellungen. Theoretische Ansätze oder generelle Erklärungsmuster sind nur selten der historischen Deskription vorgestellt oder durch Analyse gewonnen worden. Dieser erste Teil einer auf zwei Publikationen angelegten Darstellung der bundesrepublikanischen Außenpolitik soll zunächst die „Innenausstattung" des außenpolitischen Handlungsbereichs systematisch darstellen und entscheidungstheoretisch aufbereiten[1]. Diese Einführung konzentriert sich auf den eigentlich „operativ-strategischen Aspekt" (Krippendorff) der Außenpolitik, nämlich auf die Träger, die Instrumente und die Ziele. Die Systematik wird mit empirischen Fallbeispielen vornehmlich aus der bundesrepublikanischen Politik angereichert, um die „Relevanz" (Myrdal), d. h. die Bedeutung der jeweiligen Träger, Instrumente und Ziele, für den Entscheidungsprozeß zu erkennen.

Diese Einführung bringt einen Ausschnitt aus einem Geflecht vielfältig verbundener Analyseebenen des nationalen, zwischenstaatlichen und internationalen Systems. Eine Gesamtanalyse hätte folgende Schritte zu berücksichtigen:

Unser Interpretationsansatz geht aus von der sozialpsychologischen Annahme über menschliches Entscheidungshandeln bzw. politisches Verhalten: außenpolitisches Handeln (H) ist eine Funktion (f) von Akteur (A) und Umwelt (U): $H = f(A, U)$[2]. Im Hinblick auf den Akteur stellt eine außenpolitische Entscheidungsanalyse die klassische Frage von Harold Lasswell: who gets what, when, how, also die Frage nach den Entscheidungsträgern $A_1, A_2, A_3 \ldots$ und den Determinanten der Entscheidungssituation.

Akteure	A_1
	A_2
	A_3
	:

Entscheidungstheoretische Ansätze haben die Idenfikation und Beschreibung der Entscheidungsträger, die Mittel und Ziele sowie die situativen Bedingungen wie Raum, Zeit, Institutionen, Information und Kommunikation, Motive etc. im Fokus. Zu den Persönlichkeitsfaktoren gehören langandauernde Eigenschaften und motivationale Faktoren[3] wie z. B. Eignung für ein Amt, intellektuelle Kapazitäten, Reaktions- bzw. Aktionsfähigkeit etc., aber auch Dispositionen aufgrund erlernter Eigenschaften in Institutionen der Sozialisation (Elternhaus, Schule etc.)[4]. Auf Eigenschaften der politischen Führung hebt eine Richtung der politischen Theorie ab, die von Machttechnik-Ansätzen eines Machiavelli und ihrer Wiederaufnahme bei Elitentheoretikern (Mosca, Pareto, Michels) über die Legitimationstheorie von Max Weber bis zum politischen Existenzialismus und Dezisionismus eines Carl Schmitt reicht. Eine Richtung der Geschichtsschreibung, die Persönlichkeitseigenschaften verabsolutiert in den Vordergrund gestellt hat, wurde bekanntlich auf die Formel ,,Männer machen Geschichte" gebracht.

Individualpsychologische oder -soziologische Faktoren einer Einzelperson spielen sicherlich insbesondere in autoritär strukturierten politischen Regimes eine wichtige Rolle, sind aber, wie insbesondere Faschismusanalysen gezeigt haben, nicht unabhängig von ökonomischen, gesellschaftlichen oder kulturtraditionellen und organisatorischen Faktoren[5]. Solche von der individuellen Person unabhängig existierenden Einflußgrößen können zu dem Allgemeinbegriff ,,Umwelt" zusammengefaßt werden und sind von Strukturansätzen in den Vordergrund gestellt worden (Potentialansatz, Ökonomieansatz, marxistische und neomarxistische Ansätze etc.).

Die Umwelt des Akteurs besteht aus einer Vielzahl von Komponenten, die je nach Entscheidungsfall, historischer Situation oder situativer Gegebenheit unterschiedlich auf die Entscheidung einwirken. Die vom jeweiligen Akteur aus gesehen unmittelbare und von ihm wahrzunehmende Umwelt ist die unmittelbare Handlungssituation.

Umwelt	U_1
	U_2
	U_3
	:

Der Einmarsch kommunistischer Truppen in Südkorea 1950 war für die US-Regierung eine handlungserzwingende Situation ebenso wie z. B. die Geiselnahme von amerikanischem Botschaftspersonal in Teheran 1979 oder das Installieren von sowjetischen Raketen in Kuba 1962.

Die nächste soziale Umgebung der Entscheidungsträger wie Beraterstab, administrative Unterstützung bzw. Behinderung etc. sind Faktoren, die entscheidend sein können, wie Berichte von Politikern immer wieder zeigen. Der Policy-Science oder Bürokratie-Ansatz versucht diese administrative Restriktionen zu thematisieren.

Zur entfernteren Umgebung gehören Bestimmungsgrößen, die die soziale Umgebung determinieren, aus der Vergangenheit wirken (,,systematische Antezedenzien") oder Strukturbedingungen des Wirtschafts- und Gesellschaftssystems sind. Die Beziehungen solcher Strukturdaten zum politischen System im engeren Sinne gestalten sich unterschiedlich von Land zu Land, von

8

Epoche zu Epoche und werden je nach zugrunde gelegtem Normensystem unterschiedlich interpretiert. Das „Vermittlungsverhältnis" zwischen dem Wirtschafts-, Gesellschafts- und politischen System ist in der politischen Theorie ein zentrales Problem.

Zu den vom Akteur nicht unmittelbar beeinflußbaren Faktoren des politischen Systems rechnen wir im Falle der Bundesrepublik materielle wie immaterielle Gegebenheiten wie das geistige Klima, Ideologie oder Grundbefindlichkeiten, die historische Ausgangslage 1945—1949 (Zonenbildung durch die Siegermächte, Teilung des Landes in drei westliche und eine östliche Zone und entsprechender staatlicher Neuaufbau, Sonderstatus von Berlin und Insellage); zu dieser Ausgangslage gehört auch die international wirksame Belastung durch die Vergangenheit.

Zur Umwelt der Akteure gehören aber auch objektive materielle Faktoren der ökonomischen, gesellschaftlichen, wissenschaftlich-technischen Entwicklung, die geographische und geopolitische Lage etc. Ökonomieansätze und Potentialanalysen betonen diese Faktoren und leiten davon internationale Machtverhältnisse ab.

Für die Wirtschaft gilt der Satz: „Geld hat keine Beine". Ebensowenig können Kräfteziffern und materielle Potentiale Politik machen. Es bedarf der Umsetzung solcher Ressourcen in politisches Handeln, und Handeln wird von einzelnen Individuen, von Gruppen oder anderen Kollektiven vollzogen.

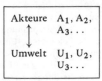

Die Beschaffenheit der sozialen und physikalischen Umwelt bestimmt das Entscheidungshandeln von Akteuren nur insofern, als die Beschaffenheit der Umgebung in die „interne psychologische Struktur" (das heißt in die kognitiven Vorstellungen, die subjektiven Wahrscheinlichkeiten, in die Motive und Valenzen) eingegangen ist. Ob und welche Informationen über die Umwelt in die psychologische Struktur der Akteure eingehen, darüber entscheiden soziale Selektionsmechanismen sowie physiologische und psychologische Mechanismen der Wahrnehmung und Informationsverarbeitung. Die „objektive" Beschaffenheit einer Entscheidungssituation wird damit nicht irrelevant, sondern stellt im Gegenteil eine wichtige Determinante der Wahrnehmung und Interpretation durch den Akteur dar. Da in der Regel Wahrnehmung und „objektive" Beschaffenheit der Situation beim Akteur übereinstimmen, ergeben Umweltanalysen (soziales Umfeld, Institutionenanalysen und im weiteren Sinne Analysen des politischen, gesellschaftlichen, kulturellen und ökonomischen Systems) gute Annäherungen an das tatsächliche Entscheidungsverhalten eines Akteurs.

Außenpolitisches Handeln ist somit im Innern Resultat der Beziehung zwischen Akteur und Umwelt. Die Umwelt kann von politischen Entscheidungsträgern unterschiedlich wahrgenommen und interpretiert werden.

Bei außenpolitischem Entscheidungshandeln spielt die Perzeption und Interpretation von Wirklichkeit nicht nur eine Rolle im Verhältnis von nationalem Akteur und nationaler Umwelt, sondern ebenso im Verhältnis zwischen Akteuren und Umwelt des Staates A zum Staat B und dessen Akteur- und Umweltbeziehungen. Die gleiche Analyseprozedur, wie sie für den Staat A durchgeführt wurde, muß nun auch für den Staat B durchgeführt werden, denn im bilateralen Verhältnis spielt die gegenseitige Einschätzung, Bewertung von Akteuren, Umwelt und Akteur-Umweltbeziehungen eine wichtige Rolle zum Verständnis des jeweiligen Gegenübers, seiner Forderungen, Interessen, Aktionen und Reaktionen. Die Möglichkeiten der Beeinflussung eines anderen Staates hängen entscheidend davon ab, ob es gelingt, Schlüsselpersonen des anderen Systems zu identifizieren und deren Handeln zu verstehen.

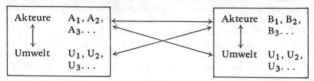

Als dritte Ebene kommt neben die nationale und bilaterale die internationale Staatenkonstellation hinzu, das, was als internationales System bezeichnet wird. Internationale Beziehungen sind nicht die Summe nationaler Politiken nach außen, denn Einstellungen und Aktionen von Staaten zueinander werden auch bestimmt von kollektiven Handlungsmustern der internationalen Machtverteilung, der hierarchischen Machtverteilung im Weltsystem.

So wird gegenwärtig die Diskussion um die Neue Weltwirtschaftsordnung in den verschiedenen Gremien der Vereinten Nationen von Kollektiven bestimmt wie der Gruppe 77 (Entwicklungsländer), der B-Gruppe (westliche Industriestaaten), der D-Gruppe (Staatshandelsländer Osteuropas) und der VR China. Der Nord-Süd-Dialog zerfällt in diese kollektiven Entscheidungseinheiten, ebenso wie die Ost-West-Auseinandersetzung mit ihren Phasen der Spannung („Kalter Krieg") und der „Entspannung" von in sich strukturierten Kollektiven wie der NATO und dem Warschauer Pakt getragen war und wird.

Auch diese Ebene der Politik wird von Haupt- und Nebenakteuren bestimmt, auch dieses System kennt ein „objektives" Umfeld, eine ungleiche Verteilung der Potentiale. Wirtschaftliche, wissenschaftlich-technische und kulturelle Ungleichgewichte werden nicht nur von den Haupt- (Supermächten) sondern auch von den Nebenakteuren (mittleren und kleineren Staaten) wahrgenommen und bestimmen ihr Verhalten.

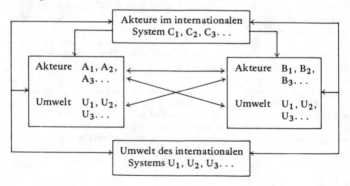

Diese propädeutische Darstellung konzentriert sich auf den Akteur-Institutionen-Aspekt im nationalen Entscheidungssystem; sie beginnt im zweiten Kapitel mit der Erarbeitung der grundlegenden Begriffe und Problembereiche der Außenpolitik und sucht in sukzessiver Annäherung nach einer Definition des außenpolitischen Handlungsfeldes.

Das dritte Kapitel beschäftigt sich mit den Trägern der Außenpolitik, den gouvernementalen Institutionen, den regulativen Normen und nicht-gouvernementalen Organisationen. Die statische Institutionenbetrachtung wird dabei durch Prozeßanalysen ergänzt, die normierten Regulative werden durch Konfrontation mit der historischen Wirklichkeit ausgefüllt.

Als Träger der Außenpolitik wird der weite Bereich unorganisierter Meinungen (öffentlicher Meinungen) bis hin zu den höchsten Regierungsverantwortlichen behandelt. Der innenpolitische Meinungsbildungsprozeß wird von unterschiedlichen Organisationen oder Gruppierungen getragen, deren wichtigste sind: Öffentliche Meinung und Medien, gesellschaftliche Gruppen, Parteien, Fraktionen, Parlament(e), Bundesverfassungsgericht, Ministerien und schließlich die Regierung sowie die Staatsspitze.

Bewußt wurde in dieser Aufzählung von einem noch diffusen Wahrnehmungsgroßaggregat wie dem der „öffentlichen Meinung" ausgegangen und zu immer spezifischeren Aggregaten geschritten. Die wichtigsten Entscheidungsträger werden nicht am Anfang sondern am Schluß genannt, um die Perspektive eines gesellschaftlichen Prozesses nicht aus dem Auge zu verlieren. Dieser Konzeption liegt dabei nicht die Intention zugrunde, Außenpolitik als einen idealdemokratischen Vorgang zu verstehen, wie dies naheliegen könnte, wenn man die Spiegeltheorie, d. h. die Deckungsgleichheit oder Übereinstimmung der verschiedenen Ebenen als „demokratisches" Kriterium heranzieht, wie dies in einigen Demokratieansätzen getan wird[6].

Auch liegt dieser Aufzählung keine „Filtertheorie" zugrunde, wonach außenpolitische Entscheidungsprozesse von Groß- zu Kleinaggregaten verlaufen, also etwa von der öffentlichen Meinung über die Parteien, Fraktionen, Ministerien hin zum Kanzleramt. Vielmehr sind Entscheidungsprozesse zum auswärtigen Bereich auf die Regierungsorgane konzentriert. Auch wenn im institutionellen Teil dieser Arbeit die einzelnen Institutionen getrennt und für sich behandelt werden, heißt dies nicht, daß sie alle gleichermaßen und gleichge-

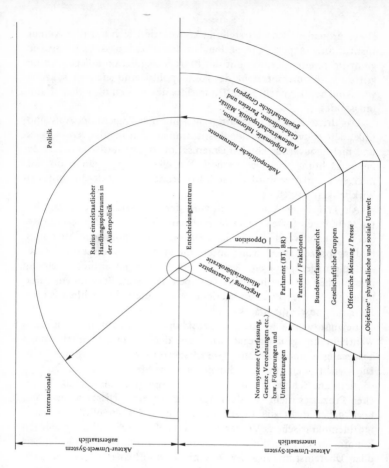

Modifiziertes Schema nach Kai M. Schellhorn: Der Staat: Die wichtigste Aktionseinheit in der Internationalen Politik. In: G.-K. Kindermann: Grundelemente der Weltpolitik (Piper), München 1977, S. 108 bzw. 116.

Labels within the figure:

Politik

Radius einzelstaatlicher Handlungsspielraums in der Außenpolitik

Internationale

Entscheidungszentrum

Akteur-Umwelt-System außerstaatlich

Akteur-Umwelt-System innerstaatlich

Außenpolitische Instrumente (Diplomatie, Information, Außenwirtschaftspolitik, Militär, Geheimdienste, Parteien und gesellschaftliche Gruppen)

Regierung / Staatsspitze Ministerialbürokratie

Opposition

Parlament (BT, BR)

Parteien / Fraktionen

Bundesverfassungsgericht

Gesellschaftliche Gruppen

Öffentliche Meinung / Presse

"Objektive" physikalische und soziale Umwelt

Normsysteme (Verfassung, Gesetze, Verordnungen etc.) bzw. Förderungen und Unterstützungen wichtig am Entscheidungsprozeß beteiligt sind oder waren. Es muß vielmehr von Fall zu Fall herausgefunden werden, welche Institutionen oder Personen als relevant zu betrachten sind, d. h. den größten Beitrag zum Entscheidungsergebnis geleistet haben. Dieses Identifikationsproblem, d. h. das Herausfinden der entscheidenden Handlungspartner bzw. -gegner, ist nicht nur wichtig für den Handelnden, sondern ebenso für den beobachtenden Analytiker. Die Gewichtung der einzelnen Institutionen fällt — je nach Fallbeispiel — entsprechend unterschiedlich aus.

Das vierte Kapitel fragt nach den Instrumenten, ihrem Einsatz und ihrer Wirkung. Das historische Material einer dreißigjährigen Entwicklung dient dabei als empirische Vorlage.

Das fünfte Kapitel schließlich beschäftigt sich mit der Systematisierung des substantiellen Gehalts, mit den Zielen der deutschen Außenpolitik wie sie in idealtypischer Weise aus den unterschiedlichen Phasen der bundesdeutschen Außenpolitik herausgelesen werden können. Wer (Träger), wie (Instrumente) was (Ziele) außenpolitisch bewegt hat, soll also im Fokus dieser Darstellung liegen und aus distanzierter Warte die Sicht der Handelnden nachzeichnen. Diese propädeutische Einführung läßt sich beschreiben als Entwurf eines entscheidungs-analytisch angelegten Modells in Grobstruktur mit den Elementen Träger (-institutionen), Instrumente und Ziele, dargestellt vor dem Hintergrund des zeitlichen Ablaufs einer dreißigjährigen außenpolitischen Ereignisgeschichte der Bundesrepublik Deutschland.

Anmerkungen

1 Der zweite Teil bringt in einer breiteren Darstellung die „Umweltfaktoren" und mit ihrer Hilfe eine Interpretation der außenpolitischen Ereignisgeschichte seit 1945. Vgl.: Die Außenpolitik der Bundesrepublik 1949—1980. (UTB, Fink), München 1981.

2 Martin Irle: Einige sozialpsychologische Bedingungen der Wählerbeeinflussung. In: Hans Albert (Hrsg.): Sozialtheorie und soziale Praxis. (Hain). Meisenheim 1971, S. 226.

3 M. Brewster Smith: A Map for the Analysis of Personality and Politics. In: Journal of Social Issues. Vol. XXIV, No. 3, 1968, S. 15—28.

4 Vgl. Werner Langenheder: Theorie menschlicher Entscheidungshandlungen. (Enke) Stuttgart, 1975.

5 Entscheidungstheoretisch genauer müßte eine „Ein-Mann-Herrschaft" so beschrieben werden: in der Beschaffenheit der internen psychologischen und physiologischen Struktur der Zentralfigur sind die eigenen Erfahrungen besonders ausgeprägt und setzen sich gegen Informationen aus der Umwelt besonders stark durch.

6 Vgl. Maurice Duverger: Les parties politiques. (Colin), Paris 1958[1].

2. Was ist Außenpolitik?

2.1 Thematisierung der Außenpolitik in der Ideen- und Theoriengeschichte

In diesem gerafften Überblick soll gezeigt werden, daß Ideen- bzw. Theoriegeschichte die wichtigsten Schwerpunkte eines Politikfeldes aufzuzeigen vermag und z. T. deutlicher auf Problembereiche und Erklärungszusammenhänge hinweist, als dies bei einer oft verengten Gegenwartsoptik der Fall ist.

Die Klassiker der politischen Ideengeschichte haben Außenpolitik vor allem unter zwei Gesichtspunkten thematisiert: einmal wird die Frage erörtert, wo im Regierungssystem bzw. Regierungsapparat das außenpolitische Entscheidungszentrum ist bzw. sein soll, und zweitens hat die Frage nach der inneren und äußeren Verfaßtheit der Staaten in ihrem Verhältnis zueinander zu außenpolitischen Reflexionen angeregt. Der eine oder der andere Gesichtspunkt wird je nach Autor mehr oder weniger betont bzw. vernachlässigt und muß im jeweiligen zeitgeschichtlichen Kontext gesehen werden. Die meisten für die heutige Zeit wichtigen Fragestellungen sind von klassisch gewordenen Autoren gestellt worden. Die thematischen Schwerpunkte und Interpretationsversuche lassen sich wie folgt wiedergeben.

Bei Aristoteles wird das Verhältnis von Staaten zueinander nicht zu einem zentralen Problem. Die Bedrohung des Staatensystems der griechischen polis wird nicht wie später für das Italien Machiavellis oder das England von Hobbes zu einem Zentralproblem der politischen Theorie, sondern nur als Möglichkeitserwägung behandelt. Die politische Gemeinschaft der polis müsse — so Aristoteles — überschaubar in ihrer Größe gehalten werden und „so sein, daß die Feinde schwer hinein und die Bewohner leicht hinaus können"[1]. Die Regierbarkeit im Innern werde allenfalls von außen bedroht, dann nämlich, wenn sich ein Staat mit entgegengesetzter Verfassung (also barbarische oder despotische Staaten) finde, der zugleich mächtiger ist.[2] Daher müssen „alle auf den Krieg berechneten öffentlichen Einrichtungen und Vorkehrungen zwar als gut und recht (be-

14

zeichnet werden), nicht aber als absolut höchster Zweck, sondern als Mittel zu diesem"[3]. Die Unterordnung von Fragen der Sicherheit und Verteidigung ist eigentlich erstaunlich, wenn man bedenkt, daß das Jahrhundert, in dem Aristoteles lebte, von Kriegen der griechischen Stadtstaaten mit Persien bestimmt wurde.

Die dynastischen Kriege der oberitalienischen Städte hingegen veranlaßten Machiavelli, außenpolitische Verhältnisse zentral in sein Staatsdenken einzubeziehen. Im Fürstentraktat „Il Principe" stehen Überlegungen im Mittelpunkt, wie Herrschaft erworben, gesichert und verteidigt werden kann, wobei Eroberung und Unterdrückung durchaus zu den Mitteln gerechnet werden. Es gibt nach Machiavelli ein Korrespondenzverhältnis zwischen äußerer und innerer Situation eines Landes: „. . . und immer wird im Innern Ruhe sein, wenn die auswärtige Lage beruhigt ist, es sei denn, daß gerade eine Verschwörung Verwirrung bringt."[4] Ruhe, das heißt eine im Sinne des Fürsten gesicherte Herrschaft, wird von außen- wie innenpolitischen Faktoren abhängig gemacht.

Für Locke, Montesquieu oder Rousseau wie für die meisten der in der liberalen Tradition stehenden Theoretiker ist Außenpolitik Teil der Regierungsgewalt, der Exekutive. Dies hat mit dem liberalen Grundsatz zu tun, daß die erste Aufgabe einer Regierung der Schutz der Bürger nach außen und innen sein soll, mithin also die Exekutive als am ehesten dazu befähigte Gewalt mit der Zuständigkeit für Aussenpolitik ausgestattet werden sollte. Nach Locke gehört dazu: „. . . the power of war and peace, leagues and alliances, and all the transactions with all persons and communities without the commonwealth"[5]. Zu diesem Zweck hat er sogar die Exekutive in zwei Gewalten aufgeteilt, wobei Außenpolitik der „föderativen" Gewalt übertragen wird; auch bei Rousseau ist das Recht, Bündnisse zu schließen, Kriege zu erklären und Frieden zu schließen eine „domaine réservé" der Exekutive, also kein direkter Akt der Volkssouveränität.

Die Frage nach der Vereinbarkeit von republikanisch-freiheitlicher Verfassung im Innern und außenpolitischer (militärischer) Absicherung nach außen beantwortet Montesquieu mit dem Hinweis auf ein föderatives Bündnissystem, das kleinere Staaten eingehen müßten, um ihr System zu verteidigen. Es sei also nicht nötig, das innenpolitische Potential zum Zweck der Verteidigung nach außen zu organisieren, um eine ausländische Invasion zu verhindern. Die Freiheit im Innern und die Sicherheit nach außen könnten durch eine „république fédérative" gewährleistet werden. „Composé de petites républiques, il jouit de la bonté du gouvernement intérieur de chacune; et, à l'

15

égard du dehors, il a, par la force de l' association, tous les avantages des grandes monarchies."[6]

Bei Kant steht bekanntlich nicht so sehr die Frage nach dem Schutz nach außen im Vordergrund außenpolitischer Reflexion, sondern die nach dem Frieden. In der von ihm befürworteten republikanischen Verfassung soll die Entscheidung über Krieg und Frieden in den Händen des „Volkes" liegen. Eine solche Verfassung verbürge am ehesten die Erhaltung des Friedens, denn — so die Begründung — das Volk werde nicht zu seinem eigenen Schaden entscheiden: „Nun hat aber die republikanische Verfassung (...) noch die Aussicht in die gewünschte Folge, nämlich den ewigen Frieden; wovon der Grund dieser ist. Wenn (...) die Beistimmung der Staatsbürger dazu erforderlich wird, um zu beschließen, ob Krieg sein solle, oder nicht, so ist nichts natürlicher, als daß, da sie alle Drangsale des Krieges über sich selbst beschließen müßten (...), sie sich sehr bedenken werden, ein so schlimmes Spiel anzufangen."[7] Außerdem setzt Kant auf das kommerzielle Interesse: das „zuverlässigste" Mittel, Gewalttätigkeit und Krieg zu verhindern, sei die „Geldmacht", „der Handelsgeist, der mit dem Krieg nicht zusammen bestehen kann"[8].

Die republikanische Verfassung, die liberal-repräsentative Demokratie, ist für Kant jedoch nicht eine dogmatische Forderung um jeden Preis. „Was aber das äußere Staatenverhältnis betrifft, so kann von einem Staat nicht verlangt werden, daß er seine, obgleich despotische, Verfassung (die aber doch die stärkere in Beziehung auf äußere Feinde ist) ablegen solle, solange er Gefahr läuft, von anderen Staaten sofort verschlungen zu werden."[9]

Die Gegenposition zu dieser auf dem Handelsinteresse basierenden Sicherung von Frieden ist die Imperialismustheorie in der marxistischen Tradition (Marx, Engels, Lenin, Luxemburg u. a.), die gerade in der Rivalität kapitalistischer Staaten die Ursache für kriegerische Auseinandersetzungen sieht.

Mit dem Imperialismusansatz verbindet man zunächst die Imperialismuskritik, die mit dem Engländer John A. Hobson um die Jahrhundertwende begonnen hat und später von Lenin, Bucharin, Luxemburg etc. weitergeführt worden ist. Hobson folgerte aus der der Industriewirtschaft eigenen Tendenz zur Überproduktion die Notwendigkeit der Expansion im Sinne neuer auswärtiger Absatzmärkte und Investitionsmöglichkeiten.

Hobson folgert daraus nicht wie Marx und die späteren neomarxistischen Imperialismustheoretiker den Zusammenbruch der kapitalistischen Produktionsweise, sondern, daß diese Übel sich innerhalb des bestehenden Systems beseitigen lassen.

Der „erste Theoretiker des modernen Imperialismus" (H.-C. Schröder), John Atkinson Hobson, hat sich auch (wofür er weniger bekannt geworden ist) mit den Rückwirkungen des britischen Imperialismus auf die imperialistischen Staaten selbst beschäftigt und einen unvereinbaren Gegensatz von Imperialismus und Sozialreform konstatiert. Aufmerksamkeit, Zeit und Geld würden den im Innern anstehenden Problemen entzogen. Imperialistische Politik diene vornehmlich den wirtschaftlichen und politischen Interessen der herrschenden Klassen und lenke die Unzufriedenheit im Innern nach aussen ab (Sozialimperialismus). Als weitere Folgen imperialistischer Politik nennt er[10] : die schleichende Erosion demokratischer Institutionen, das Entstehen einer vom Imperialismus profitierenden Arbeiteraristokratie, die Funktion der Ablenkung von inneren Problemen nach außen zur Erhaltung eines konservativen sozialökonomischen und politischen Status quo, Militarisierung der Gesellschaft, Primat der Außenpolitik vor der Innenpolitik.

Der Imperialismus überfordere das „Leistungsvermögen der parlamentarischen Regierung"[11], entziehe dem „Staatssäckel das Geld" für Sozialreformen[12], führe zum „Zerfall der Parteigesinnung"[13] durch „autokratische Regierungsmethoden"[14]. „Imperialismus und Volksregierung haben nichts gemeinsam. Sie unterscheiden sich nach Geist, Politik und Methode"[15].

2.2 Das Primat der Außenpolitik

Seit dem ausgehenden 19. Jahrhundert wird das von Hobson thematisierte Verhältnis von Innen- und Außenpolitik unter der sogenannten Primatfrage behandelt. Dilthey hat den Begriff vom Primat der Außenpolitik geprägt und kann sich dabei auf Ranke berufen, der schon 1836 formulierte: „Das Maß der Unabhängigkeit gibt einem Staat die Stellung in der Welt; es legt ihm zugleich die Notwendigkeit auf, alle inneren Verhältnisse zu dem Zwecke einzurichten, sich zu behaupten. Dies ist sein oberstes Gesetz."[16]

Das Primat der Exekutive hat, wie gezeigt wurde, eine längere ideengeschichtliche Tradition (Machiavelli, Hobbes, Locke, Rousseau etc.), wurde aber vor allem von Protagonisten des aufstrebenden Nationalstaates (Ranke, Dilthey, Weber etc.) vorgetragen.

Die These vom Primat der Exekutive besagt erstens: die nationalen Ressourcen sollen zum Zweck der Selbstbehauptung nach außen gerichtet werden und zweitens: der Grad der Freiheit im Innern eines Landes hängt von dem Ausmaß des auf einem Staat lastenden äußeren Drucks ab.

Die Betonung der Ressourcenmobilisierung im Innern zum Zwecke außenpolitischer Wirkung läßt sich exemplarisch bei Max Weber festmachen. Das parlamentarische System hat für ihn Mittelfunktion: es sollte die Führungsauslese ermöglichen und Instrument des nationalen Machtstaates zum Betreiben von Weltpolitik sein. „Alle inneren Verhältnisse des Reiches müssen zum Zweck eingerichtet sein, Weltpolitik zu betreiben."[17]

Was bedeutet dies konkret für die deutschen Verhältnisse? Ein Schlüssel zum Verständnis, wie Weber die Staatenkonstellation um die Jahrhundertwende gesehen hat, bilden die Begriffe „Machtstaat" und „Kulturstaat", eine Unterscheidung, die z. T. zusammenfällt mit „großen" und „kleinen" Staaten. Die kleineren Staaten des europäischen Kontinents werden als „Kulturstaaten" bezeichnet und in der Peripherie der Großmächte angesiedelt. Ihr eigenständiger kultureller Beitrag ist das einzige, was sie als Gewicht in die Waagschale werfen könnten. Expansive Ziele werden dagegen den Machtstaaten Frankreich, England, Rußland und Deutschland unterstellt, die bei jedem einzelnen unterschiedlich gelagert sind. Das Deutsche Reich habe die Aufgabe (besser: Mission), das Machtvakuum in Mitteleuropa auszufüllen und die nationalen ökonomischen und kulturellen Interessen zu vertreten, ja die kleineren Kulturstaaten der Peripherie vor „angelsächsischer Konvention", „lateinischer Räson" und „russischer Knute" zu schützen. In seinem 1916 geschriebenen Aufsatz „Deutschland unter den europäischen Weltmächten" bezeichnet er Rußland als den gefährlichsten Rivalen, weil von einem siegreichen Rußland mehr zu befürchten sei als vom Sieg der anderen Großmächte. Die ganze nationale Existenz hänge von einem möglichen Sieg Rußlands ab. Diese Bedrohung durch Rußland liege begründet in dem Umstand, daß im Osten die deutschen Außeninteressen am ehesten durch Rußland tangiert werden. „Im Osten, nicht aber (. . .) im Westen, werden wir außerhalb unserer Grenzen Kulturaufgaben haben."[18] In dieser expansiv angelegten Außenpolitik unterscheidet sich Weber von der auf Sicherung des Status quo angelegten Außenpolitik Bismarcks. Die „territoriale Saturiertheit", der Attentismus in der Kolonialfrage und im Erwerb von Siedlungsland im Osten, die Sicherungstechnik der Bündnisse, diesen Merkmalen der Bismarckschen Außenpolitik, steht Weber skeptisch gegenüber und er geißelt das „pazifistische Gerede", das „Spießbürgertum" der Epigonen der Bismarckschen Politik, die in „parvenümäßigem Bramarbasieren" in die Welt hinausposaunten und die Macht um ihrer selbst willen genössen ohne „Wissen um die Tragik, in die alles Tun, zumal aber das politische Tun, in Wahrheit verflochten ist"[19].

Unter dem Primat der Außenpolitik, d. h. der Mission nach außen, steht auch die Kritik an Bismarcks Innenpolitik. Seine Monopolisierung der Macht habe „alle politischen Köpfe neben sich ausgeschaltet"[20] und „die Nation ohne alle und jede politische Erziehung"[21] hinterlassen. Die daraus resultierende Gefahr bürokratischer Herrschaft ohne politische Kontrolle sah er mit dem Herrschaftsanspruch eines „Herrenvolkes" unvereinbar (was nicht identisch ist mit der Rassenpolitik der Nationalsozialisten). Die Pflicht zur „Machtpolitik" oder „Realpolitik" erfordere den Verantwortungspolitiker, der „ohne Glas zu zerbrechen" die nationale Mission erfülle.

In der Weberschen Tradition steht die sog. realistische Schule in den USA, deren Exponent vor allem Hans J. Morgenthau ist. Die Begriffe Macht und Nationalinteresse werden zum zentralen Ansatz für das Verständnis von Außen- bzw. Weltpolitik. Nach diesem Ansatz wird als Ziel der Politik Macht angegeben, die mit dem Interesse zusammenfällt. Der Begriff des Interesses, des national-staatlichen Interesses, ist dabei ein mehrdimensionales Geflecht von Beziehungen. „(. . .) the improvement of the relative power position becomes the primary objective of the internal and the external policy of states."[22] Oder: „(. . .) the aspiration for power is the distinguishing element of international politics".[23]

Morgenthau führt in seiner deskriptiven Bestimmung von Macht neun Merkmale an: geographische Lage, natürliche Ressourcen (Ernährung, Rohstoffe), industrielle Kapazität, militärischer Rüstungsstand, Bevölkerungsgröße, Nationalcharakter, die nationale Moral, die Qualitäten der Diplomatie und die Qualität der Regierung. Diese Faktoren zur Bestimmung des nationalen Interesses wurden in Verbindung mit deren Bedrohung zur Grundlage von Allianz- oder Bündnistheorien gemacht und bilden ein geläufiges Interpretationsmuster außenpolitischer Beziehungen[24]. Einwände beziehen sich

— auf die *Konstanz* und Objektivierbarkeit des nationalen Interesses,
— auf das ausschließlich auf den Interessen eines bestimmten Staates beruhende Konzept bei *Vernachlässigung von Gegebenheiten an-*

derer Staaten bzw. dem System internationaler Beziehungen (ceteris paribus Klausel),
- auf das *elitistische Herrschaftsmodell,* das dem Konzept des nationalen Machtinteresses unterstellt ist. Eine kleine außenpolitische Elite bestimmt darüber, was das nationale Interesse ist. Einflüsse von Gruppen, Parteien oder sozioökonomischen Strukturbedingungen werden entweder geleugnet oder als irrational bewertet;
- auf die historische Belastung, der das *machtstaatliche Denken der realistischen Schule* unterworfen ist. Das Konzept eines wie auch immer differenzierten, letztlich aber doch relativ unveränderlich, objektiv angenommenen nationalen Interesses ist das *Komplement zur Doktrin vom Gleichgewicht der Mächte.* In der Tat ist zu vermerken, daß unter diesen internationalen Rahmenbedingungen die Position eines jeden Staates in seiner Grundorientierung festgelegt ist. Diese ceteris paribus Klausel eines internationalen Gleichgewichts kann jedoch nicht als in der Zeit konstantes Bezugsfeld unterstellt werden;
- auf die *Verabsolutierung von Macht* zumal in dem eingeschränkten Sinne von *Zwang* (coercive power) und nicht Überzeugung (consensual power), an die das nationalstaatliche Machtdenken des ausgehenden 19. und beginnenden 20. Jahrhunderts gebunden war. Im Unterschied zu diesem Machtkonzept wird in neueren Arbeiten wie z. B. bei Karl Deutsch Macht nicht als Zielgröße, sondern als Mittel — Zirkulationsmittel (Währung) — bestimmt.

Das zweite Theorem des Primates der Außenpolitik geht auf den englischen Historiker John Seeley zurück, der die These aufgestellt hat, daß der Grad der Freiheit innerhalb eines Staates im umgekehrten Verhältnis zu seiner äußeren Bedrohung stehe, daß „the degree of liberty will be inversely proportional to the degree of pressure"[25]. Ein solcher Zusammenhang gilt allerdings nur, darauf hat Baade hingewiesen[26], wenn Freiheit als Freiheit *vom,* nicht *zum* Staate verstanden wird. Die Freiheit des Einzelnen vor staatlicher Bevormundung ist also umso größer (kleiner), je geringer (größer) der Druck von aussen ist. Diese These Seeleys läßt sich in ein differenzierteres Theorem überführen, wie dies Lehmbruch versucht hat[27]: Wird die Position eines Staates von seinen Eliten als bedroht perzipiert, und die eigenen Ressourcen relativ hoch eingeschätzt, dann ist die Wahrscheinlichkeit groß, daß hierarchische Organisationsmodelle bevorzugt werden, weil sie Problemlösungsstrategien von geringerer Komplexität zu ermöglichen scheinen. Der behaupteten Wechelbeziehung zwischen Druck von außen und der inneren Verfassungsentwicklung ist Baade am Beispiel der französischen Konventsverfassung von 1793 und der Verfassung der UdSSR von 1924 nachgegangen und hat einen solchen Kausalzusammenhang belegt gefunden. Die französische Revolutionsregierung fühlte sich von einer restaurativen Intervention seiner Nachbarn bedroht, und die Verfassung der UdSSR spricht von einer kapitalistischen Umkreisung der Sowjetrepubliken und von den Gefahren neuer Überfälle.[28]

Ein zumindest über einige Jahrzehnte konstantes Verhaltensmuster im Verhältnis von Innen- und Außenpolitik charakterisiert die jugoslawische Politik unter Tito. Die sukzessive und alternierende West-Ost-Orientierung war begleitet von entsprechenden innenpolitischen Maßnahmen. Das Primat der Außenpolitik scheint hierbei leitend gewesen zu sein. Eine Westorientierung war gewöhnlich flankiert von wirtschaftspolitischen Maßnahmen, wie Betonung des Marktes, Liberalisierung, „Demokratisierung" der Selbstverwaltungsstrukturen, größere Meinungsfreiheit, Wirtschafts- und Militärhilfe vom Westen, Dezentralisierung, größere Unabhängigkeit der Produktionseinheiten — wohingegen engere Bindungen an die Sowjetunion Preiskontrollen, Planung, stärkere Parteikontrolle und Disziplin, Einschränkung der freien Meinungsäußerung (Djilas' Affären), Einschränkung des Privatbesitzes an Land, Kontrolle von Einkommensverhältnissen, Einschränkung des Binnen- zugunsten ausländischer Märkte, größere Zentralisierung des politischen und ökonomischen Systems bedeuten. Viktor Meier, ein guter Kenner der jugoslawischen Szene, spricht von „important relationships that exists between the Belgrade leaders' internal measures in Yugoslavia and the state of their relations with Moscow. Whenever a certain effect has to be attained abroad, the Yugoslavs are accustomed to discover 'weaknesses' within their internal system and especially in their economic policy that must then be eliminated by strengthening discipline and particularly by stronger party control."[29]

2.3 Das Primat der Innenpolitik

Gewöhnlich setzt die theoretische Erörterung bei dem Staats- und Verfassungstheoretiker Otto Hintze ein, der an der Staatswissenschaft seiner Zeit kritisierte, daß sie nur immer innere, soziale Einflüsse auf die Verfassungsformen berücksichtige, ohne die Frage zu stellen, „ob und inwiefern die äußere Form der Staaten, die ja meist durch Momente der auswärtigen Politik bedingt ist, ihre innere Struktur, d. h. ihre Verfassung beeinflußt, und ob es sich dabei nur um vereinzelte, unter sich unvergleichbare Fälle handelt, oder ob diese Erscheinungen sich gruppenweise zusammenfassen und als typische, reguläre Verhältnisse darstellen lassen."[30]

Hintze stellt also die Frage nach Gesetzmäßigkeiten im Verhältnis sozialpolitischer Gegebenheiten im Innern eines Landes und der äusseren Situation. Wie wird ein solches Verhältnis substantialisiert? Hintze bringt die republikanische Staatsform in Abhängigkeit zu einem mehr oder weniger im Gleichgewicht befindlichen Staatensystem. Das Gleichgewicht der Staaten untereinander ermögliche, ja bedinge die zunehmende Demokratisierung der ehemals absolutistischen Staaten. ,,Soweit die geschichtliche Erfahrung reicht, sind freiere Verfassungen nur da vorgekommen, wo eine Mehrzahl von Staaten nebeneinander steht unter gegenseitiger Anerkennung ihrer Unabhängigkeit."[31] Hintze hat diese Gesetzmäßigkeit der kausalen Beziehungen zwischen ,,Staatenbildung und Verfassungsentwicklung" nicht monokausal gesehen, sondern hat angegeben, daß das internationale Staatensystem auch die politische und soziale Ordnung eines Landes bestimmt. Baade hat das Hintzsche Theorem weiter differenziert und darauf hingewiesen, daß im Sinne z. B. der marxistischen politischen Theorie ,,die Produktionsweise des materiellen Lebens (. . .) den sozialen, politischen und geistigen Lebensprozeß überhaupt bedingt"[32]. Somit werden also Außenpolitik und Staatenbildung gemeinsam dem Überbau zugerechnet. Damit haben Veränderungen der Produktionsweise Auswirkungen auf das politische System bzw. aufgrund des ,,internationalen Charakters des kapitalistischen Regimes" auch auf das Staatensystem. Allerdings — und hier ist der entscheidende Unterschied zur marxistischen Sicht — wird das Staatensystem bei Hintze im Sinne eines Parallelogramms der Kräfte gedeutet und nicht im Sinne eines Verhältnisses von Gesellschaftssystemen bzw. von Produktionsverhältnissen. Dabei ergibt die Reduktion des Hintzschen Kausalverhältnisses der ,,Überbaue" auf eine gemeinsame Basis, die kapitalistischen Produktionsverhältnisse, noch nicht die Erklärung für das Theorem. Die Vermittlungsverhältnisse — ein noch weitgehend ungeklärtes Problemfeld der marxistischen Theorie — zwischen Basis und Überbau, bzw. zwischen den verschiedenen Überbauphänomenen, sind zu komplex, als daß sie sich auf materielle Produktionsweisen reduzieren ließen. Die Weiterentwicklung des

Hintzschen Theorems macht somit eine Differenzierung der Außenfaktoren erforderlich: es gilt zu prüfen, ob die von außen wirkenden Faktoren auf das „internationale Staatensystem im engeren Sinne eines Kräfteparallelogramms zurückzuführen sind oder auf die internationale Wirtschafts- und Gesellschaftsentwicklung". Das Hintzsche Theorem basiert auf dem europäischen Innenverhältnis des 19. Jahrhunderts mit seinen symmetrischen Beziehungen eines stabilen Gleichgewichts und nicht auf einer mehr oder weniger labilen Balance rivalisierender Staaten.

Die These vom Primat der Innenpolitik wurde dann in den 20er Jahren insbesondere von Eckart Kehr[33] und heute von der sozialstrukturellen Forschungsrichtung (Wehler, Kocka) aufgegriffen. Fritz Fischers Buch „Griff nach der Weltmacht"[34] hat erneut die Primat-der-Innenpolitik-These zur Erklärung des ersten Weltkrieges in den Vordergrund gestellt. Außenpolitik ist danach Ausdruck gesellschaftlicher Kräfteverhältnisse und muß als Ergebnis z. T. widersprüchlicher gesellschaftlicher Prozesse verstanden werden. Überspitzt ausgedrückt ist Außenpolitik Innenpolitik und zwar in einem doppelten Sinne:

— Außenpolitik ist das Ergebnis der im Innern wirksamen politischen Kräfte und
— Außenpolitik wird von der Regierung mit Blick auf innenpolitische Konstellationen, Absichten etc. betrieben, ist also Mittel (nicht Ergebnis), um bestimmte innenpolitische Absichten zu realisieren.

So deutet z. B. H.-U. Wehler Bismarcks „Sozialimperialismus" als Stabilisierungsinstrument konservativer Herrschaft.

In der wissenschaftlichen Diskussion ist der Primat-der-Innenpolitik-Ansatz in der Bundesrepublik vor allem von Krippendorff konzipiert und von anderen Autoren (Melman, Knoll, Bosch, Cook, Wehler, Albrecht oder Rilling) behandelt worden. Er setzt an bei der Gesellschaft als dem Substrat der staatlichen Aktionen. Außenpolitische Analyse ist gesellschaftspolitische Analyse. Eine Außenpolitikanalyse ist „nicht nur nicht möglich ohne einen Grundriß der gesellschaftlichen Struktur ihres Akteurs, sondern muß diesen zur Basis machen. Denn die politischen Handlungsträger dieser Gesellschaft, ihre ‚Anwälte' sozusagen, vertreten nicht philosophische oder aus dem ‚Himmel der Ideen' deduzierte Meinungen und Vorstellungen, sondern angebbare objektive Interessen, sie haben definierbare Aufträge zu erfüllen."[35] Eine solche Analyse habe anzusetzen an den tatsächlichen oder vorgestellten kollektiven Wertvorstellungen anderer Gesellschaften oder Nationen. Dabei geht es sowohl um die Analyse des historisch-nationalen Selbstverständnisses wie auch der „images", die sich Länder voneinander machen („deutsches Wesen", „American way of life", „kusskaja Druscha"). In einem weiteren Schritt ist nach den Schichten, Gruppen und Klassen zu fragen, die an der Prägung solcher Kollektivvorstellungen beteiligt sind. Welche Rolle spielten dabei die Erziehung, regionale und ethnische Faktoren, auch die Religion? Für die Erarbeitung der außenpolitischen Perspektiven eines Staates sei es relevanter, die Einstellungen und Wertordnungen der Führungsschichten auszudeuten als eine undifferenzierte „öffentliche Meinung". Sodann sei nach der Identifikation von Gruppen und Klassen hinsichtlich ihrer strategischen Position im politischen Prozeß zu fragen. Die Basis außenpolitischer Analyse bildet die gesellschaftliche Struktur ihrer Akteure. Nur so können „objektive Interessen" der Mandatsträger erkannt werden, denn sie haben definierbare Aufträge zu erfüllen wie

— Sicherstellung der territorialen Integrität bzw. Gebietserweiterung
— Angehörige des eigenen Staates bei Aktionen jenseits der Staatsgrenze zu unterstützen
— ein günstiges Klima für Handel und Wirtschaft zu schaffen
— eigene Führungspositionen zu erhalten und auszubauen (Erhaltung des sie tragenden Systems). Ungeachtet ideologischer Ausrichtung sei jede Außenpolitik auf die Erhaltung eines bestimmten gesellschaftlichen Systems gerichtet. Die Umwelt soll nach dem Primat der Systemerhaltung gestaltet werden. Erst nach der Analyse der gesellschaftlichen Voraussetzungen und des als Systemerhaltung bezeichneten Interesses ist es sinnvoll, sich den Akteuren zuzuwenden. „Regierungen kommen und gehen, Führungsschichten jedoch wandeln sich nur langsam".[36] Dazu gehört Elitenanalyse, wobei die Breite der Positionen berücksichtigt werden muß:

— Politischer Spielraum der jeweiligen Regierung
— Regieruntswechsel und außenpolitische Implikationen: je stärker eine Gesellschaft etabliert ist, umso geringfügiger wiegt der Wechsel ihrer politischen Agenten
— Persönlichkeitsfaktoren der politischen Exponenten.

Sodann ist in eine außenpolitische Analyse die Untersuchung der Partner, der Adressaten einzubeziehen. Zu entwickelnde Strategien sind abhängig von und bezogen auf die „Mitspieler" der Adressaten der Politik. Dies bedeutet die Notwendigkeit der Anwendung der gleichen Kategorien wie sie für den eigenen Staat entwickelt wurden. Auch hier geht es um die Analyse der organisierten Gesellschaft mit ihrem Kollektivverständnis und dem innen- wie außenpolitischem Handeln zugrundeliegenden Interesse an Systemerhaltung sowie der Analyse des Führungspersonals. Die Erfolgschancen einer Außenpolitik hängen davon ab, ob es gelingt, a) „die strategisch entscheidend und einflußreich plazierten Gruppen im anderen System zu erkennen, b) deren Interesse an der Erhaltung oder dem Ausbau ihrer Positionen mit den eigenen, prinzipiell nach innen gleichgelagerten Interessen zu koordinieren oder gar zu identifizieren".[37] Dies wäre Umweltanalyse, Klärung des außenpolitischen Aktionsterrains.

Drei Interpretationsmodelle haben die sozio-ökonomische Basis zum Ausgangspunkt der Erklärung der amerikanischen Außenpolitik[38].

Das eine Modell steht in der Tradition der orthodoxen Imperialismustheorie, wonach ökonomische Faktoren allein das Außenverhalten eines Staates erklären (Revisionismus). Das allzu simple monokausale Erklärungsmuster brachte keine befriedigende Antwort auf die Frage nach den hohen Militärausgaben der USA. Statt dessen rückte das Modell des „Military-Industrial-Complex" in den Mittelpunkt. Die hohen Ausgaben des Keynesschen Interventionsstaates haben das Ziel, Stagnation zu verhindern und Wachstum zu gewährleisten. Die Rüstungsausgaben, die Weltraumprogramme etc. sollen diese innergesellschaftliche Funktion erfüllen. Der Kalte Krieg ist eine Rechtfertigung für rüstungswirtschaftliche Kontrakte, die die Regierung mit einem Geflecht regionaler und lokaler Gruppen schließt. Die UdSSR, der Weltkommunismus werden als Bedrohung und Gefahr perzipiert und legitimieren die hohen Rüstungsausgaben, die im übrigen das privatwirtschaftliche Wettbewerbssystem durch Schaffung protektionistischer Oasen und risikofreier Profitraten verzerren.

Das dritte Modell sieht die Rüstungskonzerne mit ihren tief in die Gesellschaft hineinreichenden Verpflichtungen in Abhängigkeit von den Kontrakten der Militärs, das als dominante Elite angesehen wird und die auswärtigen Beziehungen der USA weitgehend bestimmt. Das militärische Establishment hat sich verselbständigt und ist zu einer sich selbst erhaltenden Einheit geworden. Im Unterschied zum Military-Industrial-Complex, einem losen Koordinationsmechanismus, geht das 3. Modell von einer neuen Form des Staatsmanagements aus, einer Verfassungsform, in der die Regierung nicht in die

Wirtschaft interveniert, sondern selbst die Wirtschaft ist. Diese Staatsform wurde als „Pentagonismus", „National-Security-State" oder „War-fare-State" bezeichnet.

Nach diesem Modell handle es sich um eine weitgehend verselbständigte militärische Macht unter Führung von Generälen, Bankiers, Industriellen; die zivilen Spitzen der Regierung, Präsident und Aussenminister, haben nur begrenzte Funktion.

Personell setzt sich diese militärische Machtelite zusammen aus dem Pentagon, Berufsbeamten der Streitkräfte, Beschäftigten in der Rüstungsindustrie und in den militärischen Forschungs- und Entwicklungsanlagen, Gemeinden, die von der Rüstungsindustrie abhängig sind, Kongreßmitgliedern etc. Dieses Modell stellt den Pluralismusansatz in Frage, indem es auf eine Konzentration gesellschaftlicher Macht in den Händen einer militärisch bestimmten Elite abhebt. Gegen diese konkrete Version des gesellschaftspolitischen Ansatzes muß eingewandt werden, daß hauptsächlich amerikanische Verhältnisse angesprochen werden und eine Übertragung der Modelle auf europäische Länder daran scheitert, daß der militärisch-industrielle Komplex von geringerer Bedeutung ist. Ein zweiter Einwand, der den Pentagonismus zumindest relativiert, ist der, daß die amerikanische Militärpolitik von der öffentlichen Meinung letztlich gezwungen worden ist, den Krieg in Vietnam aufzugeben.

Am gesellschaftspolitischen Ansatz ist zu kritisieren, daß er — wenn einseitig verabsolutiert — ein autistisch nationales System zum Ausgangspunkt der Erklärung des Außenverhaltens von Staaten macht. Nimmt man die Supermächte zur historischen Vorlage, so können sie aufgrund ihrer Stellung im internationalen System die Umwelt eher nach eigenen Vorstellungen gestalten als kleinere oder mittlere Staaten. Die Entstehung der beiden deutschen Staaten nach dem Zweiten Weltkrieg kann mit einer Gesellschaftsanalyse in Deutschland nicht allein erklärt werden, sondern eher mithilfe einer Gesellschaftsanalyse der Staaten der Siegermächte. Das Konzept eines „penetrierten Systems" (Hanrieder) ist das Gegenbild zu einem autistischen System.

Gegen die Primat-der-Innenpolitik-These vom deutschen Sonderweg, die auf die spezifisch „deutsche Art", den „deutschen Charakter", die besondere deutsche Lage als verspätete Nation, die preussisch-deutsche Eigenart der gesellschaftlichen und politischen Entwicklung hinweist, hat der amerikanische „Professor of European Studies" David Calleo[39] die Gemeinsamkeiten der europäischen Nationen und die geo-strategische Lage Deutschlands als mitteleuropäische Kontinentalmacht hervorgehoben. Die negativen Resultate der deutschen Entwicklung seien nicht vornehmlich der politischen Verfaßtheit Preußen-Deutschlands anzulasten, sondern überpersönlich wirkender Faktoren der außenpolitischen Konstellation[40]. Dem Nachzügler der industriellen Entwicklung hätten die europäischen Mächte eine seinem Potential entsprechende Stellung verweigert oder sie behindert und damit nationalistische und imperialistische Kräfte im industriellen Bürgertum hervorgerufen. Die „eingepferchte" Lage („modern Germany was born encircled") habe das deutsche Desaster mitverursacht und nicht primär innenpolitische Faktoren.

Als Gründe für die Verlagerung von der Primat-der-Außenpolitik-These zur Innenpolitikthese sind vor allem folgende zu nennen:

— Ausgehend von der amerikanischen Verfassungsentwicklung wurde auch auf dem europäischen Kontinent das Konzept des Primats der Exekutive in Frage gestellt. Fast in allen politischen Systemen erhielt das Parlament die Kompetenz, über internationale Verträge mit zu entscheiden. Insbesondere Wilson hatte der europäischen Geheimdiplomatie den Kampf angesagt und der öffentlichen Meinung eine größere Bedeutung zugewiesen.

Verfassungsrechtlich hat sich in der BRD weitgehend das Konzept der „kombinierten Gewalt" (Menzel) durchgesetzt, d. h. Exekutive und Legislative zusammen sind Organe außenpolitischer Entscheidungen. Politisch kommt jedoch der Exekutive eindeutig die Führungsfunktion zu.

— Die Geschichtsschreibung nach dem zweiten Weltkrieg ist in Deutschland durch die Auseinandersetzung mit dem Nationalsozialismus geprägt. Erklärungen für den Unrechtsstaat und seine Folgen wurden von deutscher und vor allem von Alliierter Seite in der deutschen Vergangenheit gesucht. Für die Siegermächte waren preußischer Militarismus, Großkapital und Großgrundbesitz, obrigkeitsstaatliche Tradition die am meisten genannten Gründe für die Nazi-Diktatur. Deutsche Historiker suchten zunächts im Scheitern der Weimarer Republik, dann auch im Bismarck-Reich Gründe zu finden. Die eigene nationale Vergangenheit geht auch in das Theorem der Ungleichzeitigkeit (Bloch) oder das der verspäteten Nation (Plessner) ein.

— „Demokratisierung", „Vergesellschaftung" des Staates, größere Beteiligung der Bevölkerung an politischen Entscheidungen haben die Innenpolitik zu einem entscheidenden Faktor der Außenpolitik gemacht.

– Schließlich haben übernationale und überstaatliche Zusammenschlüsse nach dem Zweiten Weltkrieg in Europa die Perspektive der Außenpolitik europäischer Staaten als innereuropäische Politik in Erscheinung treten lassen.

2.4 Der Nationalstaat als Grundeinheit

Die Außenpolitikanalyse setzt im allgemeinen am Nationalstaat als Grundeinheit an. Diese Ansatzhöhe bedarf der Begründung, denn scheinbar (oder tatsächlich) gegenlaufende Prozesse wie die Bildung regionaler oder nicht-gouvernementaler Zusammenschlüsse (EWG bzw. EG, RGW, NATO, Warschauer Pakt, multinationale Konzerne, internationale Bankkonsortien, Export-Import-Firmen, professionelle Vereinigungen, Parteiföderationen oder -unionen etc.) sind ebenso zu beobachten wie das Auseinanderfallen nationaler Einheiten (Ost- und Westpakistan, Ost- und Westdeutschland, Nord- und Südkorea, Kongo-Leopoldville, Kongo-Brazzaville etc.).

Demgegenüber hat jüngst Hanrieder die These vertreten, daß in westlichen Industriestaaten ein „Domestifizierungsprozeß" der internationalen Beziehungen im Gang sei, d. h. eine Entwicklung, die zu einer Konvergenz zwischen internationalen und nationalstaatlichen Politiken führe. „Nationalism, then, is alive and well. Far from being secondery or obsolete, the nation-state, nationalism, and the idea of the national interest are central elements in contemporary world politics. The international system has remained an interstate system in many of its essential features."[41]

Als Begründung führt Hanrieder an, daß die außenpolitischen Güter, mit denen Nationalstaaten seit Jahrhunderten handeln, nämlich Macht und Sicherheit, unteilbar sind und folglich nur relativ kalkuliert werden können, während das für moderne Industriestaaten wichtiger gewordene Gut „Wohlfahrt" teilbar sei und einem absoluten Gewinnkalkül unterliege. Als Folge davon sind die Angebots- und Nachfrage-Interaktionen zwischen Staat und Gesellschaft (vertikale Kommunikation) intensiver geworden und die außenpolitischen Akteure unter den Druck von Forderungen unterhalb der Ebene des Regierungsbereichs geraten.

Zwei weitere Beobachtungen können die These der Domestifikation unterstützen: die in vielen Ländern Europas zu bemerkende Tendenz zur Regionalisierung und paradoxerweise die europäische Parlamentarisierung. Subnationale regionale Gruppierungen wie die Basken in Spanien, die Iren in Großbritannien, die Flamen und Wallonen in Belgien, die Südtiroler in Italien, die Kurden im Iran und Irak usw. verstärken die Tendenz zur regionalen Autonomie und damit den Druck auf die jeweiligen Zentralregierungen. Die Europawahlen im Juni 1979 haben sicherlich das Denken in europäischen Dimensionen verstärkt; diese Dimension konkretisierte sich aber vor allem bei den jweiligen nationalen Parteien, die in ihrem Europaprogramm vor allem die eigenen nationalen Parteiprogramme im Auge hatten und dadurch eine Verstärkung erhofften. Die CDU/CSU will „Freiheit statt Sozialismus" im innerstaatlichen Bereich ebenso wie sie im innereuropäischen für ein „freiheitliches und nicht sozialistisches Europa" eingetreten ist. Die SPD will ein Europa der Arbeitnehmer und die FDP ein liberales Europa.

Außenpolitik in der marxistischen Tradition basiert nicht so sehr auf dem Nationalstaat als Grundeinheit, sondern auf einer bestimmten sozialen Klasse: „Proletarier aller Länder, vereinigt euch!" heißt es im Kommunistischen Manifest von 1847 und die entscheidende Passage darin lautet: „Den Kommunisten ist ferner vorgeworfen worden, sie wollten das Vaterland, die Nationalität abschaffen. Die Arbeiter haben kein Vaterland. Man kann ihnen nicht nehmen, was sie nicht haben. Indem das Proletariat zunächst sich die politische Herrschaft erobern, sich zur nationalen Klasse erheben, sich selbst als Nation konstituieren muß, ist es selbst noch national, wenn auch keineswegs im Sinne der Bourgeoisie. Die nationalen Absonderungen und Gegensätze der Völker verschwinden mehr und mehr schon mit der Entwicklung der Bourgeoisie, mit der Handelsfreiheit, dem Weltmarkt, der Gleichförmigkeit der industriellen Produktion und der ihr entsprechenden Lebensverhältnisse. Die Herrschaft des Proletariats wird sie noch mehr verschwinden machen. Vereinigte Aktion, wenigstens der zivilisierten Länder, ist eine der ersten Bedingungen seiner Befreiung. In dem Maße, wie die Exploitation des einen Individuums durch das andere aufgehoben wird, wird die Exploitation einer Nation durch die andere aufgehoben. Mit dem Gegensatz der Klassen im Innern der Nation fällt die feindliche Stellung der Nationen gegeneinander."[42] Die Nation — so die Prognose — verliere ihre Rolle als handlungsbestimmende Einheit in dem Maße, in dem die zentrale Bezugseinheit der proletarischen Klasse siegt. Die Fehleinschätzung dieser Aussage zeigte sich schon beim nächsten wichtigen Fackelträger der sozialistischen Revolution. Während Marx und Engels

Außenpolitik auf die Solidarität des Proletariats gründen woll-
ten, war das Ziel der Lenin'schen Außenpolitik die Stärkung der
Avantgardestellung der Sowjets; Stalins außenpolitische Maxime war
ab 1939 „Kommunismus in einem Lande" gestützt vor allem auf die
Rote Armee. Chruschtschow postulierte bekanntlich die Koexistenz
zwischen unterschiedlichen Gesellschaften als Handlungsmaxime und
Breschnew erweiterte die Koexistenz um die sogenannte Breschnew-
Doktrin mit dem Ziel einer Weltrepublik sozialistischer Staaten.[43]
Zwei Zitate als Beleg für die regierungsoffizielle Version einer klassen-
geleiteten Außenpolitik der sozialistischen Staaten:

„Außenpolitik ist Fortsetzung der Innenpolitik der herrschenden
Klasse eines Staates nach außen (. . .) Entsprechend den Klasseninte-
ressen der herrschenden Klassen dient Außenpolitik im Imperialismus der Unterdrückung und Ausbeutung fremder Völker usw., im
Sozialismus jedoch der gegenseitigen Unterstützung, Hilfe und Zusammenarbeit."[44]

„Die Außenpolitik der sozialistischen Staaten ist auf Sicherung
der günstigsten internationalen Bedingungen für den Aufbau der sozialistischen Gesellschaftsordnung in diesen Staaten sowie auf die
Gewährleistung friedlicher Bedingungen für die progressive Entwicklung aller Völker und die weltweite Zusammenarbeit der Völker und
Staaten gerichtet."[45]

Diese mehr präskriptiv-ideologisch als deskriptiv-interpretativ zu
verstehenden außenpolitischen Maximen sozialistischer Staaten sind
historisch wie theoretisch nicht unwidersprochen geblieben. Zum
einen ist nicht festzustellen, daß heute existierende sozialistische
Volksdemokratien sich „friedliebender" verhalten hätten als Staaten
anderer Gesellschaftsordnung[46] (der Kampf um die Vormachtstel-
lung im sozialistischen Lager zwischen der UdSSR, China oder Vietnam ist ein Kampf der Nationalstaaten), zum andern haben Quincy
Wright und Raymond Aron die These vertreten, daß Zentralverwal-
tungswirtschaften totalitär-sozialistischer Prägung eine kriegsähnli-
che Mobilisierung der Ressourcen eher ermöglichen als Systeme, die
sich am individuellen Wohlfahrts- und Gewinnstreben orientieren.
Dieses Streben führe zum Überspielen politischer und ideologischer
Grenzen und zum Abbau des Impetus, die Umwelt im Sinne einer
politischen Kosmologie zu verändern.[47]

Zwar ist auch diese These durch die Kriegführung nicht zentral-
wirtschaftlicher kapitalistischer Staaten der Vergangenheit historisch
widerlegt worden (es sei denn, man argumentiert, die kriegführenden

Staaten haben sich nicht am individuellen Wohlstand orientiert, was allenfalls für den Nationalsozialismus, nicht aber für den Vietnamkrieg der USA zutrifft). Kriegerische Interventionen sind auch im Namen „to make the world safe for democracy" oder aus Antikommunismus heraus geführt worden. In beiden Fällen hat eine den Nationalstaat transzendierende Ideologie zu kriegerischen Verwicklungen geführt.

Es darf als gesichert gelten, daß auch die faschistischen Regimes nicht so sehr aus plangebundener Notwendigkeit oder Ressourcendisposition Kriege geführt haben, sondern aus einer gesellschaftlichen bzw. rassisch-expansiven Ideologie heraus.

Der Faschismus in der italienischen Version hat die Vorstellung von proletarischen und kapitalistischen Nationen ideologisch für sich vereinnahmt. Für die italienischen Faschisten (oder zumindest für einen Teil von ihnen) war Italien eine proletarische Nation, die gegen die kapitalistischen (insbesondere England, Frankreich, aber auch Deutschland) ihren Platz erkämpfen müsse.

Die Nationalsozialisten hatten als ideologische Grundeinheit die Volksgemeinschaft, deren Herstellung außenpolitische Aufgabe war. Die Nation war nicht definiert als politische Willensgemeinschaft, sondern als Gemeinschaft mit den Merkmalen Volk (Rasse), Sprache, Brauchtum etc.

Proletarische Solidarität und faschistische Volksgemeinschaft sind somit Alternativkonzepte zum Nationalstaat bzw. über die Grenzen des Nationalstaates hinausreichende politische Programme, ebenso wie die Bildung regionaler Zusammenschlüsse und nicht-gouvernementaler Vereinigungen den Nationalstaat transzendieren.

Auch die Bildung kleinerer selbständiger politischer Einheiten aus einer zuvor existierenden Einheit stellt das Konzept Nationalstaat in Frage. Daneben gibt es eine weite Palette abgestufter Möglichkeiten föderalistischer Organisation, die die auswärtigen Beziehungen eines Staates beeinflussen können.[48]

Dennoch scheint die Grundeinheit „Nationalstaat" in Homogenität, Kohäsion und in seiner Bedeutung als Bezugseinheit (in Selbst- und Fremdeinschätzung) wichtig genug zu sein, um alle bisher angebotenen Alternativkonzepte an historischer Wirksamkeit zu übertreffen.

Ausgehend von der Beobachtung, daß insbesondere nach dem Zweiten Weltkrieg das Netz internationaler institutioneller und vertraglicher Verflechtungen dichter geworden ist, haben Autoren von der Tendenz zu „schwindender Souveränität" gesprochen, ja die nationale Souveränität als „Anachronismus" bezeichnet.[49] In der Tat kann eine Statistik der internationalen Staatenorganisationen (Intergovernmental Organizations) und der nicht-staatlichen Organisationen (Nongovernmental Organizations) die Aushöhlungsvermutung nationaler Verfügungsgewalt nahelegen.

Heute kann man mit etwa 200 internationalen Staatenorganisationen rechnen und die Zahl nicht-staatlicher Internationaler Organisationen wird über 2000 liegen, nachdem 1958 1899 gezählt worden sind.[50]

Die Bedeutung der internationalen gouvernementalen Organisationen geht aus Angaben zu Großbritannien hervor. 1875 gehörte GB nur 6, 1900 schon 21 und 1960 98 internationalen Organisationen an.[51] Es steht außer Zweifel, daß diese Zunahme internationaler institutioneller und vertraglicher Verbindungen die jeweiligen Mitglieder bzw. Vertragspartner an Vereinbarungen bindet, die sie in solchen internationalen Gremien geschlossen haben. Dies kann zu einer Beschränkung nationaler Autonomie führen.

Internationale rechtliche Verpflichtungen greifen über die Art. 24 und 25 GG in nationales Recht ein.

Art. 24: (1) Der Bund kann durch Gesetz Hoheitsrechte auf zwischenstaatliche Einrichtungen übertragen.

(2) Der Bund kann sich zur Wahrung des Friedens einem System kollektiver Sicherheit einordnen; er wird hierbei in die Beschränkungen seiner Hoheitsrechte einwilligen, die eine friedliche und dauerhafte Ordnung in Europa und zwischen den Völkern der Welt herbeiführen und sichern.

Art. 25: Die allgemeinen Regeln des Völkerrechts sind Bestandteil des Bundesrechtes. Sie gehen den Gesetzen vor und erzeugen Rechte und Pflichten unmittelbar für die Bewohner des Bundesgebietes.

Das Anwachsen der Zahl der Staaten nach dem Zweiten Weltkrieg (das heutige Staatensystem umfaßt über 155 Staaten, davon sind 154 (1980) Mitglied der Vereinten Nationen) hat auch die bilateralen Verbindungen anwachsen lassen und zu einer Erweiterung der bilateralen Vertragssysteme geführt.

Greift somit einerseits internationales Recht in nationales ein, ja hat Vorrang vor nationalem Recht, so bekräftigen andererseits internationale rechtliche Vereinbarungen das Recht auf die souveräne Unabhängigkeit der Staaten. Eine von der Generalversammlung der VN 1970 angenommene „Erklärung über die freundschaftlichen Beziehungen und die Zusammenarbeit unter den Staaten"[52] hat den Wortlaut: „Every state has an inalienable right to choose its political, economic, social and cultural system, without interference in any form by another state." Und die „Charta der wirtschaftlichen Rechte und Pflichten der Staaten" von 1974 sagt in Kap. II, Ziffer 1: „Jeder Staat hat das souveräne und unveräußerliche Recht, sein Wirtschaftssystem sowie sein politisches, soziales und kulturelles System entsprechend dem Willen seines Volkes ohne Einmischung, Zwang oder Drohung irgendwelcher Art von außen zu wählen."[53] Die nationalstaatliche Souveränität ist somit die Grundlage des Völkerrechts und kann nur mit Zustimmung der gesetzgebenden und/oder vollziehenden Gewalt zugunsten internationaler Entscheidungsinstanzen abgegeben werden wie dies Art. 24 bestimmt. Auf diese gesetzliche Bestimmung berief sich die Opposition im Deutschen Bundestag 1952, als sie eine Normenkontrollklage beim Bundesverfassungsgericht anstrengte, um die Vereinbarkeit der Verträge zur Europäischen Verteidigungsgemeinschaft mit dem GG-Artikel überprüfen zu lassen. Die SPD war der Meinung, daß „die Beteiligung Deutscher an einer bewaffneten Streitmacht" (so der Antrag der SPD), wie es der EVG-Vertrag vorsehe, verfassungswidrig sei. Unter Abwägung des Ineinandergreifens von internationalem Völkerrecht und nationaler Souveränität kommt der Völkerrechtler Ulrich Scheuner zu dem Resümee, daß trotz der Ausweitung des internationalen Vertragsrechts es „unrichtig wäre, die immer noch zentrale und entscheidende Stellung des Staates im Bereich des internationalen Lebens zu unterstützen (...)" und: „die Struktur der internationalen Völkergemeinschaft ist immer noch grundlegend auf die Erscheinung des unabhängigen Staates als der handelnden und verfügungsfähigen Einheit des internationalen Lebens und als des eigentlichen Subjekts der internationalen Rechtsordnung abgestellt."[54]

Als Durchbrechung, ja Bedrohung nationalstaatlicher Verfügungsgewalt wurde insbesondere in den siebziger Jahren immer wieder die Tätigkeit der Multinationalen Konzerne angesehen. Ihre Preispolitik bei der Versorgung mit Öl und seiner Derivate ist immer wieder kritisiert worden. Diese Kritik, die auch das Bundeskartellamt in Berlin teilte, hat bisher nicht zur Anwendung von Sanktionsmaßnahmen geführt, wohl aus der Einsicht, daß mit nationalstaatlichen Instrumenten allein den Ölkonzernen, die ihren Sitz oft nicht in der Bundesrepublik haben, nicht beizukommen ist. Das weitverzweigte Netz der Multis entzieht sich weitgehend einzelstaatlicher Jurisdiktion, und allzu intervenistische Maßnahmen wirtschaftspolitischer Art widersprechen dem Grundsatz liberaler Wirtschaftspolitik wie sie mit nur geringen Unterschieden von allen bisherigen Wirtschaftsministern der Bundesrepublik betrieben worden ist. Angesichts der Bedeutung der Multinationalen im internationalen kapitalistischen System stellt dieses unterhalb der Regierungsebene operierende internationale Organisationsnetz auf wirtschaftlichem (aber auch auf politischem) Gebiet eine Herausforderung für den Nationalstaat dar.[55]

Der Herausgeber der Sektionsarbeit „Zur Multinationalisierung des Kapitals", Klaus Gantzel, stellt die Frage, „inwieweit die Konzerne einfach durch Vollzug ihrer Geschäfte im Sinne ihrer systembedingten Rationalität Daten setzen, die die Handlungsräume der Staaten in einer bestimmten Weise begrenzen (z. B. in der Währungs-, Konjunktur-, Beschäftigungs-, Antiinflationspolitik, damit letztlich auch in ihrer internen Legitimationsbeschaffung)".[56] Untersuchungen über das Verhältnis von multinationalen Operationen und nationalstaatlicher Kontrolle stehen noch aus; es scheint aber, daß eine Begegnung mißbräuchlicher Ausübung von Marktmacht nur im Konzert der Staaten möglich ist, die zur Operationsbasis der betreffenden Multis gehören. Bisher gibt es weder staatliche Absprachen noch gewerkschaftliche Gegenmacht, um die Tätigkeit der Multis zu kontrollieren.

Ein Vergleich der Gründe für nationale und internationale Rahmenbezüge demonstriert, auf welche Ursachen die Zunahme internationaler gouvernementaler wie nicht-gouvernementaler Organisationen zurückzuführen ist.

Diese Gegenüberstellung von Argumenten für die nationale Organisationsform und für internationale Kooperationsformen zeigt, daß die nationalstaatlichen Argumente eher gefühlsmäßig, emotional sind und den individuellen und selbstüberschaubaren Lebensraum ansprechenden Motiven entspringen, während die Argumente für übernationale Organisationsformen eher rational sind, den Notwendigkeiten einer weltweiten Zivilisation entsprechen und Bereiche tangieren, die dem individuellen Lebensbereich entfernt sind und durch ihre Natur und Eigenschaften bzw. durch die zur Lösung erforderlichen Mittel nationalstaatliche Grenzen überschreiten.

Internationale Organisationen sind auf den angegebenen Gebieten und mit entsprechender Aufgabenstellungen gegründet worden. Die Weltkonferenzen der Vereinten Nationen und ihrer Unterorganisatio-

Argumente für den Nationalstaat	Argumente für internationale Organisationsformen

— Souveränität
— Selbstidentifikation
— Verfügungsgewalt
— Historisches Gewachsensein
  (gemeinsame Geschichte)
— Gleichartigkeit (Rasse, Sprache,
  Kultur, Sitte, Brauchtum,
  Religion)
— Zugehörigkeitsgefühl
— Abgrenzung gegen Andere(s)
  (Prinzip der Nichteinmischung)
— Überschaubarkeit
— Engagement für gemeinsame
  Sache
— Entfaltung der Individualität
— Verminderung regionaler Un-
  gleichheiten, Erhöhung gleicher
  Startchancen
	— Lösung von „Weltproblemen"
	  (Ernährung, Energie, Wachstum
	  der Bevölkerung, Umweltschutz,
	  militärische Sicherheit etc.)
	— Pflege der Reichtümer der Erde,
	  der See, der Tierwelt etc.
	— Wirtschaftliche Vorteile
	  (Arbeitsteilung, Produktivität,
	  Vielfalt des Handelsangebots,
	  Preisvorteile durch Wettbewerb
	  etc.)
	— Technische Erleichterungen
	  (Vereinheitlichung von Maßen,
	  Gewichten, Zeiten) Abstimmung
	  in den verschiedenen Berei-
	  chen der Kommunikation (Post,
	  Bahn, Flug etc.)
	— Humanitäre Erleichterungen
	  (Kulturaustausch, Begegnungen
	  etc.)
	— Verminderung von Weltungleich-
	  gewichten (wirtschaftlich, wissen-
	  schaftlich-technologisch, sozial
	  etc.)
	— Extraterrestische Aufgaben
	  (Weltraum, Atmosphäre etc.)

nen spiegeln die Problemzonen: Weltkonferenzen über Umwelt-schutz (Stockholm 1972), Bevölkerung (Bukarest 1974), Ernährung (Rom 1974), wirtschaftliches Ungleichgewicht (Nairobi 1976, Mani-la 1979), industrielles Ungleichgewicht (Lima 1975, Neu Dehli 1980), wissenschaftlich-technologisches Ungleichgewicht (Wien 1979). Die Geschichte internationaler technischer Konferenzen und Organisationsgründungen der letzten hundert Jahre ist lang (als politische Geschichte jedoch noch nicht geschrieben), würde aber den jeweiligen Stand des zivilisatorischen und kulturellen Fort-schritts (bzw. Mangels) wiedergeben.

Die Übergänge zum Übernationalen werden da fließend, wo Na-tionalstaaten in ihrer territorialen Ausdehnung groß sind oder in sich segmentiert, d. h. in verschiedenartige Untereinheiten zerfallen. Zwei Möglichkeiten, den Nationalstaatsverband aufrechtzuerhalten, wer-

35

den praktiziert: Bildung relativ autonomer Untereinheiten (Föderalismus) oder Stärkung der Zentralgewalt mit Zwangsmitteln.

Zum Schwellenbereich zwischen nationalen und internationalen Organisationsformen gehören auch regionale Zusammenschlüsse wie z. B. die EG oder die OAU, die aus äußerer oder innerstaatlicher Notwendigkeit die Vorteile des Nationalstaatsverbandes mit den Vorteilen internationaler Kooperation zu verbinden trachten. Hier können neben wirtschaftlichen und politischen Notwendigkeiten auch die emotionalen Seiten gestärkt werden, also z. B. ein europäisches Gefühl, die gemeinsame geschichtliche Vergangenheit etc.

2.5 Begriffsbestimmung

Die Trennung zwischen Außenpolitik und Internationalen Beziehungen bzw. zwischen Außenpolitik und Innenpolitik, wie sie im akademischen Bereich vorgenommen wird, ist sicherlich analytisch und im Sinne voneinander abgrenzbarer Forschungsgegenstände gerechtfertigt. Für das praktische Handeln ist eine Trennung jedoch künstlich, wenn nicht sogar schädlich.[57] Außenpolitisches Handeln ist immer auf die Gegebenheiten des internationalen Systems gerichtet, wie umgekehrt die Analyse internationaler Beziehungen innerstaatliche Analysen in dem hier verstandenen und noch zu erklärenden Sinne einzubeziehen hat. Ohne solche Analysen können schwerwiegende Fehler begangen werden, denn dies würde bedeuten, daß dem „internationalen System" eine verabsolutierte autonome Eigendynamik zugeschrieben wird, wohingegen das internationale System nur ein Datenkreuz unter mehreren darstellt, dem selbstverständlich auch eine gewisse Eigendynamik zukommt. Das internationale System besteht aus vielen je nach der Fragestellung unterschiedlichen nationalen oder subnationalen Einheiten, deren Summe zwar nicht die internationalen Beziehungen ergeben, deren Politik aber von nationalen Gegebenheiten in einem erheblichen Maße mitbestimmt wird. Eine von konkreten nationalen Entscheidungsträgern abstrahierende Analyse der internationalen Beziehungen läuft Gefahr, formal-mechanistisch, ahistorisch, allenfalls psychologistisch zu sein, wie dies bei der weitgehend verselbständigten Rüstungs- bzw. Abrüstungsforschung der Fall ist, für die formale Kategorien wie „Kräftegleichgewicht", „Abschreckung", „Entspannung", „Bipolarität" etc. zentral sind. Umgekehrt bilden Konstellationen des internationalen Systems wichtige Orientierung für außenpolitisches Handeln. So wäre z. B. die sog. „neue deutsche Ostpolitik" nicht möglich gewesen ohne den Entspannungskurs der führenden Großmächte USA und UdSSR, ebenso wie zwanzig Jahre zuvor die westliche und östliche Integration der beiden deutschen Teilstaaten ohne die Konstellation des Kalten Krieges nicht denkbar gewesen wäre. Die außenpolitischen Maximen eines in der Weltpolitik mittleren Staates sind zugleich auch immer die, die das internationale Staaten- (Macht-)system bestimmen. Der Handlungsspielraum ist durch die Bedingungen des jeweils gegebenen internationalen Systems eingeengt. Da diese zumindest kurzfristig und per definitionem von kleineren oder mittleren Staaten nicht geändert werden können, bilden sie einen vorgegebenen Handlungsrahmen.

Die Analyse außenpolitischen Handelns schließt somit immer die Kenntnis des politischen Systems, der politischen Ziele bzw. Interessen des betreffenden Landes und der beteiligten Länder oder internationalen Organisationen ein. Die Analyse der westdeutschen Ostpolitik z. B. ist zugleich Analyse außenpolitischer Entscheidungsstrukturen und -prozesse im Innern der Bundesrepublik und Analyse von Strukturen und Prozessen innerhalb des politischen Systems der UdSSR und anderer osteuropäischer Staaten. Hinzu kommt die Analyse des Systems der internationalen Beziehungen (Bedingungen der Staatenwelt), also vor allem die Analyse des weltpolitischen Dreiecksverhältnisses Washington-Moskau-Peking.

Außenpolitik ist grenzüberschreitendes Handeln vom Blickpunkt einzelner Nationalstaaten gesehen, während internationale Beziehungen Interaktionsprozesse und -muster innerhalb des gesamten Staatensystems (oder Teilen davon) betreffen.

In diesem Sinne definiert z. B. Fred A. Sondermann internationale Politik: „The study of international politics centers on the process and effects of interactions between foreign policy decisions, made by individuals and groups and involving governmental institutions, in two or more states, and on the environment within which such interaction takes place (...)."[58]

Hier sind außenpolitische Analyse und Analyse internationaler Beziehungen weitgehend identisch, Außenpolitik meint die Aktionen eines bestimmten Staates − oder eines Zusammenschlusses von Staaten − in der Verfolgung seiner Interessen gegenüber anderen Staaten. Eingrenzungskriterien für das außenpolitische Handlungsfeld ergeben sich bei einem Vergleich mit anderen Politikbereichen wie Sozialpolitik, Wirtschaftspolitik, Bildungspolitik etc. Unterschiede lassen sich wie folgt bestimmen:

37

- Außenpolitik ist zunächst grenzüberschreitendes Handeln. Adressaten sind Handlungsträger (Regierungen anderer Länder, internationale Organisationen, intermediäre Gruppen jenseits der Grenzen) in anderen Nationalstaaten. Dabei ist nicht entscheidend, in welchem institutionellen Zusammenhang die überwiegend innenpolitisch orientierten Politikbereiche verankert sind. Es gibt heute kein Ressort, das nicht Außenbeziehungen pflegen würde.
- Wichtig ist der Unterschied zur Innenpolitik, der sich aus der unterschiedlichen Wirksamkeit souveräner Staaten nach innen und nach außen ergibt. Die Regierung eines Staates ist Träger hoheitlicher Befugnisse, d. h. sie besitzt im Extremfall das Monopol des physischen Zwangs. Diese auf Max Weber zurückgehende Definition des Staates verliert auch bei einer Formulierung, die mehr zuläßt als nur physischen Zwang, nicht ihre Bedeutung. Es sind nur Nuancen, ob man von dem „Monopol legitimierter physischer Gewaltsamkeit" innerhalb eines bestimmten Gebietes spricht wie Weber[59] oder z. B. von der „Verbindlichkeit politischer Konfliktregelung" wie z. B. Lehmbruch[60]. In beiden Fällen kann der Gesetzgeber verbindliche Entscheidungen für die zum Staatsverband gehörenden Bürger fällen und nötigenfalls durch Sanktionen einholen. Eine solche Sanktionsgewalt steht einem nationalen Hoheitsträger im allgemeinen über das Staatsgebiet hinausreichend nicht zu.[61] Es gibt keine mit ähnlicher Sanktionsgewalt ausgestattete Weltregierung, keine internationale Ordnungsmacht, die sich auf erzwingbares Recht (Völkerrecht) berufen könnte, um über Staatsgrenzen hinweg Sanktionsgewalt anzuwenden. Nur über Rechtshilfeabkommen oder sonstige internationale Vereinbarungen ist legal eine Bestrafung bei Zuwiderhandlung möglich. Die Durchbrechung dieses Prinzips mit militärischer Gewalt oder sonstigen Mitteln des Untergrundes ist zwar immer wieder vorgekommen; dies sind aber keine legalen Mittel. Staaten handeln im Bereich der internationalen Beziehungen ohne garantierbaren oder erzwingbaren Rechtsschutz, sozusagen auf eigenes Risiko und eigene Rechnung wie Handelsleute im „guten Glauben" an die Erfüllung eingegangener Verpflichtungen durch den jeweiligen Partner.[62]
- Eine dritte Unterscheidung zwischen Außen- und Innenpolitik liegt in der Struktur des Meinungsbildungsprozesses und dies sowohl im Regierungs- wie im Bürgerbereich. Außenpolitische Debatten stehen mehr als innenpolitische unter dem Zwang

nationaler Einigkeit. Das Verlassen der nationalen Plattform kann leicht als Vaterlandsverrat politisch gegen die jeweilige Opposition eingesetzt werden und sie innenpolitisch diskreditieren. Der Satz Kaiser Wilhelm des II.: „Ich kenne keine Parteien mehr, ich kenne nur noch Deutsche!" ließ der Opposition nur wenig Spielraum. Die SPD-Opposition der 50er Jahre hat diese Situation ebenfalls erfahren und entsprechende Konsequenzen gezogen.

James N. Rosenau hat einen Katalog von Motivations-,. Rollen- und Interaktionsdifferenzen aufgestellt, der Außenpolitik als einen separaten Teil der Politik erscheinen läßt:

a) Motivationsdifferenzen (Unterschiede in den Absichten, Haltungen, Gewohnheiten und der Wahrnehmung)
— Außenpolitik gehört nicht zum unmittelbaren Erfahrungshorizont des Bürgers;
— er hat keine konkreten Vorstellungen über Konfliktregelungen;
— Außenpolitik wird als weniger komplex und mehrdeutig angesehen als Innenpolitik und ist daher klarer, einfacher und folglich mit hoher Motivation (besser: Emotion) verbunden;
— die Distanz zu den eigenen Sorgen und Wünschen ist größer;
— Motive zur Stellungnahme sind frei von überschneidenden Interessen und sind daher weniger kontrovers;
— wenn außenpolitische Probleme im Sichtfeld sind, dann werden sie als Gefahr angesehen und können den Menschen zu höherem Einsatz (Krieg) bringen.[63] Ein atypisches Verhalten in dieser Hinsicht zeigen Angehörige des Regierungsapparates und durch wirtschaftliche Transaktionen direkt Betroffenen, wie Ex- und Importeuren, sowie Unternehmen mit hohen Exportanteilen etc.

b) Rollendifferenzen
— Die zuvor beschriebenen Motivationsunterschiede sind zumindest zum Teil bedingt durch Rollenstrukturen. Verhalten kann bei Kenntnis des Systems antizipiert werden.
— Im Unterschied zu innenpolitischem Rollenverhalten sind in aussenpolitischen Sachverhalten Rollenträger involviert, die nicht zum System gehören. Daher können Differenzen am Leben bleiben, auch wenn sie im nationalen System beigelegt wurden.
— In der Innenpolitik sind eine größere Zahl von Rollen möglich als in der Außenpolitik — und dies gilt für potentielle Gruppen und Individuen ebenso wie für die politische Führung.

– Ein weiterer Unterschied zwischen Außen- und Innenpolitik besteht in der Ausrichtung des Führungspersonals nach Mehrfach-
und Einfachspezialisierung. In der Außenpolitik sind mehr ein-
fachspezialisierte Personen beteiligt als in der Innenpolitik (z. B.
Teststop-Abkommen und Wasserverschmutzung: obwohl es in
beiden Bereichen um naturschädigende Wirkungen gehen kann,
sind im Entscheidungsprozeß des ersten Falles eine Handvoll
Spezialisten, im zweiten Fall zahlreiche beteiligt.)

c) Interaktionsdifferenzen

Unterschiede in der Behandlung von innen- bzw. außenpolitischen
Gegenständen bestehen im Hinblick auf die Interaktion zwischen
den Beteiligten. Hierbei lassen sich der Grad der Intensität und die
Richtung der Kommunikation der jeweils Beteiligten trennen.
Während außenpolitische Gegenstände durch geringe und vertikale
Interaktionen gekennzeichnet sind, lassen sich bei innenpolitischen
Sachverhalten hochgradige und horizontale Interaktionen feststellen.
Es ist immer wieder hervorgehoben worden, daß in der Außenpolitik
die Exekutive dominant ist und daher hierarchische Entscheidungs-
muster bestimmend sind. Präsidentiell-demokratische sind in dieser
Hinsicht kaum von autoritären Regimes zu unterscheiden. Bei
innenpolitischen Sachverhalten sind horizontale Interaktionen eher
anzutreffen, da jede Gruppe der Gesellschaft mit anderen um knappe
Ressourcen kämpft. Daher ist auch der Grad der Intensität der
Interaktionen bei innenpolitischen Sachverhalten größer. Hier
ist die Situation des 0-Summenspiels gegeben, wonach die eine Partei verliert, was die andere gewinnt. Im Bereich der auswärtigen Politik bedeuten Gewinne für eine Gruppe nicht notwendigerweise Ver-
luste für eine andere. Daher sind auch Verhandlungen (Interaktionen)
zwischen innenpolitischen Gruppen bei außenpolitischen Fragen
nicht üblich.

Diese Dichotomien sind sicherlich nachzuweisen; die politische
Wirklichkeit läßt allerdings eine Sachverhaltseinteilung streng nach
den aufgezeigten Extremen nicht immer zu.

Die Rolle, die Außenpolitik im Bewußtsein der Bürger spielt, vari-
iert von Staat zu Staat und von Periode zu Periode. Sie ist also differenziert nach staatlichen Gegebenheiten und geschichtlichen Lagen
zu beurteilen. Die Abhängigkeit eines Staates und seiner Bürger vom
auswärtigen Bezugsfeld ist Funktion des Grades seiner ökonomischen, sozialen und militärischen Integration. Kleinere und mittlere
Staaten mit hohem Außenhandelsanteil sind von Veränderungen des

		Motive		Rollen		Interaktion	
		Intensität	Extensität	Zahl	Art	Richtg.	Grad Intens.
Individuen, Gruppen	außenpol. Sachverh.	hoch	eng	gering	nat. Elite	vertikal	niedrig
	innenpol. Sachverh.	gering	weit	groß	alle Schichten	horizontal	hoch
Regierung	außenpol. Sachverh.	gering	weit	gering	national	vertikal	niedrig
	innenpol. Sachverh.	gering	weit	groß	nat. lokal	horiontal	hoch

Weltmarktes ebenso betroffen wie Staaten der Entwicklungsländerwelt, deren finanzielle Ressourcen auf dem Export von Rohstoffen beruhen. Die Erhöhung der Rohölpreise z. B. im Jahre 1973/74 hatte unmittelbare und für jeden einzelnen spürbare Auswirkungen. Die Aufmerksamkeit für außenpolitische issues ändert sich als Funktion jeweiliger historischer Lagen. Die Folgen des Ersten und Zweiten Weltkrieges führten in den Jahren nach den Kriegen zu einer Aktualisierung außenpolitischer Themen, auch wenn die unmittelbare materielle Betroffenheit nicht unbedingt den Ausschlag dazu gegeben hat. Die materielle Betroffenheit ließ viele Bürger sich außenpolitisch engagieren und mit großer Sicherheit haben außenpolitische Themen die Wahlen von 1953 und 1957 bzw. 1969 und 1972 beeinflußt, wenn nicht gar entschieden.

Die geschilderte Entwicklung in der Primatfrage schlägt sich auch in den Definitionen von Außenpolitik nieder. Hier einige Beispiele der älteren Lehre:

E. Fischer-Baling: Außenpolitik ist die „Lehre von den Interessen der souveränen Staaten und ihrer Geltendmachung".[64]

William Wallace: „Foreign policy is that area of politics which bridges the all-important boundary between the nation-state and its international environment − the boundary which defines the nation-state, within the limits of which national governments claim supreme authority."[65]

Klaus Knorr: „Foreign policy has to do with the use of different resources by states for achieving various kinds of gains in their relation with other states."[66]

David Vital: „A formulation of desired outcomes which are intended by those who have authority to commit the machinery of the state and a significant fraction of national resources to that end."[67]

Diese Definitionen enthalten die wichtigsten Komponenten: Ziele (outcomes, gains), Mittel (resources, machinery of the state, national resources), Träger (states, authorities in states) und Grenzen (Grundeinheit, bounderies of the nationstate). Sie unterliegen entweder einem systemanalytischen Politikverständnis in der Tradition des Neo-Positivismus oder/und zeigen Züge machtstaatlichen Denkens in der Tradition der „realistischen" Denkschule.

Dieser Begriff von Außenpolitik vernachlässigt a) Struktur- und Prozeßanalysen (und ist juristisch-institutionellem Denken verhaftet), b) innenpolitische Meinungsbildungsprozesse für außenpolitische issues, also das Verhältnis Innen-Außenpolitik, c) Verhalten und Analyse dieses Verhaltens von anderen Staaten. Schon eher in Richtung eines gesellschaftspolitischen Verständnisses geht Seibt: Auswärtige Beziehungen sind die „Gesamtheit der Beziehungen eines Staates, seiner wirtschaftlichen Kräfte, gesellschaftlichen Gruppen und einzelner seiner Bürger zur Außenwelt (. . .), soweit diese Beziehungen politisch, d. h. für die Position, Rolle und Interessen eines Staates, seiner Handlungsträger oder seiner gesellschaftlichen Kräfte von Bedeutung sind".[68] Oder Kiersch: „Außenpolitik bezeichnet die Formulierung und Durchsetzung gesellschaftlicher Interessen in ihrer Vermittlung durch den Staat gegenüber anderen Staaten und internationalen Organisationen im politischen, militärischen, wissenschaftlichen, rechtlichen und kulturellen Bereich."[69] Ähnlich W. Link: „Außenpolitik ist — allgemein formuliert — die aktive und relative Gestaltung der Beziehungen einer staatlich organisierten Gesellschaft zu ihrer Umwelt nach Zielvorstellungen, die — in Auseinandersetzung mit dieser Umwelt — im internen Willensbildungs- und Entscheidungsprozeß entwickelt und in konkreten Handlungssituationen umzusetzen versucht werden."[70]

Wir definieren Außenpolitik als grenzüberschreitendes politisches Handeln von Nationalstaaten und deren Komponenten, Regierungsorganen, Gruppen oder Individuen mit der Intention, bestimmte Absichten oder Ziele und Interessen mit Hilfe nationaler Ressourcen gegenüber oder in den Beziehungen zu anderen Staaten durchzusetzen.

Das Ziel kann auch gleichzeitig nach innen gerichtet sein und auf Selbsterhaltung oder Systemstabilisierung zielen. Diese Definition enthält als Ziele der Außenpolitik Absichten und Interessen nach außen und nach innen,[71] als Instrumente oder Mittel die nationalen Ressourcen[72], als Träger der Außenpolitik Regierungen und deren Organe sowie gesellschaftliche Gruppen und Individuen[73] und als Grundeinheit (Ansatzhöhe) den Nationalstaat[74]. Diese Definition ist zunächst bewußt formal zweckrational gehalten, bedarf also der inhaltlichen Bestimmung in je konkret-historischen Situationen. Sie hat den Vorteil, nicht auf einen bestimmten Ansatz festgelegt zu sein. Problematisch ist der zweckrationale Charakter von Ziel-Mittelbeziehungen, weil er an Voraussetzungen (Axiome) gebunden ist (Rationalitätsaxiom, Informationsaxiom, Reaktionsaxiom), die nicht notwendigerweise in der Realität anzutreffen sind.

Golo Mann hat der Skepsis gegenüber rationalen Kalkülen Ausdruck gegeben: „Übrigens ist unsere Grundüberzeugung die, daß der außenpolitische Machtkampf von irrationalen weit mehr als von rationalen Motiven genährt wurde und wird."[75]

Irrationalitäten beziehen sich dabei vor allem nach Fraenkel auf — „vagueness of aspirations, lack of clear priorities, — incomplete knowledge of the international environment, — uncertainties about the behaviour of other states"[76].

Der Bereich solcher Irrationalitäten kann eingegrenzt werden, wenn die den Axiomen zugrunde liegenden Prozesse probabilistisch gefaßt werden, d. h. wenn die Bezugsgrößen (konkrete Ziele, konkrete Mittel) und ihre Perzeption durch die Handelnden selbst als Resultat von Wahrscheinlichkeitskalkülen aufgefaßt werden.

Anmerkungen

1 Aristoteles, VII. Buch, 1958, S. 248
2 ebd., S. 201
3 ebd., S. 242
4 Machiavelli, 1955, S. 75/76
5 Locke, Chap XII, S. 121
6 Montesquieu, 1961, S. 138
7 Kant, (1795) 1979, S. 26/27
8 ebd., S. 49
9 ebd., S. 56/57
10 Vgl. J. A. Hobson, 1938, sowie H.-C. Schröder, 1970, S. 104 ff.
11 J. A. Hobson, 1938, S. 126

12 J. A. Hobson, 1938, S. 138
13 ebd., S. 141
14 ebd., S. 142
15 ebd., S. 144
16 Nach: H. Schneider/U. Uffelmann: Zur Außenpolitik der Bundesrepublik Deutschland. (Schöningh.) Paderborn 1977, S. 106. Leopold von Ranke: Politisches Gespräch. Werke 49/50, Berlin 1887, S. 328
17 M. Weber, 1958
18 M. Weber, 1958, S. 164
19 ebd., S. 535
20 ebd., S. 323
21 ebd., S. 323
22 N. I. Spyteman, 1942, S. 18
23 H. J. Morgenthau, 1960, S.
24 Vgl. M. Knapp (Hrsg), 1975, S. 16
25 J. Seeley, 1902, S. 131
26 Siehe W. Baade, 1962, S. 42 f.
27 Siehe G. Lehmbruch, 1969, S. 159
28 Diese behaupteten oder tatsächlich vorhandenen Bedrohungen von außen veranlaßten den Konvent zur Suspendierung der Verfassung bis zu einem Friedensschluß und rechtfertigten eine revolutionäre, zentralistische und autoritative Konventsherrschaft. Auch in der Sowjetunion der 20er Jahre diente die behauptete Gefahr eines Überfalls von außen zur Legitimation einer autoritären Herrschaft und Zentralisation des Staates: „Auf der anderen Seite machen die Labilität der internationalen Lage und die Gefahr neuer Überfälle die Schaffung einer Einheitsfront der Sowjetrepubliken angesichts der kapitalistischen Umkreisung unvermeidlich. Schließlich drängt die ganze Struktur der Sowjetmacht, die ihrer Klassennatur nach international ist, die werktätigen Massen der Sowjetrepubliken auf den Weg der Vereinigung zu einer sozialistischen Familie." (Die Verfassungsgesetze des Sowjetstaates, 1954, S. 29)
29 V. Meier, Yugoslave Communism. IN: W. E. Griffith, 1964, S. 36
Vom Standpunkt der politischen Verhandlungstaktik stellt sich die Hinwendung nach Moskau so dar: „In general one can say that the retrogressive moves in respect to relations with the West and to the adjustment at the domestic system preceded the real establishment at contacts with Moscow and were at the same time one of the prepayments by means of which the Belgrade leaders sought to ease the resumption of talks." (ebd., S. 54)
Nicht eindeutig zu entscheiden scheint mir die *Ursache des Zusammenwirkens* von innen- und außenpolitischen Faktoren. Mußte die lavierende West-Ostpolitik der jugoslawischen Kommunisten notwendigerweise mit den eben geschilderten Maßnahmen verbunden sein? Solche Maßnahmen als Vorauszahlung für Verhandlungen zu interpretieren dürfte sicherlich nicht ausreichen. Es läßt sich ebenso umgekehrt argumentieren, daß nämlich insbesondere hinsichtlich einer Westorientierung *Schwierigkeiten des Wirtschaftssystems gemildert, wenn nicht behoben werden sollten* und die Aussenpolitik gewissermaßen eine Alibi-Funktion spielte. Die *ambivalente Struktur des ökonomischen Systems* kann hierbei ebenso eine *Leitfunktion* spielen wie eine auf Druck der außenpolitischen Neuorientierung zustandegekommene Strukturänderung.

30 O. Hintze, 1941, S. 24

31 O. Hintze, 1941, S. 29

32 K. Marx, 1959, S. 338

33 E. Kehr, Der Primat der Innenpolitik. In: H.-U. Wehler, Moderne Deutsche Sozialgeschichte, 1965, S. 31—52

34 F. Fischer, 1964[3]

35 E. Krippendorff, 1963, S. 246

36 ebd., S. 247

37 ebd., S. 249

38 Vgl. S. Melman: 1965, E. Knoll/I. Nies Mc Fadden: 1969, I. Bosch: 1968, I. Cook: 1962

39 David Calleo, 1978

40 Vgl. dazu die Besprechung von Klaus Hildebrand, 1979, S. 624—644

41 W. F. Hanrieder, 1976, p. 1277

42 Marx/Engels, 1959, Bd. I, S. 40

43 Vgl. G. Zellentin, 1969, S. 164 ff.

44 Wörterbuch der Außenpolitik, 1965, S. 77

45 Kleines politisches Wörterbuch, 1967, S. 74

46 Ein Kenner der ostasiatischen Szene urteilt: ,,Der dritte Indochina-Konflikt zwischen Vietnamesen und Kambodschanern, Chinesen und Vietnamesen hatte endlich die Heuchelei, die pseudo-humanitäre Anmaßung des ,,Weltkommunismus" wie Seifenblasen platzen lassen. Von nun an sollte kein Propagandist mehr — ohne sich der Lächerlichkeit auszusetzen — vom ,,Proletarischen Internationalismus", von der völkerverbindenden und endgültig pazifizierenden Mission des Marxismus-Leninismus reden dürfen. Der erste kommunistische Religionskrieg, der auf indochinesischem Boden ausgetragen wurde, stand den bewaffneten Konfrontationen der vielgeschmähten imperialistischen Vorgänger in keiner Weise an grausamer Skrupellosigkeit nach. Dem roten Kambodscha Pol Pots blieb es vorbehalten, ein Horror-Regime zu errichten, das in der Neuzeit nur noch von den Massenvernichtungslagern Hitlers übertroffen wurde." (Peter Scholl-Latour: Der Tod im Reisfeld. (DVA), Stuttgart 1980[2], S. 377)

47 Quincy Wright: 1965[2], S. 831

48 Vgl. hierzu die auswärtige Kulturpolitik deutscher Länder

49 Vgl. W. Friedmann, 1964, S. 35 und W. Schaumann 1957, S. 68 ff.

50 Vgl. P. Reuter, 1972 und K. Skjelsbaeck, 1971, S. 420

51 Vgl. Wallace-Singer, 1970, S. 250 ff.

52 GA/Res. 2625 (XXV) v. 24.10.1970

53 GA/Res. 3281 XXIX) v. 12.12.1974

54 Vgl. U. Scheuner: Die internationalen Probleme der Gegenwart und die nationale Entscheidungsstruktur. In: Hennis et al., 1977, S. 291

55 Die Bedeutung der Multis geht schon daraus hervor, daß etwa 1/3 des BSP der westlichen Welt von den 560 größten Unternehmen erwirtschaftet wurde und von diesem Gesamtumsatz 20 % auf nur 16 Konzerne und 10 % auf 4 Konzerne entfielen. Vgl. K. Gantzel, 1976, S. 24

56 ebd., S. 24

57 Typologische Begriffsbildungen sind meistens gekennzeichnet durch ein Fortschreiten von kleineren zu größeren Einheiten wie z. B. Außenpolitik-Totale Außenpolitik-Intersystemare Beziehungen-Internationale Beziehun-

gen, Außenpolitik-Internationale Politik-Weltpolitik (Noack), Außenpolitik-Internationale Beziehungen, Außenpolitik-Internationale Politik-Internationale Beziehungen (Dunoc, Frederick)

58 F. A. Sondermann, 1961, p. 10

59 M. Weber, 1958, S. 494

60 G. Lehmbruch, 1967, S. 17

61 Max Weber hat diese territoriale Begrenzung in seiner Definition von Staat erfaßt: „Staat ist diejenige menschliche Gemeinschaft, welche innerhalb eines bestimmten Gebietes — dies: das ,Gebiet' gehört zum Merkmal — das Monopol legitimer physischer Gewaltsamkeit für sich (mit Erfolg) beansprucht." Vgl. M. Weber, 1958, S. 494

62 Vgl. hierzu G.-K. Kindermann (Hrsg.), 1977, S. 33 f.

63 Vgl. J. N. Rosenau, 1961

64 E. Fischer-Baling, 1960, S. 18

65 W. Wallace, 1971, p. 7

66 K. Knorr, 1973, p. 3

67 D. Vital, 1968,

68 In: G. Lehmbruch, 1967, S. 172

69 G. Kiersch, 1977, S. 11

70 W. Link, 1978, S. 484

71 Vgl. Kap. 5

72 Vgl. Kap. 4

73 Vgl. Kap. 3

74 Vgl. Kap. 2 und 3

75 G. Mann und H. Pross, 1957, S. 7

76 J. Frankel, 1963, p. 55

3. Träger der Außenpolitik: die Institutionen

Institutionsanalysen gehören zum traditionellen Feld der deutschen politikwissenschaftlichen Forschung und stehen meist in der staatsrechtlichen Tradition, von der sich die jüngere Generation vor allem durch die Rezeption von Systemtheorie und Ökonomieansätzen weitgehend abgewandt hat. Als Gefahr dieser traditionellen Richtung wurde die Verabsolutierung der Institutionendeterminanten angesehen, die Politik statisch-normativ interpretierte, den Prozeßcharakter vernachlässigte und die Rückbindung an ökonomische und gesellschaftliche Strukturen vermissen ließ. In der Soziologie schlägt sich der Gegensatz von statisch und dynamisch in dem Gegensatz von struktur-funktionaler Theorie nach Talcott Parsons und funktional-struktureller Theorie nach Niklas Luhmann nieder, auch wenn dieser Gegensatz die Positionen der genannten Autoren über Gebühr strapaziert. In der Abwendung von den Institutionalisten hat man sehr zu unrecht einen wichtigen Bereich der Forschung vernachlässigt und einen Interpretationsansatz zurückgestellt, der in die politikwissenschaftliche Forschung erst wieder mit der policy-science-Analyse Eingang gefunden hat, nachdem zuvor schon in der Soziologie die Organisationssoziologen auf den determinierenden Einfluß von Organisationsstrukturen hingewiesen haben. Es kommt nicht von ungefähr, daß wichtige Vertreter des policy-science-Ansatzes von der Organisationssoziologie herkommen (wie z. B. Renate Mayntz). Die zentrale These dieses Ansatzes ist, daß organisatorische Strukturen politisches Handeln determinieren. Belege dafür sind überzeugend in einigen empirischen Fallstudien zu Entscheidungsprozessen erbracht worden.[1] Institutionelle Beziehungen können als ein Grundelement des Politischen angesehen werden. Politisch deuten heißt u. a., politische Vorgänge im Raster institutioneller, und das heißt durch Kompetenzzu- bzw. -verteilung geregelter, Abläufe zu analysieren. Es ist evident, daß dieser Prozeßablauf sich auf Vorgänge in organisatorischen Strukturen bezieht, die weitgehend entpersönlicht, d. h. entprivatisiert sind, und die hinter dieser Formalebene stehende Frage nach den Wirkkräften offen läßt. Der nachfolgende Schritt politischer Analyse richtet sich deshalb auf die Frage, wie es zu formaljuristischen Regeln kommt bzw. gekommen ist und welche gesellschaftlichen Kräfte dahinter stehen.

Im Bereich der Außenpolitik hat insbesondere der frühere amerikanische Außenminister Henry Kissinger die Struktur von Verwaltung und deren Führung als die außenpolitische Entscheidungen bestimmende Variable hervorgehoben.[2] Die Institutionalisierung von Entscheidungen, die im atomaren Zeitalter notwendig ist, berge große Gefahren in sich. Institutionen, wie z. B. das Auswärtige Amt, entwickelten eine Eigendynamik, die die Flexibilität und Innovationsfähigkeit der Politiker einenge. Der Preis für die Errichtung nationaler Planung sei der Verlust an Flexibilität, Kreativität und Innovationsfähigkeit. Kissinger denkt hierbei in den Kategorien von Max Weber, der bekanntlich Bürokratie und politische Führung als z. T. gegeneinander gerichtete Institutionen ansah und in seinem Systementwurf ausbalancieren wollte. Routine steht gegen Kreativität, Planung gegen Entscheidungsflexibilität. Die Gefahren der Bürokratisierung lägen nach Kissinger darin, daß Mittel zu Zielen werden, daß die Selbsterhaltung der Maschinerie von den eigentlichen Problemen, für die Bürokratien eingerichtet worden sind, ablenke. Der Prozeß der Entscheidungsfindung kann innerhalb einer Behörde so komplex werden, daß er den eigentlichen Zweck überschattet. Die Rigidität von Politikern in technologisch fortgeschrittenen Gesellschaften sei zu einem nicht geringen Teil auf die Komplexität der Entscheidungsprozesse zurückzuführen.

Institutionen sind in sozialwissenschaftlicher Sicht handlungsnormierende Organisationen, die je nach Organisationsstruktur und der Position, die der einzelne in ihr einnimmt, den Handlungsablauf und die Handlungsorientierung (mit-)bestimmen. Wenn Institutionenanalysen nicht einseitig verwendet werden, dann sind sie wichtig und kompatibel mit prozeßablaufanalytischen Ansätzen wie z. B. dem Entscheidungsprozeßansatz, dem Elitenansatz, aber auch mit sozioökonomischen Ansätzen der verschiedenen Spielarten. Institutionenanalysen können, wenn richtig betrieben, folgende Vorteile haben:

— sie zwingen zu empirischer Forschung von Normen und Handlungen (auch in der historischen Dimension),
— sie können die gesellschaftlichen Triebkräfte offenlegen,
— sie verbinden Struktur und Funktion, Statik und Prozeß.

Dem Organisationsansatz liegt die Hypothese zugrunde, daß Großaggregate wie Institutionen ein Beharrungsvermögen aufweisen, die zu konstanten Mustern und Regelmäßigkeiten führen und somit menschliches Handeln in einem gewissen Maße berechenbar machen. Es ist bekanntlich leichter, das Verhalten von sechs Millionen Menschen vorherzusagen, als das eines einzelnen Individuums.

Entsprechend dieser Vorüberlegungen konzentriert sich die folgende Institutionenanalyse zur deutschen Außenpolitik auf folgende Aspekte:

— auf die Identifikation der für außenpolitisches Handeln relevanten Institutionen (und ihrer Gewichtung), Positionen, Schlüsselpersonen und ihrer Rollen,

— auf die Normvorschriften (Gesetze, Verordnungen, Vorschriften, Geschäftsordnungen etc.),

— auf die Art und Weise, wie diese Normen gewertet werden von Handelnden und Interpreten,

— auf die Verflechtung der Institutionen im Prozeßablauf,

— auf die Verbindung von gouvernementalen und nicht-gouvernementalen Institutionen und Kräften,

— auf die Rekrutierung, Rotation und Ablösung von Eliten,

— auf die institutionellen Besonderheiten außenpolitischer Entscheidungsprozesse (im Vergleich zu innenpolitischen),

— auf sozialpsychologische Aspekte der Entscheidungsträger wie Motivationen, leitende „Weltbilder", Perzeptionsvermögen, Einstellung zu wichtigen Fragen, die die politische Position des Einzelnen erkennen lassen.[3]

Es bedarf keines besonderen Hinweises, daß diese für wichtig gehaltenen Aspekte der Institutionenanalyse hier nicht in aller Breite behandelt werden können. Bei allzu verkürzter Darstellung muß auf die einschlägige Literatur verwiesen werden.

Die Darstellung von Institutionen und gesellschaftlichen Kräften folgt zunächst dem Organaufbau in: Regierungssystem (Bundeskanzleramt (BK); Bundesregierung (BReg); Auswärtigem Amt (AA); anderen Ministerien und Regierungsorganen; Bundestag (BT); Bundesrat (BR); Bundesverfassungsgericht (BVerfG)); als quasi-Regierungsorgane werden die Parteien und ihre Fraktionen behandelt. Es folgen dann die gesellschaftlichen Gruppen, die Presse und die Öffentliche Meinung. Diese Reihenfolge entspricht auch weitgehend der Bedeutung, die den Institutionen im außenpolitischen Entscheidungsprozeß zukommt. Wir beginnen die Institutionenanalyse mit vier systematisch-theoretisch angelegten Fragen:

— Welche Gewalt ist die auswärtige Gewalt im Gewaltenteilungssystem der Bundesrepublik Deutschland?

- Welche Zuordnung erfährt die auswärtige Gewalt im föderalistisch organisierten System der Bundesrepublik?
- Welche staatlichen Organe sind nach dem Grundgesetz mit der Ausübung der auswärtigen Gewalt betraut?
- Wie verhält sich die nationalstaatlich konzipierte auswärtige Gewalt zu Integrationsbündnissen wie der EG?

1. Frage: Auswärtige Gewalt — welche Gewalt?

Der ideengeschichtliche Rückblick (vgl. Kap. 2) hat gezeigt, daß die Ansichten über die Zuordnung der auswärtigen Gewalt in einem gewaltenteilig konstitutionellen System divergieren. Es überwiegt zwar bei Autoren, die in der liberalen und konservativen Tradition stehen, die Auffassung, daß die auswärtige Gewalt gouvernementale Gewalt sei bzw. sein müsse, in der Praxis konstitutioneller Systeme hat sich jedoch seit der amerikanischen Verfassung von 1787 die Meinung durchgesetzt, daß die „treaty-making-power" eine gemeinsame Aufgabe von Exekutive und Legislative sei. Das Verfassungssystem der Bundesrepublik hat sich dieser Position angenähert und weicht damit von der Verfassungskonzeption der Weimarer Republik ab, die die auswärtige Gewalt eindeutiger als Exekutivgewalt ansah. Der überwiegende Teil der Staatsrechtler sieht die auswärtige Gewalt als „kombinierte Gewalt" (Eberhard Menzel); sie sei Regierung und Parlament „zur gesamten Hand" (Ernst Friesenhahn) zugewiesen.

Die politische Praxis zeigt jedoch das Primat der Exekutive, auch wenn in einigen Fällen (Jaksch-Bericht 1961, Präambel zum Deutsch-Französischen Vertrag 1963, Gemeinsame Entschließung zu den Ostverträgen 1972 etc.) die Legislative zur „gesamten Hand" außenpolitisch wichtige Beschlüsse gefaßt hat. Der lange Jahre auch in außenpolitischen Funktionen tätige Sozialdemokrat Carlo Schmid bekennt sich eindeutig zum Exekutiv-Primat: „Die Führung der auswärtigen Politik ist Sache der Regierung, nicht Sache des Parlaments. Das Parlament hat die Regierung dabei zu kontrollieren, aber es kann sich dem Kanzler bei diesem Geschäft nicht substituieren; allerdings sollte es vom Regierungschef verlangen, ausreichend über den Stand von Verhandlungen und über alle Fakten von Bedeutung informiert zu werden."[4]

Verfassungsrechtliche Diskussionen führen bei allzu enger Orientierung an die klassische Gewaltenteilungslehre in die Irre. Das parlamentarische System der Bundesrepublik ist nicht durch scharfe Trennung zwischen Regierung und Parlament gekennzeichnet wie etwa in den USA. Die Regierung ist bisher jedenfalls immer Ausdruck der Parlamentsmehrheit gewesen, sie ist der verlängerte Arm der Parteiengewichte. Das Gegengewicht im parlamentarischen System der Bundesrepublik ist also die Opposition in den verschiedenen Parlamentsgremien und nicht — von einigen Ausnahmen abgesehen (vgl. Kap. 3.5) — das Parlament als Ganzes.

2. Frage: Die Zuordnung der auswärtigen Gewalt im Bundesstaat

In allen föderativen Systemen auf deutschem Boden war und ist die auswärtige Gewalt eine Zentralgewalt. Der Bund hat die Vertretung nach außen (Art. 32.1. GG) und er hat die ausschließliche Gesetzgebung über die auswärtigen Angelegenheiten sowie die Verteidigung (Art. 73.1. GG). Für in Länderkompetenz fallende Materien (insbesondere den Kulturbereich) können einzelne Länder mit Zustimmung des Bundes Verträge mit ausländischen Staaten abschließen (Art. 32.3. GG). Im Lindauer Abkommen von 1957 ermächtigen die Länder den Bund zu Vertragsabschlüssen auch in ihrem Kompetenzbereich. Das Abkommen spezifiziert dabei bestimmte Materien und macht die Vertragsgewalt in bestimmten Fällen vom Einverständnis aller Länder abhängig.

3. Frage: Welche staatlichen Organe sind nach dem Grundgesetz mit der Ausübung der auswärtigen Gewalt betraut?

Formal gesehen vertritt der Bundespräsident den Bund völkerrechtlich nach außen. Verträge treten erst dann in Kraft, wenn der Bundespräsident seine Unterschrift geleistet hat (Art. 59.1. GG). Materiellpolitisch bedürfen Verträge der Zustimmung oder Mitwirkung der gesetzgebenden Körperschaften (Art. 59.2 GG). Die Art der Beteiligung der gesetzgebenden Körperschaften hat in der Geschichte der Bundesrepublik zu Kontroversen zwischen Regierung und Opposition einerseits und zwischen Bund und Ländern andererseits geführt (wobei Partei- und föderative Kompetenzen auf vielfältige Weise miteinander verwoben waren). Im Extremfall, dem Verteidigungsfall oder Notstand, sind Bundestag und Bundesrat gemeinsam an der Beschlußfassung beteiligt (wenn es die Situation erlaubt, über 2/3 der Stimmen des Bundestages bzw. der Mehrheit des Bundestages oder, wenn die Situation ein schnelles Handeln erfordert, über den gemeinsamen Ausschuß) (Art. 115a GG). Prozedurale Einschränkungen bei der Verabschiedung von Verträgen mit auswärtigen Staaten beziehen sich auf die Zahl der vorgeschriebenen Lesungen (2 statt 3 § 77, Abs. 1 der Geschäftsordnung des BT) und die Unzulässigkeit von Änderungsanträgen zu Verträgen mit ausländischen Staaten (§ 81 Abs. 3 der Geschäftsordnung des BT).

4. *Frage:* Auswärtige Gewalt und zwischenstaatliche Integration
Der Bund kann nach Art. 24 GG Hoheitsrechte auf zwischenstaatliche Einrichtungen übertragen. Von zwischenstaatlichen Institutionen gefällte Rechtsakte haben Gültigkeit im Bereich der Bundesrepublik, ohne daß die sonst üblichen Prozeduren (Art. 59.2 GG) vorausgehen müssen. Nach herrschender Rechtsauffassung gehen internationale Regelungen den innerstaatlichen der gleichen Materie vor. Voraussetzung ist allerdings eine vorhergehende Übertragung von Kompetenzen. Eine Fallstudie zur Übertragung von Haushaltsbefugnissen an das Europäische Parlament 1969/70 zeigt allerdings auch für diesen Fall eine hervorgehobene Bedeutung der Leitungsebene am Entscheidungsprozeß.[5]

Die Übertragung von Hoheitsrechten an internationale Institutionen entzieht dem innerstaatlichen parlamentarischen Entscheidungsprozeß Befugnisse, die bisher einer zumindest indirekten demokratischen Kontrolle unterzogen werden konnten. Die Wahlen zum Europäischen Parlament (ab 1979) haben die demokratische Legitimation dieser internationalen Institution zwar erhöht, können aber eine mögliche innerstaatliche Kontrolle nicht ersetzen.

3.1 Der Bundespräsident

Der Bundespräsident ist zwar im außenpolitischen Prozeß vornehmlich auf repräsentative Funktionen beschränkt, er hat aber teils von der Verfassung gegebene, teils durch die jeweilige Person geprägte Einflußmöglichkeiten, die oft unterschätzt werden. Die völkerrechtliche Vertretungsmacht des Bundespräsidenten nach Art. 59 GG gibt ihm die Möglichkeit, insbesondere bei Staatsvisiten die Bundesrepublik nach außen, d. h. in dem jeweiligen Besuchsland, zu repräsentieren und ein bestimmtes Bild von der Bundesrepublik zu vermitteln. Alle bisherigen Bundespräsidenten waren „politische" Präsidenten, d. h. sie sind aus Partei- und Regierungsfunktionen hervorgegangen und haben ihre Repräsentationsrolle nach außen ganz bewußt wahrgenommen. So war Heinrich Lübke zur Dritten Welt orientiert, Gustav Heinemann verkörperte die „gute Nachbarschaft" durch Staatsvisiten im unmittelbar umgebenden europäischen Ausland; Theodor Heuss machte damit den Anfang (Besuche in England, der Schweiz,

Frankreich etc.). Neben der Demonstrationsfunktion hat der Bundespräsident jedoch über seine Informations- und Schiedsrichterfunktion die Möglichkeit, den innenpolitischen Prozeß bei auswärtiger Materie zu beeinflussen. Die durch den ersten Präsidenten eingeführte regelmäßige Unterrichtung durch den Regierungschef gibt ihm ein Informationspolster, das er bei Gesprächen mit den Fraktions- und Parteivorsitzenden in vermittelnder und ausgleichender Form einsetzen kann. Hinzu kommt, daß das Unterzeichnungsrecht bei Verträgen ihm die Möglichkeit gibt, auf den prozeduralen Ablauf Einfluß zu nehmen. Theodor Heuss hat seine Unterschrift unter den Generalvertrag zunächst von einer Prüfung (Gutachten) durch das Bundesverfassungsgericht abhängig gemacht und damit die Verabschiedung im Sinne der damaligen Opposition verzögert. Die Rücknahme seines Gutachtenersuchens erfolgte dann, als das Gericht dem Gutachten eine bindende Wirkung auch für die anstehenden Klagen zusprach. Ein von ihm gefordertes Gutachten hätte dann den politischen Entscheidungsprozeß sehr zur richterlichen Autorität verschoben.

Die Unterschriftenverweigerung kann somit — und auch Heinrich Lübke und Walter Scheel haben davon Gebrauch gemacht — den politischen Entscheidungsprozeß zumindest prozedural beeinflussen.

3.2 Das Bundeskanzleramt

Der Regierungsspitze kommt in der politischen Praxis der Bundesrepublik insbesondere im auswärtigen Bereich eine hervorgehobene Bedeutung zu. Sie reicht über den staatsrechtlichen Begriff von der gemischten (oder quasi gemischten) Gewalt hinaus und tendiert zur Prärogative der Regierung — neuerdings des politisch-administrativen Systems insgesamt. Dem Bundeskanzler fließen dabei nicht nur die normativen Befugnisse nach Art. 62—69 GG und hier vor allem die Richtlinienkompetenz (Art. 65 GG) zu; er hat aufgrund seiner Ausstattung Vorteile gegenüber anderen Verfassungsorganen. Z.B. gibt ihm die Verfügung über den Regierungsapparat (Kanzleramt, Ministerien, Bundespresse- und Informationsamt), einen Informationsvorsprung, den er insbesondere gegenüber der Opposition einsetzen kann. Hinzu kommt die Vertraulichkeit diplomatischer Verhandlungen, die Zurückhaltung der Bürger und die Möglichkeit, das Initiativrecht zu nutzen.

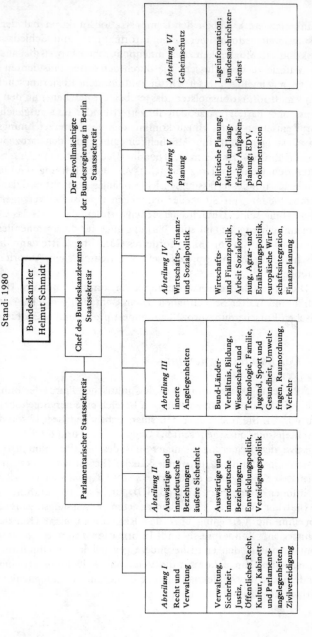

Organisationsplan des Bundeskanzleramtes
Stand: 1980

**Bundeskanzler
Helmut Schmidt**

Parlamentarischer Staatssekretär

Chef des Bundeskanzleramtes
Staatssekretär

Der Bevollmächtigte
der Bundesregierung in Berlin
Staatssekretär

Abteilung I Recht und Verwaltung	*Abteilung II* Auswärtige und innerdeutsche Beziehungen äußere Sicherheit	*Abteilung III* innere Angelegenheiten	*Abteilung IV* Wirtschafts-, Finanz- und Sozialpolitik	*Abteilung V* Planung	*Abteilung VI* Geheimschutz
Verwaltung, Sicherheit, Justiz, Öffentliches Recht, Kabinett- und Parlamentsangelegenheiten, Kultur, Zivilverteidigung	Auswärtige und innerdeutsche Beziehungen, Entwicklungspolitik, Verteidigungspolitik	Bund-Länder-Verhältnis, Bildung, Wissenschaft und Technologie, Familie, Jugend, Sport und Gesundheit, Umweltfragen, Raumordnung, Verkehr	Wirtschafts- und Finanzpolitik, Arbeit Sozialordnung, Agrar- und Ernährungspolitik, europäische Wirtschaftsintegration, Finanzplanung	Politische Planung, Mittel- und langfristige Aufgabenplanung; EDV, Dokumentation	Lageinformation; Bundesnachrichtendienst

Die rechtlichen und institutionellen Befugnisse wurden von den verschiedenen Bundeskanzlern unterschiedlich ausgefüllt. Der erste Bundeskanzler, der eine extensive Auslegung seiner Richtlinienkompetenz betrieb und das Bundeskanzleramt sowie das Bundespresse- und Informationsamt zu zentralen Steuerungs- und Informationszentren ausbaute, versuchte z. T. andere Verfassungsorgane wie den Bundestag und den Bundesrat zu umgehen und das Informationsmonopol so sparsam und gezielt wie möglich einzusetzen. Diese Politik betrieb er auch gegenüber seinem Kabinett, das er oft erst nach seinen Verhandlungen mit den alliierten Kommissaren und anderen ausländischen Gesprächspartnern informierte. Bei Meinungsverschiedenheiten im Kabinett nahmen Bundesminister wie Heinemann den Hut oder wurden, wie Strauß, durch Druck von außen dazu gezwungen. Unter Ludwig Erhard war der Spielraum für Minister größer, die in einigen Fällen so weit gingen, opponierende Meinungen gezielt an die Öffentlichkeit zu lancieren. Unter Bundeskanzler Kiesinger war das Kabinett zu groß und schwerfällig, so daß ein kleinerer Kreis mit wichtigen Vertretern der großen Koalition gebildet wurde (Kreßbonner Kreis). Willy Brandt hat das Kabinett kollegialer geführt, die außenpolitischen Kompetenzen aber weitgehend auf das Kanzleramt konzentriert. Helmut Schmidt ist durch eine straffere Kabinettsarbeit bekannt geworden.

Das Bundeskanzleramt hat in seiner Geschichte zahlreiche Veränderungen erlebt. In der ersten Zeit bis zur Gründung des Auswärtigen Amtes 1951 nahm das Bundeskanzleramt auch die auswärtigen Beziehungen wahr, und in der Personalunion von Kanzler und Außenminister blieb das Kanzleramt eine für auswärtige Beziehungen wichtige Zentrale. Die dem Kanzleramt unterstehenden Behörden des Bundespresseamtes (Bundespresse- und Informationsamt, BPA) und des Bundesnachrichtendienstes (BND), der aus der „Organisation Gehlen" hervorgegangen und nach 1949 etappenweise in deutsche Zuständigkeit überführt wurde, sind wichtige Unterstützungsorganisationen der Regierungspolitik. Der besonderen politischen Situation der Bundesrepublik tragen zwei Institutionen des Bundeskanzleramtes Rechnung: seit 1953 gibt es einen „Bevollmächtigten der Bundesregierung in Berlin" im Rang eines Staatssekretärs (vgl. Organisationsplan des Bundeskanzleramtes). Diese Institution ist Ausdruck der besonderen Lage Berlins (Vier-Mächte-Status, Bundesgesetze werden erst nach Übernahme durch den Senat gültig etc.). In den Jahren 1965—1967 war ein Staatssekretär im Gesamtdeutschen

Ministerium zugleich Bevollmächtigter für Berlin. Berlin ist nach seiner Verfassung ein Land der Bundesrepublik Deutschland (Art. 1 der Berliner Verfassung), was von östlicher Seite immer wieder bestritten wird („Berlin liegt auf dem Territorium der DDR"). Dem Doppelcharakter Berlins (Land der BRD und Vier-Mächte-Status) trägt die Institution des Bevollmächtigten Rechnung, zu dessen Aufgaben die Vertretung des Bundeskanzlers gegenüber dem Senat von Berlin und den westlichen Stadtkommandanten gehört sowie die Koordination der Berlinpolitik der Bundesregierung.

Die zweite besondere Institution ist die der „Ständigen Vertretung der BRD bei der Regierung der DDR" bzw. die Akkreditierung eines Staatssekretärs der DDR beim Bundeskanzleramt. Da die DDR für die Bundesrepublik kein Ausland ist, erfolgte nach Abschluß des Grundlagenvertrages kein Botschafteraustausch über die jeweiligen auswärtigen Ämter, sondern eine Vertretung bei den jeweiligen Regierungschefs.

In den Anfangszeiten gab es im Kanzleramt eine „Dienststelle für auswärtige Angelegenheiten", aus der 1951 dann das Auswärtige Amt hervorging, sowie das „Amt Blank" als Vorläufer des späteren Verteidigungsministeriums. Diese Institutionenfülle zusammen mit der Art des Umgangs mit gesellschaftlichen Gruppen läßt Arnulf Baring urteilen: „Die Startchance des ersten Regierungschefs der Bundesregierung — und der Ursprung der Kanzlerdemokratie — lag in der Monopolisierung aller außenpolitischen Aktivitäten im bürokratisch hochqualifizierten, von partei- und verbandspolitischen Einflüssen abgeschirmten, allein vom Regierungschef kontrollierten Kanzleramt."[6] Der gesellschaftliche „Unterbau" war ohne große Bedeutung; zu großen gesellschaftlichen Gruppen pflegte der Kanzler direkten Kontakt, ohne durch sie wesentlich eingeschränkt zu sein. Gegen Ende seiner Regierungszeit änderte sich allerdings die Selbstherrlichkeit gegenüber Partei, Parlament und Öffentlichkeit: die Spiegelaffäre 1962, die eine Regierungsaffäre wurde, zwang durch Bildung einer kritischen Öffentlichkeit den Kanzler, seinen Verteidigungsminister zu entlassen und ein neues Kabinett zu bilden.

Nachfolger des ersten Kanzlers erweiterten und politisierten das Kanzleramt, so Kiesinger (mit von Guttenberg und Carstens als Staatssekretären) und Brandt (Ehmke versuchte unter Einsatz technischer Mittel das Kanzleramt zur zentralen politischen Schalt- und Steuerungsstelle auszubauen, scheiterte aber an den traditionellen Verwaltungsstrukturen; Egon Bahr führte als zweiter Staatssekretär Verhandlungen mit den verschiedenen osteuropäischen Regierungen).

Das zweite Kabinett Brandt und die Kabinette Schmidt arbeiteten dann wieder mit der alten Praxis eines beamteten Staatssekretärs. Die Koordination der Regierungstätigkeit liegt weitgehend in der Hand von Kabinettsausschüssen bzw. von interministeriellen Ausschüssen. Kabinettsausschüsse sind echte Ministerausschüsse, auch wenn sie formal nur beratende Funktionen haben; tatsächlich sind sie aber Entscheidungsorgane oder zumindest Organe, die die Entscheidungen vorbereiten. Nominell hat der Bundeskanzler den Vorsitz bei allen Kabinettsausschüssen; gegenwärtig nimmt er aber nur den Vorsitz bei folgenden Ausschüssen wahr: beim Bundessicherheitsrat, beim Finanzkabinett, beim Wirtschafts- und beim Agrarkabinett. Für den Bereich der auswärtigen Beziehungen sind besonders von Bedeutung das Wirtschaftskabinett (seit 1953), dem außer dem Bundeskanzleramt (BK) folgende Ministerien angehören: BMWi, AA, BMJ, BMF, BML, BMA, BMVgt, BMFT, BMZ sowie die Bundesbank; der Bundessicherheitsrat (seit 1955): BK, AA, BMI, BMF, BMWi, BMVgt; der Kabinettsausschuß für innerdeutsche Beziehungen (seit 1967); das Finanzkabinett, der Kabinettsausschuß für Europapolitik: BK, AA, BMF, BMWi, BML, BMA, BMVgt, sowie die Bundesbank; schließlich der Kabinettsausschuß für Agrar- und Ernährungspolitik.

Die interministeriellen Ausschüsse sind besonders zahlreich bei Wirtschafts- und Finanzfragen, so z. B. erfolgt die Koordination zwischen den Ministerien im Interministeriellen Einfuhrausschuß, im Handelspolitischen Ausschuß, im Interministeriellen Ausfuhrgarantieausschuß oder im Interministeriellen Ausschuß für Kapitalanlagegarantien.

3.3 Das Auswärtige Amt (AA)

Die Institutionenbeschreibung des AA der Bundesrepublik kann historisch auf Wurzeln zurückverfolgt werden, die schon vor der staatlichen Existenz der Bundesrepublik liegen. Die frühe Keimzelle einer mit auswärtigen Fragen betrauten Institution ist das 1947 errichtete „Deutsche Büro für Friedensfragen", das bis zur Übernahme durch die Bundesregierung existierte. Dieses „Hilfsinstitut" für außenpolitische Fragen ohne Exekutivfunktion hatte laut Statut die Aufgabe, Materialien und Informationen für eventuelle Friedensvertragsverhandlungen zu sammeln. Die Diskussion um die Zuständigkeit des Büros spiegelt die damalige Kontroverse um Verfassungsfragen, wie sie von führenden Länder- bzw. Parteivertretern zum Ausdruck gebracht wurde. Als Gremium der Ministerpräsidenten wollten diejenigen Vertreter das Büro konzipiert sehen, die sich die künftige deutsche Regierung aus einem Rat der Ministerpräsidenten vorstellen konnten, also ein staatenbündisches Konzept vertraten. Insbesondere das bayrische Staatsministerium (Anton Pfeiffer) neigte dieser Auffassung zu. Für ein Organ einer zukünftigen Zentralregierung plädierten diejenigen Vertreter, die in einer zukünftigen Zentralregierung mehr sahen als die Summe der Länderinteressen. Vor allem große Teile der SPD wollten die politische Zuständigkeit bei länderübergreifenden Organisationen wie den Parteien sehen. Einen vermittelnden Vorschlag brachte der Innenminister von Nordrhein-Westfalen, Walter Menzel, ein, der die gemeinsame Lenkung durch die Ministerpräsidenten und Parteivertreter (12 Parteivertreter, 8 Ländervertreter) vorschlug. Eine praktisch-politische Bedeutung hat das Büro, das zunächst nur in der amerikanischen Besatzungszone existierte, dann durch Beitritt der britischen Zone ein bizonales Büro werden sollte, nie gehabt, es sei denn, man wertet die Rekrutierung des Personals aus Teilen des früheren AAs als eine solche.[7] Sachverständiges Personal des Büros ist später in die dem Kanzleramt zugeordnete „Dienststelle für auswärtige Angelegenheiten" übergewechselt, die der unmittelbare institutionelle Vorgänger des 1951 gegründeten AAs war.

Heute ist das AA laut Geschäftsordnung federführend für Außenpolitik, es verfügt über den Apparat, die Informationsquellen etc. Der Außenminister bringt bei Kabinettssitzungen im allgemeinen Gesichtspunkte zur Geltung, die mit Blick auf das internationale System gegeben oder zu erwarten sind, doch ist er eingeschränkt durch a) gesellschaftliche, nicht-gouvernmentale Beziehungen, b) sachorientierte Funktionsteilung mit anderen Ministerien sowie c) die starke Stellung des Kanzleramts, insbesondere unter den Kanzlern Adenauer, Brandt und m. E. Schmidt, die selbst außenpolitisches Interesse zeigten.

Die auswärtigen Beziehungen selbst haben ein hohes Maß an Komplexität erreicht. Der EG-Ministerrat z. B., der sich aus den jeweiligen Ressortministern zusammensetzt, hat eine Erosion des AA zur Folge. Dies gilt aber auch für die NATO und andere übernationale Organisationen wie IMF, OECD, FAO, WHO, UNESCO etc. Wie komplex das System der auswärtigen Beziehungen ist, zeigt sich an der Zahl der Botschaften und konsularischen Vertretungen (1975 bestanden diplomatische Beziehungen zu 134 Staaten; es gab 195 Auslandsvertretungen (Botschaften, Konsulate, ständige Vertretungen); 1979 waren es: 132 Botschaften, 59 Generalkonsulate, Konsulate, acht ständige Vertretungen bei internationalen Organisationen). Angesichts dieser vielfältigen Verzweigungen auswärtiger Angelegenheiten ergibt sich eine kaum zu bewältigende Informationsflut (202 361 im Laufe des Jahres 1970 ein- und ausgegangene Telegramm- und Fernschreiben (bzw. täglich 552); der Schriftverkehr umfaßte ohne Telegramme und Fernschreiben 1 462 966 Ein- und Ausgänge (bzw. täglich 2 997)). Bei der Rekrutierung des Personals für den Auswärtigen Dienst zeigt sich zwar noch immer ein Übergewicht der Juristen (zwischen 50 und 70 % der eingestellten Bewerber sind Juristen), doch scheint der Anteil anderer Ausbildungsgänge (z. B. Philologen und Wirtschaftswissenschaftler) gegenwärtig höher zu liegen als noch in den 50er und 60er Jahren (vgl. Tab. 1). Das zu Beginn des Jahrhunderts bestehende Juristenmonopol existiert in dieser extremen Form nicht mehr; eine eindeutige Tendenz ist jedoch in der Nachkriegszeit nicht zu erkennen. Dagegen zeigt die soziale Rekrutierung einige im Trend der generellen Entwicklung

Tabelle 1: Vorbildung der Bewerber für den höheren Auswärtigen Dienst (Einstellungen) 1950—77

Jahr	Juristen		Wirtschafts-wiss.		Philologen		Sonstige		Insge-samt
	absol.	%	absol.	%	absol.	%	absol.	%	
1950	21	72,4	4	13,8	2	6,9	2	6,9	29
1955	21	61,8	3	8,8	8	23,5	2	5,9	34
1960	16	72,7	4	18,2	1	4,6	1	4,6	22
1965	36	64,3	7	12,5	13	23,2	—	—	56
1970	11	57,9	2	10,5	4	21,1	2	10,5	19
1971	32	76,2	2	4,8	7	16,6	1	2,4	42
1972	20	62,5	6	18,7	4	12,5	2	6,3	32
1973	12	70,6	1	5,9	1	5,9	3	17,6	17
1974	24	72,7	1	3,1	4	12,1	4	12,1	33
1975	21	58,3	4	11,1	6	16,7	5	13,9	36
1976	22	52,4	6	14,3	6	14,3	8	19,0	42
1977	22	53,6	5	12,2	7	17,1	7	17,1	41

Quelle: Auswärtiges Amt, 1979

Tabelle 2: Soziale Schichtung der Attachés (nach dem Beruf des Vaters)

Berufsgruppen	1950–69		1970	1971	1972	1973	1970–73	
	abs.	%	abs.	abs.	abs.	abs.	abs.	%
1. Beamte und Angestellte des höheren öffentlichen Dienstes	166	27,3	6	11	16	8	41	31,1
2. Beamte und Angestellte des gehobenen, mittleren und einfachen öffentlichen Dienstes	83	13,7	2	5	1	3	11	8,3
3. Sonstige akademische Berufe und Offiziere	63	10,4	1	6	5	4	16	12,1
4. Unternehmer und Kaufleute (davon Angestellte der Wirtschaft)	224 (124)	36,8 (20,4)	3	6	9	8	26	19,7
5. Freie Berufe (Ärzte, Rechtsanwälte, Künstler)	58	9,5	7	10	10	7	34	25,8
6. Gewerbliche Arbeitnehmer (Handwerker und Arbeiter)	14	2,3	–	1	1	2	4	3,0
Insgesamt	608	100,0	19	39	42	32	132	100,0

Quelle: Nach K. Curtius/G. v. Haeften 1974, S. 51 f.

liegende Unterschiede. Der Anteil an Attachés, die aus dem höheren und mittleren öffentlichen Dienst stammen, hat zugenommen, der der Selbständigen aus der Wirtschaft abgenommen. Mehr Freiberufliche als früher sind in den öffentlichen auswärtigen Dienst gegangen. (siehe Tabelle 1 und 2).

Das AA kann heute auf eine mehr als hundertjährige Geschichte zurückblicken. Schon im Namen spiegelt sich die bundesstaatliche Tradition der deutschen Geschichte: 1870 erfolgte die Übernahme des Preußischen Ministeriums für Auswärtige Angelegenheiten durch den Norddeutschen Bund. Diese Institution, die für auswärtige Angelegenheiten zuständig war, führt seitdem die Bezeichnung „Amt", da die Bundes- und später die Reichsverfassung ein Reichs-Ministerium nicht zuließ. An der Spitze stand ein Staatssekretär, der bis zum Ersten Weltkrieg das Vertrauen des Kaisers bzw. Reichskanzlers haben mußte, nicht aber dem Reichstag verantwortlich war.

Wie erwähnt, ist das AA der Bundesrepublik (die Bezeichnung hat man beibehalten, einmal weil es die Tradition so wollte, zum andern weil bis 1955 Personalunion von Kanzler und Außenminister bestand) 1951 aus der „Dienststelle für Auswärtige Angelegenheiten" hervorgegangen. Die hervorgehobene Bedeutung, die das AA nach wie vor hat, kommt auch dadurch zum Ausdruck, daß politisch wichtige Personen — seit 1966 der Parteiführer des jeweiligen Koalitionspartners — mit diesem Amt betraut wurden und der Außenminister seit der Großen Koalition zugleich auch Vize-Kanzler der Regierung war bzw. ist.

Adenauer hat erst, als die Pariser Verträge unter Dach und Fach waren, das Außenministerium an Heinrich von Brentano (1955—61) abgegeben, der dann von dem ehemaligen Innenminister Gerhard Schröder (1961—66) abgelöst wurde. Willy Brandt war in der Großen Koalition der erste und bisher einzige SPD-Außenminister nach drei CDU-Ministern. Unter den sozial-liberalen Regierungen ging das Außenressort an den Koalitionspartner FDP (Walter Scheel 1969—74 und Hans-Dietrich Genscher ab 1974).

Das Gewicht der Außenminister war in den verschiedenen Regierungskonstellationen unterschiedlich. Brentano, wenngleich oft unterschätzt, stand zu sehr im Schatten des ersten Kanzlers der Bundesrepublik, dem erst Schröder zu entgehen verstand. Vor allem in der Erhard-Regierung gelangte Schröder, gestützt auf den evangelischen Arbeitskreis, auf den Auswärtigen Ausschuß des Bundestages und auf den kleineren Koalitionspartner FDP (dessen Wunschkandidat

Schröder war) zu mehr eigener Bewegungsfreiheit, die sich in einer vorsichtigen Öffnung nach Osten dokumentiert. Brandts Gewicht war in der Großen Koalition schon deshalb bedeutend, weil er der Vorsitzende der Partei des Koalitionspartners war und als Regierender Bürgermeister von Berlin außenpolitische Erfahrung und außenpolitisches Prestige mit in das Amt brachte. Die Regierungserklärung Kiesingers war in ihrem außenpolitischen Teil im Hinblick auf Osteuropa und die Deutschlandpolitik weiter gegangen als die „Friedensnote" der Erhard-Regierung und ein wichtiger Schritt auf dem Weg zur „neuen deutschen Ostpolitik". Scheels Bedeutung war im Anfangsstadium der Ostvertragsverhandlungen gering. Die ersten Sondiergespräche wurden vom Staatssekretär im Bundeskanzleramt, Egon Bahr, geführt, die Gespräche mit den führenden DDR-Politikern von Brandt selbst. Erst im fortgeschrittenen Stadium der Vertragsverhandlungen mit der Sowjetunion, Polen und der Tschechoslowakei waren die Außenminister federführend. Die Unterzeichnungszeremonien ließ sich dann allerdings der Kanzler nicht entgehen. Unter Helmut Schmidt schließlich werden die wichtigsten außenpolitischen Handlungen vom Kanzler selbst vorgenommen, dem sehr zugute kommt, daß wichtige Problembereiche wirtschaftspolitischer Art waren (Weltwirtschaftsgipfel) und er als Wirtschaftsfachmann Erfahrung und Kenntnisse in die Waagschale hat werfen können. Auch bei der Frage der Bekämpfung des internationalen Terrorismus (Mogadischu) und der europäischen Sicherheit konnte der Kanzler sein außen- wie innenpolitisches Prestige erhöhen. Der Außenminister blieb demgegenüber eher im Schatten, wenngleich seine Stärke im geräuschlosen diplomatischen Wirken zu liegen scheint.

3.4 Andere Ministerien sowie die Bundesbank

Das Wachstum und die Intensivierung außenpolitischer Beziehungen haben insbesondere bei einem Staat mit hoher Integration in die Weltwirtschaft und besonderen Sicherheitsproblemen, die eine exponierte Lage zwischen Ost und West mit sich bringt, zur Ausdifferenzierung außenpolitischer Materien geführt. Die westlichen Integrationssysteme, vor allem die EWG bzw. EG, führen zusätzlich zu hoher fachlicher Verflechtung mit anderen westeuropäischen Staaten. Es gibt heute kaum einen Politikbereich, der nicht internationale Bezüge aufweist. Dies trifft in erster Linie zu für die Handels- und allge-

mein für die Wirtschaftspolitik, für die Finanzpolitik, die Sicherheits-
politik, die Sozial-, Agrar-, Rechts-, die Wissenschafts- und Technolo-
giepolitik sowie für die Entwicklungspolitik. Wichtige internationale
Konferenzen werden nicht mehr wie früher vom AA allein geführt,
sondern von den jeweiligen Fachministern.[8]

Die Zuschreibung der auswärtigen Gewalt an eine bestimmte staatliche Gewalt, an ein bestimmtes Ressort ist nicht mehr möglich, da
bei allen internationalen Verhandlungen mehrere Ressorts beteiligt
sind und die Federführung bei den Fachministern liegt. Es ist deshalb
vorgeschlagen worden, statt von „auswärtiger Gewalt" von „Zuständigkeit in auswärtigen Angelegenheiten" zu sprechen (W. Kewenig).
Diese Zuständigkeit sieht nach Sachbereichen so aus:

Außenwirtschaftspolitik:	Wirtschaftsministerium (BMWi)
Währungspolitik:	Wirtschaftsministerium (BMWi) und Finanzministerium (BMF)
Sicherheitspolitik:	Verteidigungsministerium (BMVgt) und Auswärtiges Amt (AA)
Entwicklungspolitik:	Ministerium für Wirtschaftliche Zusammenarbeit (BMZ) und Wirtschaftsministerium (BMWi)
Wissenschaftlich-Technische Zusammenarbeit:	Forschungsministerium (BMFT) und Bildungsministerium (BMBW)
Auswärtige Kulturpolitik:	Auswärtiges Amt (Kulturabteilung) und Länderkultusministerien
Agrarpolitik:	Landwirtschaftsministerium (BML)
Deutschlandpolitik:	Bundeskanzleramt (BK) und Ministerium für innerdeutsche Beziehungen (BMB)

Innerhalb der Ministerien wiederum scheint insbesondere in den ausgehenden 70er Jahren die Arbeitsebene der Referate an Bedeutung
gewonnen zu haben.[9]

Die „Internationalisierung" der auswärtigen Beziehungen, die Zunahme kollektiver Bündnissysteme und Organe und die Komplexität
und oft Undurchschaubarkeit der Materien haben dazu geführt, daß
Entscheidungsvorbereitungen immer mehr auf die Expertenebene
verlagert worden sind und tendenziell zu einer Bürokratisierung und
Entparlamentarisierung geführt haben.[10]

Der oberste Währungshüter, die Bundesbank spielt vor allem in der Außenwirtschaftspolitik eine wichtige und durchaus selbständige Rolle. Dies ermöglicht ihr das Bundesbankgesetz, das einen relativ autonomen Status für die Bundesbank vorsieht, um so ihre Aufgabe, „die Währung zu sichern" (§ 3), erfüllen zu können. § 12 des Bundesbankgesetzes verpflichtet die Bundesbank jedoch auch „unter Wahrung ihrer Aufgabe die allgemeine Wirtschaftspolitik der Bundesregierung zu unterstützen". Diese zweifache Aufgabenbindung an ein wirtschaftspolitisches Ziel einerseits, an den Regierungskurs andererseits, hat in der Vergangenheit öfter zu Spannungen zwischen der Bundesbank und der Regierung geführt. Die Bundesregierung hat nur begrenzte Mittel, die Bundesbank auf eine ihr richtig erscheinende Linie zu bringen, sollte sich ein Dissens ergeben. Die Ernennung eines Teils der Spitze erfolgt nur alle acht Jahre und auch dabei ist die Bundesregierung auf den Bundesrat mit angewiesen, der die elf Präsidenten der Landeszentralbanken benennen darf, die zusammen mit den Mitgliedern des Direktoriums den Zentralbankrat bilden, in dem die währungs- und kreditpolitischen Grundentscheidungen fallen.

Die wirtschaftspolitische Bedeutung der Bundesbank läßt sich am Beispiel der Aufwertungsdiskussion und der sie tragenden Interessenkonstellationen veranschaulichen. Die Diskussion um die 1961er Aufwertung wurde von zwei sich gegenüberstehenden Koalitionen getragen: für die Aufwertung sprach sich vor allem der auf gesamtwirtschaftliches Gleichgewicht (Ausgleich der Zahlungsbilanz, Preisstabilität) ausgehende Wirtschaftsminister Erhard, unterstützt vom Finanzminister, aus ebenso wie der Sparkassenverband. Der DGB und die SPD plädierten verhalten dafür. Gegen die Aufwertung waren damals der unter dem Einfluß seiner Industrie- und Bankberater stehende Kanzler Adenauer, der Bundesverband der Deutschen Industrie (BDI) und der Zentralbankrat. Diese „Art makroökonomische Superinstitution" (Arndt) koalierte in diesem Falle mit der exportorientierten Industrie. In der 68er- und 69er-Diskussion nahm die Bundesbank die Position der Aufwertungsbefürworter ein und zwar an der Seite des Wirtschaftsministers Schiller und der SPD-Führung. Der CDU-Partner in der Großen Koalition wollte die Aufwertung nicht zu einem Wahltrumpf der SPD werden lassen und verhinderte sie trotz internationalen Drucks (z. B. durch die Gruppe der Zehn). Die nach der Regierungsbildung 1969 erfolgte Aufwertung übertraf dann in ihrer Höhe sogar die vom Wirtschaftsminister angepeilte Höhe von ursprünglich 7 % um 2,3 %.

Ein Vergleich beider Fälle zeigt, daß sich gesamtwirtschaftliche Forderungen in beiden Fällen durchgesetzt haben, die Rolle der Bundesbank jedoch ambivalent war.

Als demokratietheoretisches Problem wurde die Frage nach der Legitimation dieser Institution aufgeworfen[11]. Die Bundesbank nimmt u. a. durch ihre Vertretung im Kabinett und in Kabinettsausschüssen (vgl. oben) und bei internationalen Konferenzen wichtigen Einfluß auf wirtschaftspolitische Beschlüsse; sie ist aber nur ungenügend demokratisch legitimiert. (Ernennung des Bundesbankpräsidenten, des Vize-Präsidenten und der acht weiteren Direktoriumsmitglieder alle acht Jahre durch die Bundesregierung unter Mitwirkung des Bundespräsidenten). Die Konstruktion einer weitgehend regierungsunabhängigen Institution ist jedoch vor dem Hintergrund der geschichtlichen Erfahrung mit verheerender Inflation zu sehen, die Veranlassung waren, vor politischer Mißbrauchsmöglichkeit der Geldpolitik zu schützen. Die Bundesbank als „Hüter der Währung" (wie im übrigen das Bundesverfassungsgericht als „Hüter der Verfassung") verdankt ihre vom Gesichtspunkt demokratischer Kontrolle nicht unproblematische Autonomie einem historischen Schlüsselerlebnis.

3.5 Der Bundestag

Die Behandlung der wichtigsten legislativen Körperschaft im Prozeß der außenpolitischen Meinungsbildung und Beschlußfassung wirft die Frage nach der Eigenart des bundesdeutschen Parlamentarismus auf. Bekanntlich existiert in der Bundesrepublik kein reines parlamentarisches System wie etwa zur Weimarer Zeit oder zur Zeit der vierten französischen Republik oder wie im gegenwärtigen Italien. Der Bundestag hat nur sehr begrenzte Möglichkeiten, den Bundeskanzler oder die Regierung zu stürzen. Das konstruktive Mißtrauensvotum (Art. 67 GG) als stärkste Waffe des Parlaments (genauer einer Parlamentsmehrheit, die ein Oppositionskanzlerkandidat finden muß) ist nur einmal, am 24. April 1972, gegen Bundeskanzler Brandt versucht worden und gescheitert. Der Gegenkanzler Rainer Barzel argumentierte, Brandt habe im Parlament keine Mehrheit für seine Ostpolitik mehr und konnte sich dabei an der zunächst geringen und dann abbröckelnden SPD/FDP-Mehrheit orientieren. Ein Gelingen des konstruktiven

Mißtrauensvotums setzt den in der Regel unwahrscheinlichen Fall voraus, daß ein Kanzler von seiner Fraktion fallengelassen wird und die eigene Fraktion, oder zumindest Teile davon, für einen Kanzlerkandidaten der Oppositionspartei stimmt. Bei Minderheitenkabinetten, die es bisher in der dreißigjährigen Geschichte der Bundesrepublik nicht gegeben hat, wäre ein konstruktives Mißtrauensvotum erfolgversprechender.

Die zweite Möglichkeit des Parlaments zum Sturz der Regierung, die durch Art. 68 gegebene Möglichkeit der Auflösung des Parlaments mit anschließenden Neuwahlen, ist in dieser Form nie beschritten worden. Bisher hat noch kein Kanzler einen Antrag auf Vertrauen an das Parlament gerichtet, wie es Art. 68 GG vorsieht. Die Ablösung der Regierung Erhard Ende 1966 zeigt, daß die erheblichen verfassungsmäßigen Erschwerungen, den Kanzler durch das Parlament zu stürzen, nicht die Abhängigkeit der Regierung von der Parlamentsmehrheit aufheben.[12] Nachdem die FDP-Minister aus dem Kabinett Erhard ausgeschieden waren, fehlten dem Kanzler vier Stimmen zur Mehrheit. Da sich die ausscheidende FDP und die oppositionelle SPD nicht auf einen Nachfolger einigen konnten, wurde kein konstruktives Mißtrauensvotum gestellt. Die Ablösung von Erhard erfolgte dann auf eine im GG nicht vorgesehene Art: Die Fraktionen von SPD und FDP brachten eine Entschließung ein, die mit 255 gegen 246 Stimmen angenommen wurde, in der der Kanzler aufgefordert wurde, die Vertrauensfrage zu stellen. Trotz negativem Ausgang zeigte die Abstimmung, daß der Kanzler nicht mehr das Vertrauen der Mehrheit des BTs hatte. Die Fraktionen von CDU/CSU wählten daraufhin einen neuen Kanzlerkandidaten, der im Bündnis mit einer neuen Parteienkonstellation von CDU/CSU und SPD (Große Koalition) die Mehrheit im Parlament besaß. Die Mehrheit im Parlament setzte sich also gegen eine Regierung durch, ohne daß die vom GG vorgesehene Prozedur zur Ablösung einer Regierung zum Tragen kam. Die Opposition im BT kann also die Ablösung einer Regierung nur bewirken, wenn sie eine Mehrheit im BT findet. Die Bemühungen der SPD-Opposition in den 50er Jahren gegen die westliche Integrationspolitik mußten solange erfolglos bleiben als es nicht gelang, eine Mehrheit für ihre Politik im BT zu finden. Der Konfrontationskurs des Oppositionsführers Kurt Schumacher manifestierte sich somit auf anderem Wege. Mündliche Anfragen (Fragestunde), Kleine und Große Anfragen, Mißbilligungsanträge gegen den Bundeskanzler, Aussprache im Zuge der Budgetberatungen, die Einsetzung von

Untersuchungsausschüssen, Erzwingen eines Referendums etc. geben der Opposition (wie auch der Regierungspartei) die Möglichkeit, die Regierung zu Stellungnahmen zu zwingen und Debatten herauszufordern. Solche Debatten kennzeichnen die erste Legislaturperiode des BT; sie führten aber nicht zu Änderungen oder Modifikationen des Regierungskurses, verstärkten im Gegenteil die unterschiedlichen Standpunkte. Zum zweitenmal in der Geschichte der Bundesrepublik waren Regierung und Opposition in den 70er Jahren auf Konfrontationskurs, auch wenn die antagonistische Konfrontation mit der totalen der 50er Jahre nicht vergleichbar ist.

Die mündliche Anfrage scheint auch in der Außenpolitik das am häufigsten gebrauchte Instrument zu sein. In den ersten 28 Sitzungen der 8. Wahlperiode (Dezember 1976—Mai 1977) sind z. B. von der Opposition insgesamt 278 Anfragen erfolgt, 171 mündliche und 107 schriftliche. Zum Bereich der Außenpolitik waren davon 130 der mündlichen und 68 der schriftlichen zu rechnen.[13] Eine erste Kraftprobe zwischen Parlament (oder besser: zwischen parlamentarischer Opposition) und Regierung erlebte die Bundesrepublik in der Bundestagssitzung vom 24./25. November 1949 über das Petersberger Abkommen, dessen Inhalt der Kanzler in einer Regierungserklärung dem Bundestag zur Kenntnis gab. Während die Regierung und die sie tragenden Parteien auf dem Standpunkt standen, daß dieses Abkommen nicht dem BT zum Beschluß vorgelegt werden müsse, versuchte die oppositionelle SPD auf dem Weg über den Auswärtigen Ausschuß, dessen Vorsitzenden sie stellte, Einfluß auf Regierungsentscheidungen zu nehmen; zum andern brachte der SPD-Sprecher Arndt vor, der Kanzler versuche, das Parlament auszuschalten: „Wir glaubten, auf dem Weg zu einer parlamentarischen Demokratie zu sein, und sehen uns auf dem Wege zu einer Monarchie ohne Konstitution". Sicherlich entsprach die Art und Weise, wie der Bundeskanzler das Abkommen mit den Westalliierten dem BT unterbreitete, nicht den später geltenden Usancen (Regierungsvorlage und rechtzeitige Bekanntgabe), dennoch konnte die Opposition einen Beschluß nicht erzwingen.

Noch breiter versuchte die SPD im September 1950 ihre Oppositionsstrategie anzusetzen bei der Behandlung der Frage der deutschen Wiederbewaffnung im Zusammenhang mit dem Beitritt zur Europäischen Verteidigungsgemeinschaft (EVG) 1952. Sie vertrat die Auffassung, daß der BT der ersten Legislaturperiode nicht legitimiert sei, über einen Verteidigungsbeitrag zu entscheiden, weil zum Zeitpunkt der Wahl (1949) dieses Problem überhaupt nicht zur Diskussion stand. Außerdem habe der militärische Beitrag zu irgendeinem Verteidigungssystem verfassungsändernden Charakter, könne also nur mit 2/3-Mehrheit von BT und BR beschlossen werden. Die Oppositionspartei hatte in dieser Frage die öffentliche Meinung hinter sich (Adenauer selbst spricht rückblickend von der „ablehnenden Haltung der deutschen Bevölkerung"[14]) und versuchte die Frage einem Quasi-Referendum in Form von Neuwahlen des BTs zu unterwerfen. Dies bedeutete die Auflösung des BTs, die aber nur durch den Bundeskanzler selbst herbeigeführt, also nicht durch die Opposition erzwungen werden kann. Auch die Berufung auf das GG (Art. 24, 26) konnte die oppositionelle Meinung nicht zum Tragen bringen, denn Art. 24, 2 besagt, daß der Bund einem System gegenseitiger kollektiver Sicherheit beitreten kann und Art. 26 spricht sich nur für das Verbot zur Vorbereitung eines Angriffskriegs aus. Die Klage beim Bundesverfassungsgericht wurde entsprechend entschieden.

Die CDU/CSU-Opposition hat versucht, die Ostverträge einer 2/3-Mehrheit zu unterwerfen, wie es Art. 79 vorsieht. Mit der Mehrheit im Bundesrat hätten dann die Verträge abgelehnt werden können. Nachdem der Antrag auf Mißtrauen von der Opposition nur knapp verfehlt worden war (die Abstimmung erbrachte eine Pattsituation von 247:247 Stimmen), mit anderen Worten also die Regierung keine klare Mehrheit mehr besaß, gingen beide, Regierung (weil sie auf die Opposition angewiesen war) und Opposition (weil sie keine Mehrheit im BT bekam und in sich gespalten war) zu kooperativem Verhalten über. Im Januar 1972 kommt es zur „Gemeinsamen Entschließung von BT und BR zum Moskauer und Warschauer Vertrag". Diese Entschließung bekräftigt vor allem die deutschlandpolitische Position, d. h. die Übergangsstellung der beiden Verträge, die einen Friedensvertrag nicht vorwegnehme, die Gültigkeit des Deutschlandvertrags und der mit ihm verbundenen Abmachungen und Erklärungen, mit der darin enthaltenen Erklärung zur nationalen Einheit, und die Nicht-Anerkennung der heute bestehenden Grenzen. Diese Entschließung kann als modus vivendi zwischen Regierung und Opposition angesehen werden. Sie ermöglichte der Opposition die Enthaltung und der Regierung damit die Verabschiedung der Verträge durch den Bundestag. Diese Konstellation kann als mitregierende Opposition bezeichnet werden.[15] Eine ähnliche modifizierende Wirkung auf die Regierungspolitik hatte die Entschließung des BTs vom Januar 1963 zum Deutsch-Französischen Vertrag. Diese Entschließung stellte dem Vertrag eine pro-atlantische Präambel voran, die verhindern sollte, daß der Vertrag einseitig zugunsten Frankreichs ausgelegt werden konnte. In den Augen de Gaulles verlor der Vertrag dadurch seinen Wert, denn er sollte offensichtlich als antiangelsächsisches Instrument verwendet werden (wenige Tage zuvor hatte der französische Staatspräsident sein Veto gegen die Aufnahme Großbritanniens in die EWG eingelegt). Im Innenverhältnis ermöglichte jedoch diese Präambel dem „atlantischen" Flügel der Partei die Zustimmung zu diesem Vertrag.

Direkter ist die parlamentarische Zusammenarbeit zwischen Regierung und Opposition in den Ausschüssen. Die außenpolitisch wichtigsten Ausschüsse sind die Ausschüsse für Auswärtiges und für Verteidigung, die seit 1956 von der Verfassung vorgeschrieben sind (Art. 45 a GG). Diese Ausschüsse können auch zwischen den Wahlperioden tätig werden. Sie behandeln die vom Plenum überwiesenen Vorlagen wie z. B. die ratifikationsbedürftigen internationalen Verträge. Der Auswärtige Ausschuß bildet regelmäßig Unterausschüsse oder Arbeitsgruppen für besondere Probleme. Große Bedeutung kam der Arbeitsgruppe für Fragen der Beziehungen zu den Ostblockstaaten zu, die Ende der 50er Jahre unter dem Vorsitz des SPD-Bundestagsabgeordneten Wenzel Jaksch Empfehlungen ausarbeitete, die das Plenum am 14.6.1961 annahm und die nicht ohne Einfluß auf die Ostpolitik (Einrichtung von Handelsmissionen, die der Jaksch-Ausschuß empfohlen hatte) geblieben war. Auf dieser Ausschußebene kündigte sich erstmals eine Annäherung zwischen Regierungsparteien und der Opposition bezüglich einer elastischeren Ostpolitik an, wie sie dann später vom Außenminister der Kleinen Koalition, Gerhard Schröder, betrieben worden ist. Bei der Verabschiedung der Ostverträge spielte dieser Ausschuß hingegen keine Rolle.[16]

Da der Ausschuß Spiegel der Fraktionsstärke ist, kann er kein Instrument des Parlaments gegenüber der Regierung sein. Er wird eher als Testinstrument der Regierung im Hinblick auf bestimmte außenpolitische Vorhaben angesehen. Der zweite Bundesaußenminister, Heinrich von Brentano, benutzte den Ausschuß schon 1956, um Möglichkeiten für eine flexiblere Ostpolitik zu erkunden.

Eine stärkere Position gegenüber der Regierung hat der Haushaltsausschuß, dessen Zustimmung zu oder Ablehnung von Bewilligungen von Mitteln und Stellen ein wirksames Instrument darstellt.

Grundsätzlich können jedoch Ausschüsse oder Arbeitsgruppen als mit Sachverstand ausgestattete Gremien unterschiedliche Funktionen ausfüllen. Entweder benutzt sie ein Minister zur Darstellung oder als Test für seine Politik und/oder als Legitimationsforum für eine bestimmte Politik; oder es werden Vorhaben an Ausschüsse verwiesen, um a) Zeit zu gewinnen, b) kontroverse Materien nicht im Plenum des BTs zu behandeln oder c) um sachliche Klärungen zu erreichen. Je nach Legitimationsbedarf kann der Ausschuß des Parlaments zur Abstimmung einer Politik auch mit der Opposition benutzt werden oder es bietet sich dafür der Arbeitskreis der eigenen Fraktion an.

Seit den 50er Jahren haben die Parteien damit begonnen, Arbeitskreise als Hilfsorgane der Fraktion zu bilden. Die Mitglieder dieser Arbeitskreise sind meist zugleich auch Mitglieder entsprechender Bundestagsausschüsse. So haben die Außenpolitischen Arbeitskreise der Parteien die Aufgabe, Ausschuß- oder Plenarsitzungen vorzubereiten, die Formulierung kleiner Anfragen vorzunehmen oder grundsätzliche Stellungnahmen der Fraktionen zu erarbeiten.

Minister sind mit diesen Institutionen unterschiedlich verfahren. Von Brentano z. B. bevorzugte den Arbeitskreis der eigenen Fraktion, Gerhard Schröder den Auswärtigen Ausschuß des Bundestages. In diesem Fall betonte der Außenminister seine relative Unabhängigkeit von der eigenen Fraktion und die Stützung durch das Parlament, in jenem betonte der Minister seine Verbundenheit mit der Fraktion.

Die Fraktionsvorsitzenden der Bundestagsparteien haben auf eigene Initiative hin außenpolitischen Handlungsspielraum zu gewinnen sich bemüht, vor allem dann, wenn der Fraktionsvorsitzende sich als eigenständiger Vertreter der Fraktion gegenüber der Regierung verstand. Ein Fraktionsvorsitzender kann (insbesondere, wenn er zugleich Parteivorsitzender und präsumtiver Kanzlerkandidat seiner Partei ist) sich ein Profil geben, wenn er selbst mit ausländischen Regierungschefs verhandelt und sich so Informationen aus erster Hand verschafft. Rainer Barzel und Helmut Schmidt haben dies zur Zeit der Großen Koalition (und danach) ebenso getan wie die Kanzlerkandidaten der Unionsparteien Helmut Kohl und Franz Josef Strauß. Auch Willy Brandt, der ohnehin als Regierender Bürgermeister von Berlin außenpolitisches Profil gewinnen konnte, hat sich auch als Kanzlerkandidat seiner Partei durch eigene außenpolitische Initiativen Prestige verschaffen können.

Die Mitwirkung des Parlaments als Gesamtheit ist im außenpolitischen Bereich möglich durch die Mitgliedschaft des BTs in der Interparlamentarischen Union, der fast alle Parlamente der Welt angehören. Schließlich sind außenpolitische Aktivitäten von einzelnen Parlamentsabgeordneten ausgegangen, die in Verhandlungsdelegationen aufgenommen worden sind (und denen auch Oppositionspolitiker angehören konnten wie z. B. Carlo Schmid, der als stellvertretender Vorsitzender des Auswärtigen Ausschusses an den Verhandlungen zur Aufnahme diplomatischer Beziehungen zur Sowjetunion 1955 teilnahm). Häufiger ist allerdings der Fall, daß einzelne Abgeordnete als Versuchsballon der eigenen Fraktion Auslandsreisen unternehmen oder Pläne zur Diskussion stellen, die als öffentlicher Test betrachtet werden.

Im Überblick lassen sich folgende Schlußfolgerungen über die Rolle des Bundestages im außenpolitischen Prozeß ziehen:

— Der Bundestag hat vom GG nur geringe Mittel zugestanden bekommen, die Regierung ernstlich in Gefahr zu bringen oder zu stürzen.

— Dennoch sind die Einwirkungsmöglichkeiten des Parlaments in dem Maße größer, in dem die Regierung über dünne Mehrheiten verfügt. Mit anderen Worten: die jeweilige Opposition hat umso mehr Chancen der Einwirkung, je mehrheitsfähiger sie ist. Diese Situation war in der Geschichte der Bundesrepublik zweimal gegeben (1966 und 1970—72).

— Konfrontations- und Kooperationsphasen wechselten sich ab: die frühen 50er Jahre waren durch quasi totale Konfrontation zwischen Regierung und Opposition gekennzeichnet. Ende der 50er, Anfang der 60er Jahre kann man von einer begrenzten kooperativen Opposition sprechen, ebenso nach dem mißlungenen Mißtrauensantrag der CDU/CSU-Opposition. Die ostpolitische Phase 1970—72 war von Teilen der Opposition antagonistisch angelegt, von anderen Teilen eher kooperativ. Die Formel „Nein, so nicht" hat sich dann in eine Stimmenthaltung umgesetzt.

— Als Gesamtheit ist der Bundestag wiederholt außenpolitisch tätig geworden: so im Jaksch-Bericht zur Ostpolitik 1959 (im Juni 1961 vom BT angenommen), in der gemeinsamen Entschließung zum Deutsch-Französischen Vertrag 1963 und bei der gemeinsamen Entschließung zur Ostpolitik 1972. In diesen gemeinsamen Entschließungen zeigt sich das Parlament geschlossen anläßlich bestimmter außenpolitischer Materien.

3.6 Der Bundesrat

Das föderative Bundesorgan Bundesrat erhält im außen- (wie auch innen-)politischen Entscheidungsprozeß eine größere Bedeutung, wenn die Mehrheitsverhältnisse von denen des BTs abweichen. In den zwei wichtigen Phasen der deutschen Außenpolitik, bei der Verabschiedung der West- und Ostverträge, war dies so. In beiden Fällen versuchte die Opposition ihre Meinung im BR zum Tragen zu bringen, in beiden Fällen mit nur aufschiebender Wirkung. Über die Organqualität der Länderkammer gab es unterschiedliche Meinungen: die jeweilige Opposition versuchte, die Länderkammer zu einer Art zweiten Kammer neben den Bundestag zu setzen und dessen Kompetenzen extensiv zu interpretieren. Umgekehrt setzte die jeweilige Regierung die Auffassung entgegen, der Bundesrat sei keine dem BT vergleichbare Institution, die vom Verfassungsgeber damit ausgestattet sei, die Bundespolitik entscheidend mitzubestimmen.

Im Parlamentarischen Rat hatte man als Kompromiß zwischen reinem Senats- und Kammerprinzip ein unechtes Zweikammer-System gefunden, das sowohl Einspruchs- als auch Zustimmungsgesetze kennt. Das Bundesstaats- oder Parteienstaatsprinzip hatte sich also durchgesetzt. Dies bedeutet, daß insbesondere in außenpolitischen Fragen das Bundesorgan BT Vorrang hat. Bestätigt wurde diese Auffassung vom Bundesverfassungsgericht im Entscheid vom 25.6.1974: „Nach der Regelung des GG ist der BR nicht eine zweite Kammer eines einheitlichen Gesetzgebungsorgans, die gleichwertig mit der ersten Kammer entscheidend am Gesetzgebungsverfahren beteiligt wäre." Die Mitwirkung des BRs bei außenpolitischen Materien erfolgt über drei Grundkompetenzen:

1. Bei internationalen Verträgen im normalen Gesetzgebungsverfahren. Art. 59,2: „Verträge, welche die politischen Beziehungen des Bundes regeln oder sich auf Gegenstände der Bundesgesetzgebung beziehen, bedürfen der Zustimmung oder der Mitwirkung der jeweils für die Bundesgesetzgebung zuständigen Körperschaften in der Form eines Bundesgesetzes."

2. Mitwirkung bei Kriegs- und Friedensschlüssen nach Art. 79,1 u. 2, also bei grundgesetzändernden Maßnahmen: „Bei völkerrechtlichen Verträgen, die eine Friedensregelung, die Vorbereitung einer Friedensregelung oder den Abbau einer besatzungsrechtlichen Ordnung zum Gegenstand haben oder der Verteidigung der Bundesrepublik zu dienen bestimmt sind ... Ein solches Gesetz be-

darf der Zustimmung von zwei Dritteln der Mitglieder des Bundestages und zwei Dritteln der Stimmen des Bundesrates." Auch im „Verteidigungsfall" nach Art. 115 a ist der BR zur Mitwirkung aufgerufen.

3. Mitwirkung bei Entschließungen in außenpolitischen und supranationalen Fragen, insbesondere, wenn Länderkompetenzen betroffen sind.

Weitere Einwirkungsmöglichkeiten:

a) Auf Grundgesetznorm basierende Einwirkungsmöglichkeiten: Über die Informationspflicht der Bundesregierung nach Art. 53 ist der BR „von der Bundesregierung über die Führung der Geschäfte auf dem laufenden zu halten." Diese Pflicht zur Unterrichtung des BR durch die Bundesregierung ist durch Art. 2 des Zustimmungsgesetzes zu den Römischen Verträgen vom 27.7.1957 erweitert worden durch die Verpflichtung zu laufender und unaufgeforderter Unterrichtung über die supranationale Politik des Rates der Europäischen Gemeinschaften.

Der Außenpolitische Ausschuß des Bundesrates (bis 1957 Ausschuß für Zwischenstaatliche Angelegenheiten), der von den Ministerpräsidenten selbst gestellt wird, hat die Möglichkeit, sich durch einen Regierungsvertreter unterrichten zu lassen. In der politischen Praxis ist die Informationspflicht ganz unterschiedlich gehandhabt worden. Adenauer hat versucht, die Westverträge am BR vorbeizumanövrieren, bei seinem Erscheinen (das so selten und kurz wie möglich war) vor dem Außenpolitischen Ausschuß des BRs seinen Informationsvorsprung extensiv auszunutzen und selbst die Ministerpräsidenten seiner eigenen Partei nur wenig ins Bild zu setzen. Nicht nur die Regierung Adenauer ist ihrer Informationspflicht nicht (Montanunion-Vertrag) oder nur unzureichend (Deutschlandvertrag und EVG-Vertrag) nachgekommen (nur bei der Verabschiedung der Römischen Verträge scheint die Unterrichtung ausreichend gewesen zu sein); auch die sozialliberale Regierung hat ihre Informationspflicht unterschiedlich erfüllt. Sie scheint unzureichend gewesen zu sein beim Moskauer und Warschauer Vertrag, ausreichend jedoch beim Vertrag über die Nichtverbreitung von Kernwaffen. Der Informationspflicht sind also die jeweiligen Regierungen unterschiedlich je nach Materie nachgekommen.

b) Aus der Organqualität sich ergebende Mitwirkungsrechte wie die des Bundesratspräsidenten bei Verhinderung des Bundespräsidenten.

c) Mitwirkung im Parlamentarischen Beirat. 1950 wurde für handels-
politische Fragen ein Parlamentarischer Beirat, bestehend aus 9
Mitgliedern des BTs und 4 Mitgliedern des BRs, ins Leben gerufen,
der die Aufgabe hat, die Bundesregierung bei der Vorbereitung
und beim Abschluß handelspolitischer Vereinbarungen zu beraten.
Die genannten Instrumente zur Mitwirkung des BRs an außenpolitischen Entscheidungen wurden mit unterschiedlichen parteipolitischen
Konstellationen in den 50er und 70er Jahren extensiv eingesetzt, um
den jeweiligen Regierungskurs zu behindern. Der BR hat sich jedoch
insgesamt gesehen nicht als Obstruktionsorgan erwiesen. Zwischen
1949 und 1974 wurden 821 Verträge mit auswärtigen Staaten geschlossen. Davon bedurften 399 (= 49 %) der Zustimmung der Länderkammer. Es gab nie ein Veto und nur in einem Falle, dem des
deutsch-tschechoslowakischen Vertrages vom 11.12.73, einen Einspruch.

Der Bundesrat hat also weitgehend den Verfassungsnormen Art.
73 GG (Der Bund hat die ausschließliche Gesetzgebung über die auswärtigen Angelegenheiten) und Art. 31 GG (Bundesrecht bricht Landesrecht) Rechnung getragen.

Das Verhalten des BRs ist je nach Gesetzesmaterie und politischer
Konstellation unterschiedlich:
— der BR kann sich föderalistisch verhalten, wobei er die Gemeinsamkeiten der Landesregierungen gegenüber dem Bund betont, —
  oder er verhält sich parteipolitisch und trägt den jeweiligen parteipolitischen Gruppierungen der Länderregierungen Rechnung,
— oder es liegt sein Verhalten quer zu diesen beiden Konstellationen,
  z. B. nach reichen und armen Ländern.

Man kann sagen, daß im Falle des Deutschland- und EVG-Vertrages
die föderalistischen Momente stärker waren und bei den Ostverträgen die parteipolitischen Gesichtspunkte überwogen. (Initiativen zur
Normenkontrollklage, genauer: zur vorbeugenden Feststellungsklage
gingen im ersten Fall zunächst von der Opposition im BT aus, bei
den Ostverträgen von der bayrischen Staatsregierung.)

Im Zuge der Verabschiedung der Ostverträge wurde dem BR von
der Regierungskoalition „Obstruktions- bzw. Blockadepolitik" vorgeworfen und von mißbräuchlicher Nutzung des BRs durch die
Oppositionsparteien gesprochen („Nein-Sage-Maschine"). Die Unionsparteien sind seit 1969 in den von ihnen regierten Ländern in der
Tat aktiver geworden: Zunahme der Gesetzesinitiativen (in der VII.
Wahlperiode allein so viele wie seit Bestehen der Bundesrepublik

insgesamt) im BR, häufigere Anrufung der Vermittlungsausschüsse. Die Reaktionen der Bundesregierung reichen von der Zunahme „eilbedürftiger" Regierungsvorlagen (Art. 76, 2 GG), d. h. der Verkürzung der Frist zur Stellungnahme von 6 auf 3 Wochen, bis zur Ausgliederung der Teile der Gesetze, die der Zustimmung des BRs bedürfen. Dieses Verhalten ist nicht neu und wird immer dann praktiziert, wenn unterschiedliche parteipolitische Mehrheiten in BT und BR existieren. Im April 1952 wurde im neuen Südweststaat Baden-Württemberg eine FDP/DVP/BHE/SPD-Regierung gebildet, eine Regierung also, die die Bonner Oppositionspartei mit einschloß.[17] Da die Bonner Regierungskoalition damit im BR nur 18 Stimmen gegenüber 15 der SPD-regierten Länder hatte, kam Baden-Württemberg eine Schlüsselstellung bei der anstehenden Verabschiedung des Generalvertrages zu. Die Adenauer-Regierung reagierte nach dem gleichen Muster wie später die Regierung der 70er Jahre: Verkürzung der Frist zur Stellungnahme auf drei Wochen (womit sich der BR nicht abfand) und Teilung der Verträge in zustimmungsbedürftige (Art. 105 Abs. 3 GG) und nicht zustimmungsbedürftige (unter Voraussetzung des Art. 77 GG) Vertragsteile. Mit den Stimmen von Baden-Württemberg bestand der BR zunächst auf einer Prüfung der Gesetze über die Verfassungskonformität. Da auch der Bundespräsident erst nach einer solchen Klärung bereit war, die Gesetze zu unterschreiben, konnte der BR auf Zeit spielen, eine Taktik, die insbesondere vom baden-württembergischen Ministerpräsidenten und BR-Präsidenten Reinhold Maier verfolgt wurde und zwar mit dem Ziel, wenn auch nur vorübergehend, aus seiner Zwangslage (seine Partei im Bonner Regierungsbündnis, sein Koalitionspartner SPD in seinem Kabinett) herauszukommen. Beide Länderregierungsparteien FDP/DVP und SPD gerieten unter Druck ihrer Bonner Parteispitzen, einem Druck, dem Maier allmählich nachgab und damit die Stimmenmehrheit im BR zugunsten der Vertragswerke änderte. Die Bonner Regierung konnte ihren Plan, die Verträge zu teilen, fallen lassen. Obwohl Maiers Entscheidung gegen die Stimmen der SPD-Minister in seinem Kabinett gefallen war, kündigte die baden-württembergische SPD — sehr zum Ärger der Bonner SPD — die Koalition in Stuttgart nicht auf.

Von diesen beiden Extremfällen abgesehen, ist die Tätigkeit des BRs eine durch Verwaltungserfahrung geprägte sachliche Arbeit. Auch bei zunehmender Aktivität der Oppositionsparteien in den 70er Jahren hat sich an seiner Funktion, Korrektor der Bundesgesetzgebung zu sein, prinzipiell nichts geändert.

3.7 Das Bundesverfassungsgericht

Neben dem BR gehört das Bundesverfassungsgericht (BVerfG) zu den institutionellen „Hindernissen" (Baring), die bei der Verabschiedung der Westverträge (EVG, Deutschlandvertrag) und, wie sich zeigen sollte, auch der Ostverträge wirksam geworden sind. In beiden Fällen versuchte die jeweilige Opposition, die Vertragsverabschiedung hinauszuschieben (vorbeugende Feststellungsklage) bzw. eine richterliche Entscheidung in ihrem Sinne zu erwirken (Normenkontrollklage). Eine solche Möglichkeit gibt der Art. 93, (1), 2.: „Das Bundesverfassungsgericht entscheidet . . . bei Meinungsverschiedenheiten oder Zweifeln über die förmliche und sachliche Vereinbarkeit von Bundesrecht oder Landesrecht mit diesem Grundgesetz . . . auf Antrag der Bundesregierung, einer Landesregierung oder eines Drittels der Mitglieder des Bundestages." Auf diesen Artikel des GG beriefen sich die jeweiligen Oppositionsparteien, um 1952 gegen den Deutschlandvertrag (genauer: gegen den verteidigungspolitischen Teil des Deutschlandvertrages), bzw. 1955 gegen das Saarstatut und 1973 gegen die Ostverträge (genauer: gegen den Grundlagenvertrag mit der DDR) zu klagen. Ein Vergleich der daraufhin erfolgten Rechtssprechung zeigt wichtige Änderungen in der richterlichen Beurteilung, die man als Übergang vom Prinzip der richterlichen Selbstbeschränkung zur aktiven richterlichen Gestaltung beschreiben kann.

Anfang 1952 erhoben sämtliche SPD-Abgeordnete (zusammen mit neun Abgeordneten aus kleineren Splitterparteien, um den Drittelquoren gerecht zu werden) eine vorbeugende Feststellungsklage beim Bundesverfassungsgericht. Der EVG-Vertrag, der den Gegenstand (,,Beteiligung Deutscher an einer bewaffneten Streitmacht" und ,,Deutsche zu einem Wehrdienst verpflichtet") der Klage bildete, war zu diesem Zeitpunkt vom BT nicht verabschiedet; erst vier Monate später sollte er in Paris unterzeichnet werden. Das Verfassungsgericht war zum Zeitpunkt der Klage knapp ein halbes Jahr alt. Die Klage kam vor den ersten Senat des Gerichts, der überwiegend mit der SPD nahestehenden Richtern besetzt war (und daher der rote Senat genannt wurde). Die Besetzung der beiden Senate des BVerfGs durch den Wahlmännerausschuß des BTs sowie das Plenum des BRs erfolgte damals mit je 12 Mitgliedern (1956 wurde die Zahl auf 10, 1963 auf 8 reduziert). Die Zusammensetzung des ersten Senats konnte die SPD-Opposition in der Hoffnung auf ein ihr günstiges Urteil bestärken. Diese Lage veranlaßte die Regierung zu Gegenmaßnahmen.

Bis heute ungeklärt ist die Frage, wer den Bundespräsidenten Theodor Heuss letztlich veranlaßt hat, das BVerfG im Juni 1952 um ein Rechtsgutachten über die Vereinbarkeit bzw. Nichtvereinbarkeit des EVG-Vertrags mit dem GG zu ersuchen. Der BPräsident stand lange auf dem Standpunkt, er könne erst nach Klärung dieser Frage seine Unterschrift geben. Das BVerfG reagierte mit dem Vorschlag, dieses Gutachten von beiden Senaten verabschieden zu lassen (Plenargutachten) und ihm bindende Wirkung hinsichtlich der anhängigen Klage zukommen zu lassen. Dieses Junktim wurde von der Opposition ebenso abgelehnt (was dann zu dem die Klage ablehnenden Urteil des ersten Senats führte) wie später vom Bundespräsidenten, der sein Gutachterbegehren zurückzog; ausgelöst hat diesen Schritt eine Klage der Regierungsfraktionen im BT über die Zulässigkeit, dem BT durch die Opposition das Recht zu bestreiten, den Deutschland- und den EVG-Vertrag mit einfacher Mehrheit (nach Art. 42, Abs. 2 GG) zu verabschieden. Diese Klage wurde vom zweiten Senat (der mehrheitlich mit CDU nahestehenden Richtern besetzt war und daher der schwarze Senat genannt wurde) als unzulässig abgelehnt. Dieser Verlauf der Ereignisse zeigt folgende politisch wichtigen Grundsätze, die das damalige BVerfG leiteten:

Die einfache Rechnung, der „rote" Senat entscheide rot, der „schwarze" Senat schwarz, ging nicht auf. Keiner der beiden Senate hat im Sinne der jeweiligen Antragsteller entschieden. Die Parteien haben offensichtlich die prägende Kraft des professionellen Gremiums unterschätzt; der frühere Richter Martin Draht berichtet, daß „die Abstimmungen seiner Richter quer durch alle ‚Fronten' von Konfessionen, Weltanschauungen, politischer oder philosophischer Einstellung verlaufen" seien.[18]

Zweitens zeigt der Ablauf der Ereignisse, daß das Gericht sich durchaus als „politisch" verstand. Der Vorschlag des damaligen Verfassungsrichters Gerhard Leibholz, die Entscheidung über die Verfassungsmäßigkeit der Wiederbewaffnung abzulehnen, weil es sich um eine politische Frage handle, setzte sich bei der Mehrheit der Richter nicht durch. Dieser Hinweis auf die Rechtsprechung des Supreme Court, eine political question nicht zu entscheiden, wurde nicht aufgenommen. Die Rücknahme des Gutachterersuchens durch den Bundespräsidenten erfolgte, weil ihm der Gedanke, eine politisch wichtige Entscheidung durch ein Gericht entscheiden zu lassen, unerträglich war. Ein Plenumsurteil hätte eine solche Wirkung gehabt. Der Grundsatz, den politischen Entscheidungsspielraum nicht durch eine richterliche Auslegung einzuengen, sollte sich dann im Saarurteil von 1955 durchsetzen.

Im März 1955 wurde das Abkommen über das Saarstatut verabschiedet, das für das Saarland ein internationales Statut vorsah. Die SPD- Opposition hatte gegen die Rechtmäßigkeit des Statuts geklagt und war vom BVerfG zurückgewiesen worden. Die Begründung des Urteils galt lange als Präzedenzfall für den Grundsatz richterlicher Selbstbeschränkung (judicial-self-restraint). Dieser Grundsatz geht davon aus, daß bei Meinungsverschiedenheiten über die Auslegung von Verträgen diejenige Interpretation zu wählen ist, die als mit der Verfassung noch im Einklang stehend betrachtet wird. Oder in den Worten der Urteilsbegründung: „Solange die Auslegung eines völkerrechtlichen Vertrages noch offen ist, muß bei der verfassungsrechtlichen Prüfung des Vertragsgesetzes unter mehreren Auslegungsmöglichkeiten derjenigen der Vorzug gegeben werden, bei der der Vertrag vor dem GG bestehen kann."[19] In diese Prüfung sollen auch die politische Ausgangslage, die politische Realität miteinbezogen werden. „Vor allem darf das Bundesverfassungsgericht, wenn es einen völkerrechtlichen Vertrag, der politische Beziehungen des Bundes regelt (Art. 59, Abs. 2 GG), am GG messen soll, die politische Ausgangslage, aus der der Vertrag gewachsen ist, die politischen Realitäten, die zu gestalten oder zu ändern er unternimmt, nicht aus dem Blick verlieren."[20]

Die Folgen des Saarurteils sind erstens, daß die verfassungsgerichtliche Kontrolle sehr zurückhaltend gehandhabt wird und der Regierung breitestmöglichen Spielraum läßt. Diese Qualifizierung wird eingeschränkt durch den Vergleich mit der verfassungsrechtlichen Praxis in den USA, wo der Supreme Court sich noch größerer politischer Zurückhaltung befleißigt. Zweitens bedeutet das Saarurteil für die Opposition, daß sie keine Möglichkeiten hat, mit verfassungsrechtlichen Mitteln den politischen Kampf für sich zu entscheiden. Dies gilt auch für spätere Urteile. Die Opposition konnte allenfalls eine zeitliche Verzögerung (bis zur Prüfung) erreichen, nicht aber eine Revision der Regierungspolitik bezüglich des anstehenden Vertragstextes (konkrete Normenkontrolle), bzw. bezüglich des anstehenden Verfahrens (abstrakte Normenkontrolle). Die richterliche Selbstbeschränkung gilt also nicht nur in bezug auf die Auslegung eines von den gesetzgebenden Körperschaften bereits verabschiedeten Vertragswerks, sondern auch wie beim Deutschland- und EVG-Vertrag bezüglich einer einstweiligen Anordnung im Zuge der Vertragsbehandlung (procedural self-restraint). Eine einstweilige Anordnung sei, so das BVerfG, nur unter zwei Bedingungen möglich:

— „zur Abwehr schwerer Nachteile oder aus einem anderen wichtigen Grunde des gemeinen Wohls"[21] und
— „erst dann, wenn der betreffende Akt unmittelbar bevorsteht. Eine einstweilige Anordnung solle erst nach Prüfung der Nachteile erlassen werden, die entstehen würden, wenn der Klage stattgegeben würde. Diese Nachteile müssen gegen die Vorteile aufgewogen werden, die mit der sorgfältigen Prüfung des Gesetzes verbunden sind.

Die richterliche Zurückhaltung der 50er Jahre hat in den 70er Jahren eine bedeutsame Modifikation erfahren, die mit dem Schlagwort judicial activism belegt worden ist. Stützen kann sich diese Beurteilung auf das Urteil über den Grundlagenvertrag vom 31.7.1973. Die bayrische Staatsregierung hatte im Mai des gleichen Jahres die Prüfung des Vertrags über die Beziehungen zur DDR beim BVerfG angestrengt und durch das richterliche Urteil eine autoritative Auslegung der Zielnormen des GG über den Deutschlandbegriff erhalten. Hinzu kommt, daß das Grundgesetz vier Versionen des Deutschlandbegriffs enthält:

— Nach Art. 116 GG erstreckt sich der Begriff „Deutscher" auf das Staatsgebiet, wie es zum 31.12.1937 existierte.
— Nach der Präambel des GG wird das Staatsgebiet des deutschen Volkes als aus 11 Ländern bestehend gekennzeichnet, die nicht identisch sind mit den heutigen 11 Bundesländern (durch Bildung des „Südweststaates" Baden-Württemberg, durch Zutreten des Saarlandes und durch das Fehlen Berlins).
— Eine dritte Version bringt der Art. 23 GG, in dem dieselben Länder wie in der Präambel aufgeführt sind, ergänzt durch „Groß-Berlin". Der vorläufige Charakter („Dieses GG gilt zunächst . . .") dieses Artikels läßt die später erfolgte Eingliederung des Saarlandes sowie anderer Länder offen. (Das Saarland wurde im Dezember 1956 eingegliedert: „Das Saarland ist ein demokratisch und sozial geordnetes Bundesland" (Art. 60 der saarländischen Verfassung)).
— Viertens schließlich sind die Ostverträge von den Nachkriegsrealitäten ausgegangen, wie sie territorial im Potssdamer Abkommen, festgelegt wurden. In den Ostverträgen ist die Rede von „den beiden Staaten", eine Version, die in dieser Form vom BVerfG mit dem GG vereinbar gehalten wurde.

Der Klage wurde zwar nicht in dem Sinne stattgegeben, daß auf Grund des Urteils der Vertrag geändert werden müsse, aber zukünftige Regierungen sind an diese Vertrags-Auslegung durch das Gericht gebunden. Diese Folgewirkungen formuliert das Urteil in feinem Juristendeutsch so: „Aus dem bisher Dargelegten ergibt sich, daß der Vertrag als ein Vertrag, der auf die Ausfüllung angelegt ist, rechtlich außerordentlich bedeutsam ist, nicht nur durch seine Existenz und durch seinen Inhalt, sondern vor allem auch als Rahmen für die künftigen Folgeverträge. Alle Ausführungen der Urteilsbegründung, auch die, die sich nicht ausschließlich auf den Inhalt des Vertrags selbst beziehen, sind nötig also im Sinne der Rechtsprechung des BVerfG Teil der die Entscheidung tragenden Gründe."[22] Das Urteil hat also Bindungswirkung nach § 31,1 und 31 Abs. 2 BVerfGG. Welche Aussagen macht das Urteil zum Deutschlandbegriff?

Es bestätigt frühere Aussagen zum Fortbestand des Deutschen Reichs oder präzisiert diese betreffs der Identitätsfrage (die Bundesrepublik ist mit dem Staat „Deutsches Reich" identisch bzw., teilidentisch) bzw. korrigiert die Auffassung der Regierung zur Identitätsfrage (auch die „DDR" gehört nach dem Urteil zu „Deutschland", ist also nicht Ausland). Die Konsequenzen bezüglich der rechtlichen Qualifizierung der innerdeutschen Grenze, bezüglich der Einschätzung der Rechtsstellung von Westberlin oder bezüglich der Auslegung des Begriffs „Deutsche Nation" sind erheblich. Das BVerfG ist bei diesem Urteil von seinem eigenen Grundsatz abgewichen und hat der geänderten politischen Lage nicht Rechnung getragen. Die Deutschlandpolitik wird in Auslegung des GGes und in Anwendung auf den Grundlagenvertrag (der ein doppeltes Gesicht trage, einerseits ein völkerrechtlicher Vertrag zu sein, andererseits ein Vertrag über die innerdeutschen Beziehungen) durch das Gericht so qualifiziert:

— das Wiedervereinigungsgebot der Präambel des GG wird bekräftigt
— die Aufgabe von Rechtstiteln wird verboten
— die Zwei-Staaten-Theorie wird abgelehnt
— DDR-Bürger sind deutsche Staatsbürger im Sinne des GGes
— die DDR gehört zu Deutschland, die DDR kann also nicht Ausland sein, die innerdeutsche Grenze ist nicht Staatsgrenze, sondern Ländergrenze ähnlich der zwischen Bundesländern
— der Kultur-Nationen-Begriff wird abgelehnt.

Die Ostverträge berücksichtigen diese Verfassungsinterpretation insofern, als

— sie keine Friedensverträge sind,

— sie keine völkerrechtliche Anerkennung der DDR enthalten und
— die Grenzen nicht völkerrechtlich anerkennen.

Diese Position ist auch und noch nachdrücklicher zum Ausdruck gebracht in der „Gemeinsamen Erklärung der Fraktionen des Bundestages" vom 9.2.1972.

Das BVerfG-Urteil, das, wie gesagt, sich auf die politische Lage zur Zeit der Entstehung des GGes bezieht, stellt jede zukünftige Regierung vor die Alternative: entweder Anpassung der Politik an das Karlsruher Urteil (welche Konsequenzen?) oder Änderung des Grundgesetzes. Sollten vertragliche Vereinbarungen künftig zwischen der BRD und der DDR nötig sein, so spricht die gegenwärtige politische Lage eher für eine Änderung des GG.

3.8 Parteien und ihre Fraktionen im außenpolitischen Entscheidungsprozeß

Eine systematische Behandlung der Parteien als Träger außenpolitischer Entscheidungsfunktionen hat verschiedene zentrale Problemstellungen zu bearbeiten:

— Da die politische Gewaltenbalance im Regierungssystem der Bundesrepublik auf dem Verhältnis von Regierungs- und Oppositionspartei(en) ruht, spielt die institutionelle Verankerung der Parteien im außenpolitischen Handlungsfeld eine zentrale Rolle. Von ihr gehen Einflüsse auf Gemeinsamkeiten oder Divergenzen in außenpolitischen Fragen aus.

— Die etablierten Bundesparteien haben eigene Apparate zur Interessenvertretung nach außen entwickelt.

— Schließlich ist noch die Frage nach der Rolle und Funktion der Außenpolitik in ihrer Wirkung auf das innere Gefüge der Parteien von Bedeutung.

3.8.1 Parteien als Träger der Außenpolitik

„Parteien bilden die öffentliche Meinung ebenso wie sie sie ausdrükken."[23] Im Bereich der Außenpolitik dürfte die Produzentenfunktion größer sein als die Transmissionsfunktion. Die enge Verflechtung von Partei-, Fraktions- und Regierungsmehrheit läßt der Parteimeinung trotz Bündelung und Filterung durch die Fraktion sowie die

Regierung, die insbesondere in einem Koalitionsverhältnis auf den jeweiligen Partner Rücksicht zu nehmen hat, eine zentrale Rolle im Meinungsbildungs- und in geringem Maße im Entscheidungsfindungsprozeß zukommen. Dieser Unterschied von Meinungsbildung und Entscheidungsfindung ist im außenpolitischen Bereich besonders kraß. Die bundesrepublikanischen Parteien sind reich an alternativen außenpolitischen Konzeptionsentwürfen, die von Mitgliedern der jeweiligen Partei für eine bestimmte Zeit getragen wurden, aber in Regierungspolitik nicht umgesetzt werden konnten oder erst Jahre nach ihrer Publikation zur Regierungsmehrheit wurden. Zu diesen sind z. B. zu rechnen die Entwürfe der SPD und der FDP in den Anfängen der sechziger Jahre zur Deutschland- und Ostpolitik, zu jenen die Vorschläge aus allen drei Parteien zu einer Neutralisierung Deutschlands in den fünfziger Jahren.

Da außenpolitische Entscheidungen von Parteien getragen sein müssen, d. h. von der Mehrheit des BTs, kommt den Fraktionen, die diese Mehrheit bilden, eine große Bedeutung zu. Ein Kanzler hat immer nur soviel Entscheidungsspielraum, wie es eine tragfähige Parlamentsmehrheit zuläßt. Das außenpolitische Programm einer Regierung wird bei Koalitionsregierungen u. a. immer auch von den Fraktionsvorsitzenden der Regierungsparteien bestimmt. In dieser Funktion erhält die Fraktion bzw. ihr Vorsitzender eine andere Qualität, als nur Transmissionsriemen zwischen Partei und Regierung zu spielen. Alle Regierungen, von 1957—61 abgesehen, waren bisher Koalitionsregierungen, d. h. Entscheidungen wurden von mehr als einer Partei getragen. Adenauer hatte 1957 bis 1961 eine absolute, ab 1961 eine bequeme Mehrheit hinter sich; eine große Mehrheit hatte die große Koalition von CDU/CSU und SPD (1966—69), dünne Mehrheiten gab es für die sozial-liberalen Regierungen von Brandt—Scheel (sechs Stimmen) und ausreichende Mehrheiten für die Schmidt-Regierungen. Das Regierungssystem der Bundesrepublik ruht auf Parteienkombinationen, die sich für eine Legislaturperiode ergeben: nach 1949 CDU/CSU-FDP u. a., 1957 CDU/CSU allein, CDU/CSU-SPD, SPD-FDP in der Folgezeit. Der jeweilige Kanzler war mit Ausnahme von Schmidt gleichzeitig Parteivorsitzender der größten Partei der jeweiligen Koalition. Die Macht von Regierung und Opposition liegt auf der Linie Partei — Fraktion — Regierung — Kanzler, wobei den einzelnen Gliedern durchaus ein Eigengewicht zukommt, und die außenpolitische Entscheidungsfindung ist nicht als sukzessiver Filterprozeß von Parteibasis zur Regierungsspitze zu verstehen.

Die CDU/CSU-Politik war in den ersten 14 Jahren durch die Person Adenauers geprägt, was nicht heißt, daß es nicht auch innerhalb der eigenen Partei Gegensätze gegeben habe. Ja es kann behauptet werden, daß die Gegensätze zu alternativen außenpolitischen Orientierungen innerhalb der eigenen Partei bzw. den Koalitionsparteien ebenso groß gewesen sind wie zur SPD-Opposition. Die einzige, auch innenpolitisch getragene außenpolitische Alternative zur Regierungspolitik der fünfziger Jahre war ein in verschiedenen Varianten auftretendes Neutralitäts- oder Disengagementkonzept, das insbesondere von dem christlichen Gewerkschaftler in den Reihen der CDU, Jakob Kaiser, getragen wurde. Wie Adenauers rheinischer Hintergrund, so spielt bei Kaiser die Berliner Warte eine Rolle zum Verständnis seines Brückenkonzepts. „Wir haben Brücke zu sein zwischen Ost und West, nicht im Osten und nicht im Westen verpflichtet um Deutschlands und Europas willen" sagte Kaiser auf der Berliner Tagung der CDU 1946. Diese Brückenfunktion war jedoch nicht als passive Mittlerfunktion gedacht, sondern als aktive, vermittelnde und integrierende Kraft. Diese Rolle versuchte er auch außenpolitisch-machtpolitisch durchzusetzen, denn er glaubte, daß die Sowjetunion seinem innenpolitischen Pendant, einem christlichen Sozialismus, zustimmen könne. Die betont planwirtschaftlichen Elemente (wie sie bekanntlich auch im Ahlener Programm der nordrhein-westfälischen CDU niedergelegt worden sind), die ideologische Parteinahme für einen Sozialismus und die außenpolitische Neutralität glaubte Kaiser als realistische mittlere Position zwischen Ost und West durchsetzen zu können. Die Perspektive eines christlichen Sozialismus deutscher Nation erhielt spätestens Ende 1947 einen Rückschlag, als er und sein Stellvertreter Ernst Lemmer von der sowjetischen Besatzungsmacht ihrer Parteiämter der Ostzonen-CDU enthoben wurden und damit eine gesamtdeutsche Mittlerposition in Frage gestellt war.[24]

Regional auf das Rheinland zentriert, mit antipreußischen, antizentralistischen Tendenzen versehen, vertrat Konrad Adenauer einen westlichen Integrationskurs, der in der internationalen Konstellation des aufkommenden Kalten Kriegs realistischer, d. h. durchsetzungsfähiger war, als eine neutralistische oder mittlere Alternative. Bei einer dezentral organisierten, föderalistisch-regionalistischen bürgerlichen Sammlungsbewegung wie der Union mit ihren Schwerpunkten im Westen (früher Nordrhein-Westfalen, heute Rheinland-Pfalz, Saarland), Süden (heute Bayern und Baden-Württemberg) sowie Norden (Schleswig-Holstein) war eine Westorientierung auch innerparteilich tragfähiger als eine gesamtdeutsche christlich-sozialistische Alternative. Insbesondere waren im Westen die Vorbehalte gegenüber der Sowjetunion größer, wodurch der Antikommunismus zur außenpolitischen Integrationsstrategie einer zunächst nur lose organisierten Union hat werden können (bekanntlich ist die Parteiunion erst 1950 in Goslar auf Bundesebene gegründet worden). Adenauer hatte vor allem nach der zweiten Wahl zum Bundestag 1953 durch Erweiterung der bisherigen Koalition mit der FDP und der DP um den BHE eine 2/3-Mehrheit, die nötig war, um die Wehrergänzung im GG zu erreichen. Diese Mehrheit reichte auch aus, um das Vertragspaket der Pariser Verträge (Protokoll über die Beendigung des Besatzungsregimes, Vertrag über den Aufenthalt ausländischer Streitkräfte, Beitritt der Bundesrepublik zum Brüsseler Pakt (WEU) und zur NATO, Saarabkommen) im BT zu verabschieden. Während die CDU/CSU geschlossen für die Verträge stimmte, lehnten die FDP und die GB/BHE das Saarabkommen ab, die DP-Fraktion bejahte fast einstimmig alle vier Verträge und die SPD lehnte alle vier Verträge ab.

Der Wahlkampf zur BT-Wahl 1957 wurde vor allem mit dem außenpolitisch gemeinten Slogan „Keine Experimente" geführt. Die absolute Mehrheit, die die CDU/CSU erreichte, kann als Plebiszit für die Westpolitik Adenauers gewertet werden. Die Wahlniederlage führte bei der SPD zur außenpolitischen (wie innenpolitischen) Umorientierung.

Das außenpolitische Pendant zur Nichtanerkennung der DDR bildete die sogenannte Hallstein-Doktrin (von der gesagt wurde, daß sie weder von Hallstein stammt, noch als eine Doktrin aufgefaßt wurde), wonach die Bundesregierung das Recht für sich beansprucht, alleinige Sprecherin für alle Deutschen gegenüber Drittländern zu sein. Dieses Recht wurde abgeleitet von der fehlenden Legitimation der Regierung der „Ostzone" und dem verweigerten Selbstbestimmungsrecht für die ostdeutsche Bevölkerung. Das entscheidende Argument, das in allen Gegenvorschlägen dem Osten gegenüber unterbreitet wurde, ist das der freien Wahl nach westlichem Verständnis.

Die Hallstein-Doktrin kam erstmals zur Anwendung 1957, als die diplomatischen Beziehungen zu Jugoslawien abgebrochen wurden, nachdem Tito die DDR diplomatisch anerkannt hatte. In abgeschwächter Form wurde diese außenpolitische Maxime bis in die Zeit der Großen Koalition beibehalten und verlor ihre Bedeutung endgültig mit dem Abschluß des Grundvertrags mit der DDR.

Aus den Reihen der CDU wurden Ende der 50er, Anfang der 60er Jahre Vorschläge gemacht (von Brentano, Kroll, Globke, Adenauer selbst), die der Lösung der Deutschen Frage dienen sollten. Kern dieser Vorschläge war immer die durch freie Wahl zu erreichende Selbstbestimmung der ostdeutschen Bevölkerung und die Bildung eines vom Ostblock unabhängigen Staates. In den sechziger Jahren waren auch Alternativtendenzen innerhalb der CDU/CSU hinsichtlich des Westbündnisses sichtbar. Es bildete sich ein sogenannter atlantischer Kern mit dem Schwerpunkt auf der Achse Bonn-Washington (Schröder, Carstens) und ein gaullistischer Kern mit dem Schwerpunkt Bonn-Paris (Adenauer, Guttenberg, Strauß). Für die ausgehenden fünfziger Jahre lag der außenpolitische Schwerpunkt auf etwa folgender Linie: Bundeskanzler – Bundesaußenminister – Fraktionsvorsitzender, Fraktionsvorstand, Bundestagsfraktion – Arbeitskreis V (Außenpolitik, Verteidigungspolitik, Innerdeutsche Fragen, Entwicklungshilfe) – CSU-Landesgruppe – Vertriebenenorganisationen – Exil-CDU und Berliner CDU – Wirtschaftsrat und Europapolitiker in der Fraktion. Erste Anzeichen einer Annäherung der beiden großen Parteien zeigten sich 1959 im Unterausschuß bzw. einer Arbeitsgruppe des Auswärtigen Ausschusses unter der Leitung des SPD-Abgeordneten und Vertriebenenfunktionärs Wenzel Jaksch. Der nach ihm benannte Bericht plädiert für eine flexiblere Ostpolitik, deren Durchführung ab 1961 von Außenminister Schröder möglich war, da er sich auf eine ansehnliche Hausmacht stützen konnte (Evangelischer Arbeitskreis der CDU), vom Koalitionspartner FDP gestützt wurde, den Auswärtigen Ausschuß des Bundestages hinter sich hatte und im Vakuum des Autoritätsverlustes von Adenauer operieren konnte.

Die Symptome dieses Machtverlustes Adenauers in den letzten Regierungsjahren sind zahlreich: Taktieren in der Bundespräsidentenwahl 1959; Stärkung der FDP in der Koalition (die FDP konnte einen Außenminister ihrer Wahl gegen die Bedenken des Kanzlers durchsetzen; sie setzt die vorzeitige Ablösung des Kanzlers durch; sie besetzt wichtige Ressorts etc.); Berlin-Krise 1961 (Mauerbau); Starfighter-Krise; die Spiegel-Affäre zwingt zur Kabinettsumbildung; partieller Sieg der Opposition durch Mobilisierung der Öffentlichkeit etc. Selbst der Deutsch-Französische Freundschaftsvertrag als Erfolg wird durch den Bundestagsbeschluß (Präambel zum Vertrag) relativiert.

Obwohl die sechziger Jahre eine vorsichtige Öffnung nach Osten brachten (Aufnahme konsularischer Beziehungen zu osteuropäischen Staaten, Angebot eines Gewaltverzichts in der „Friedensnote" von

1966, Verbesserung der Beziehungen in der Regierungserklärung Kiesingers Ende 1966, elastischere Handhabung der Hallstein-Doktrin noch während der Großen Koalition), blieb die Mehrheit der CDU/CSU-Fraktion zunächst auf Konfrontationskurs, als die sozial-liberale Koalition ihre Verhandlungen mit Moskau, Warschau, dann mit Ostberlin und Prag begann. Die Strategie, die der Fraktions- und Parteivorsitzende Rainer Barzel verfolgte, war die des „so-nicht" und er brachte damit die sich bald zeigenden divergierenden Meinungen innerhalb der Fraktion auf einen Nenner. Die gleiche Strategie setzte sich dann, als es zum Schwur kam, um in Enthaltung als dem kleinsten gemeinsamen Nenner. Das Abstimmungsverhalten ist differenzierter: beim Moskauer und Warschauer Vertrag enthielt sich die Mehrheit der Fraktion der CDU/CSU der Stimme, beim Verkehrsvertrag und beim CSSR-Vertrag stimmte die Opposition geschlossen mit Ja bzw. mit Nein. Der Grundvertrag mit der DDR ergab (nach der gemeinsamen Entschließung der Bundestagsfraktionen) ein mehrheitliches Ja. [25]

In ihrer oppositionellen Haltung bediente sich die CDU/CSU ähnlicher Mittel wie die SPD-Opposition in den fünfziger Jahren: Einsatz des Bundesrats, Anrufung des Bundesverfassungsgerichts, Mobilisierung der Presse. Der Versuch, den Sturz des Kanzlers mithilfe des konstruktiven Mißtrauensvotums zu erreichen, kam hinzu. Es scheint, daß die Informationsreisen von Barzel in westliche und östliche Hauptstädte das bedingte Ja bekräftigt haben. Die SPD-Führung um Kurt Schumacher lag in der Anfangszeit mit ihrer außenpolitischen Position nicht weit entfernt von Jakob Kaisers Idee eines unabhängigen Gesamtdeutschland. Nach Schumacher sollte Deutschland eine „Dritte Kraft" bilden zwischen Ost und West, wobei Schumachers Antikommunismus noch stärker ausgeprägt war als der Kaisers. Die Erfahrungen mit einer erzwungenen Linksunion in der sowjetischen Zone lehrten Schumacher, eine Verschmelzung, wie sie 1946 zwischen SPD und KPD in der SED erfolgte, auf alle Fälle in den Westzonen zu verhindern, denn es war zu befürchten, daß die straffere Organisation der KPD die Sozialdemokraten alsbald aus den Führungspositionen verdrängen würde, wie die Entwicklung in der Ostzone auch zeigte. Deutschland als Dritte Kraft sollte aber nach Schumacher nicht neutral sein, sondern durchaus eine eigenständige Rolle zwischen Ost und West spielen. Diesem Konzept widersprach die Westintegration des Bundeskanzlers, den der SPD-Vorsitzende in der berühmt gewordenen Bundestagsrede 1949 unter großem Tumult den „Kanzler der

Alliierten" nannte. Auch der spätere außenpolitische Sprecher der SPD-Opposition, Fritz Erler, plädierte zunächst für ein von Amerika unabhängigeres Deutschland: „Deutschland muß nicht unbedingt der Revolver Amerikas an den Rippen der Sowjetunion sein."[26] Auch für den regierenden Bürgermeister von Berlin, Ernst Reuter, war zu einer bestimmten Zeit eine Neutralisierung Deutschlands denkbar unter der Voraussetzung, daß der Status international gesichert sei (kollektives Sicherheitssystem). Gegen Ende der 50er Jahre setzte sich allmählich — vor allem unter dem Eindruck der Wahlniederlage 1957 — die sogenannte „Bürgermeisterfraktion" aus den hanseatischen SPD-Hochburgen Bremen (Kaisen), Hamburg (Brauer) und Berlin (Reuter) mit Erler durch, die eine stärkere Anlehnung an die USA forderten. Gemeinsam war aber den verschiedenen Orientierungen im Gegensatz zu den Unionsparteien die stärkere Betonung des gesamtdeutschen Nationalstaates, der nur — wenn überhaupt — ungebunden in Ost und West eine Chance hatte, realisiert zu werden. Die Ablehnung sämtlicher Verträge, die im Westen zu starken Bindungen geführt haben, war logische Konsequenz aus der unterschiedlichen Priorität der außenpolitischen Ziele. Erler versuchte noch Mitte der 50er Jahre die deutsche Einheit mit Hilfe eines gesamteuropäischen Systems kollektiver Sicherheit zu retten. Das Godesberger Programm 1959 bedeutet dann die innen- wie außenpolitische Wende in der SPD-Politik. Die in diesem Programm sich ankündigende Kursänderung wurde in der berühmt gewordenen Rede Herbert Wehners am 30.6.1960 im Bundestag genauer umrissen: Die von der Adenauer-Regierung geschlossenen Verträge bilden fortan die außenpolitische Grundlage der SPD-Außenpolitik, d. h. die SPD bejaht fortan die „Zusammenarbeit der europäischen Staaten", die „Landesverteidigung" und den Grundsatz der Deutschlandpolitik, wonach über das Selbstbestimmungsrecht die Wiedervereinigung erreicht werden solle. Der Deutschlandplan der SPD aus dem Jahre 1959 sieht eine Lösung der deutschen Frage im Rahmen der Vier Mächte durch eine gesamtdeutsche Kommission. Ab Anfang der 60er Jahre versucht dann der Regierende Bürgermeister von Berlin, Willy Brandt, einen dritten Weg in der Deutschlandfrage. Der damalige Senatssprecher von Berlin, Egon Bahr, brachte die Politik der kleinen Schritte, die Brandt mit Erfolg in Berlin praktizierte, auf die Formel „Wandel durch Annäherung". Die in seiner Tutzinger Rede vom Juli 1963 enthaltene Formel sollte fortan die Marschroute zur Ostpolitik sein, wie sie dann Anfang der 70er Jahre praktiziert worden ist. Mit kleinen Schritten sollte versucht werden, das Verhältnis zu den osteuropäischen Ländern zu „normalisieren", d. h. durch Anerkennung der Nachkriegsrealitäten zu einem modus vivendi mit der Sowjetunion, dann aber auch mit den anderen osteuropäischen Staaten und der DDR zu gelangen. Der Deutschlandplan Herbert Wehners aus dem Jahre 1966 sah die Wiederherstellung Deutschlands in einem europäischen Verbundsystem vor und zielte auf eine schrittweise zu verwirklichende Wirtschaftsgemeinschaft zwischen der BRD und der DDR. Schon 1958 hatte Wehner einen paritätisch besetzten gesamtdeutschen Rat zur Verwirklichung einer deutschen Wirtschaftsgemeinschaft vorgeschlagen.

Die FDP zeigt u. a. aufgrund ihrer dezentralen Organisation mit den Schwerpunkten auf den Landesverbänden ein hohes Maß an Inventionspotential (von Innovationspotential kann erst gesprochen werden, wenn neue außenpolitische Ideen auch realisiert worden sind). In ihren außenpolitischen Vorstellungen lag die FDP in den 50er Jahren näher bei der CDU als bei der SPD. Ihrer innenpolitisch-zentralistischeren Position[27] entsprach ihre Ablehnung des europäischen Saarstatuts wie es Adenauer in die Pariser Verträge einbrachte. In ihrer Führungsspitze (Thomas Dehler) war die Partei nationaler als die CDU, zumal der national-liberale Flügel zur Zeit der Koalitionen mit der CDU die Oberhand hatte. Der höheren Priorität der Wiedervereinigung entsprach auch der Vorwurf Dehlers, Adenauer habe 1952/54 die Chance der Wiedervereinigung vertan. Gegenüber dem Osten zeigt sich die FDP im Laufe ihrer Geschichte elastischer und traf sich dabei mit der SPD. Diese Gemeinsamkeit führte dann u. a. 1969 zur sozial-liberalen Koalitionsregierung, die die Politik der Verständigung mit dem Osten auf den Weg brachte.

Ähnlichkeit zu Vorstellungen in der frühen SPD zeigen FDP-Vorstellungen über eine neutrale Zone in Mitteleuropa. Der FDP-Bundestagsabgeordnete und spätere Botschafter, Karl Georg Pfleiderer, brachte 1952 in einem Planvorschlag die Idee in Bewegung, eine militärisch verdünnte Zone in Mitteleuropa zu schaffen — die Alliierten sollten ihre Truppen aus dem Zentrum Deutschlands in die Peripherie verlegen, zwischen den besetzten Teilen Deutschlands würde ein mit nationalen Streitkräften versehener Teil liegen —, um so einen Gürtel militärischer Entspannung zwischen Ost und West zu haben. Der Pfleiderer-Plan kann als Vorläufer des Rapacki-Plans angesehen werden. Der polnische Außenminister hatte 1956/57 eine ähnliche Idee lanciert, ohne jedoch auf fruchtbaren Boden zu fallen.

Der Parteivorsitzende Erich Mende versuchte schon in der letzten Regierung Adenauer als Gesamtdeutscher Minister die Anbahnung von technischen Beziehungen mit der DDR, eine Politik, die auf der Brandtschen Linie eines dritten Weges lag. In der Opposition ab 1966 versuchte sich die FDP durch ihren Schatzmeister Wolfgang Rubin außenpolitisch zu profilieren und lancierte den sogenannten Schollwer-Plan an die Öffentlichkeit, der einen Schritt über die damalige offizielle Position hinausging, nämlich die DDR offiziell anzuerkennen. Erich Mende distanzierte sich von diesem Plan und führte damit u. a. die innerparteiliche Wende zur sozial-liberalen Ausrichtung der FDP durch Walter Scheel herbei. 1967 wird Scheel Parteivorsitzender, dessen sozial-liberaler Kurs die Partei in sich spaltet. Auch bei der FDP bedeutet die außenpolitische Kursänderung gleichzeitig einen innerparteilichen Kurswechsel bzw. umgekehrt. Der sozial-liberale Flügel innerhalb der FDP mit ihrer Basis bei den nordrhein-westfälischen „Jungtürken" um Döhring und Scheel verfolgte auch außenpolitisch eine offenere Strategie gegenüber den kommunistischen Staaten des Ostens, als dies dem national-liberalen Flügel um Mende und früher um Dehler möglich war.

3.8.2 Die Außenwirkung der Parteien

Alle vier im Bundestag vertretenen Parteien haben in den sechziger Jahren Stiftungen eingerichtet, die im zwischen-gesellschaftlichen Raum Verbindungen zu ausländischen „counterparts", also zu partei- oder gesellschaftspolitisch bzw. ideologisch ähnlich gelagerten Organisationen im Ausland entwickelt und ihre Bedeutung insbesondere in Ländern der Dritten Welt haben.

Die Tätigkeit der Stiftungen im europäischen Ausland nimmt folgende Formen an: Abhaltung von Seminaren und sonstigen bildungspolitischen Veranstaltungen in den jeweiligen Akademien oder Instituten und ihrer Regionalbüros, Unterstützungen (Stipendien) oder gemeinsame Projektarbeit mit einem ausländischen Partner.

Die Parteistiftungen lassen sich in der Auswahl der Programme und Projekte von ihrem jeweiligen parteilichen Selbstverständnis leiten, das sich allerdings in verschiedenen Ländern oder Regionen unterschiedlich manifestiert.

Die Finanzierung dieser Stiftungen erfolgt über private und öffentliche Mittel. Im Bundeshaushalt waren 1978 für die 4 Stiftungen knapp DM 62 Mio vorgesehen, die sich wie folgt verteilen: Friedrich-Ebert-Stiftung 35,6 %, Konrad-Adenauer-Stiftung 32,4 %, Friedrich-Naumann- und Hanns-Seidel-Stiftung je 16 %. Diese staatlichen Zuschüsse betrugen bei der Konrad-Adenauer-Stiftung knapp 22 % ihres Gesamtbudgets.

Die Konrad-Adenauer-Stiftung

Die Konrad-Adenauer-Stiftung verwendete 1977 knapp 55 % ihres 79 Mio-DM-Budgets für ihr „Institut für Internationale Solidarität". Regionaler Schwerpunkt der Mittelvergabe ist vor allem Lateinamerika (56 %). Bei etwa 19 % liegen Afrika und Asien. Als sektorale Schwerpunkte werden von der Stiftung vor allem genannt: Gewerkschaften, Genossenschaften und Gemeindeentwicklung, Politische Bildung. Über 75 % der Mittel gehen in diese Bereiche. Die 315 (1978) ausländischen Stipendiaten studierten vor allem Wirtschafts- und Sozialwissenschaften (36 %), Technische Wissenschaften (21 %) und Geisteswissenschaften (18 %). Die Schwerpunkte der Stiftung lassen erkennen, daß sie auf traditionell sozialistischen (Gewerkschaften) und liberalen (Genossenschaften) Gebieten liegen (was sicherlich auch durch die regionale Schwerpunktbildung mitbestimmt wurde) und die politische Bildungsarbeit (an den wissenschaftlichen Disziplinen der Stipendiaten ablesbar) im Vordergrund steht. Die zunehmend wichtiger werdende europapolitische Dimension hat 1978 das „Büro für Internationale Zusammenarbeit" mit Außenstellen in verschiedenen westlichen Hauptstädten entstehen lassen.

Die Friedrich-Ebert-Stiftung

Schwerpunkte dieser Stiftung der SPD liegen auf der internationalen Zusammenarbeit in Europa mit den Ländern der iberischen Halbinsel und im außereuropäischen Raum, vor allem in Schwarzafrika und in geringerem Umfang in Asien, Lateinamerika, in der Karibik und in der Arabischen Welt. Sachliche Schwerpunkte sind dabei die Zusammenarbeit mit Gewerkschaften in diesen Ländern, Förderung von Genossenschaften und Vorhaben der ländlichen Entwicklung sowie des Bildungswesens und der Medien. Das wichtigste Mittel dieser Zusammenarbeit scheinen die verschiedenen Formen der Erwachsenenbildung zu sein, d. h. die Veranstaltung von Seminaren, Arbeitstagungen, Kursen und die Verbreitung von Publikationen auf den genannten Sachgebieten.

Die Friedrich-Naumann-Stiftung

Die Auslandsarbeit der FDP-Stiftung konzentriert sich – abzulesen an der Mittelverteilung und der Zahl der entsandten Auslandsmitarbeiter – auf Afrika (41 % der Mittel), gefolgt von Lateinamerika (35 %) und Asien (24 %). Sektoral gibt die Naumann-Stiftung die Schwerpunkte „Qualifizierung von Führungskräften" (48 % der Mittel), sowie die Förderung von „Selbsthilfeorganisationen" (33 %) an. Auch bei der Naumann-Stiftung steht die Bildungsarbeit (u. a. wurden 1977 82 von 166 Stipendiaten aus Ländern Asiens und Afrikas gefördert) neben ihrem traditionellen Gebiet des Genossenschaftswesens im Vordergrund der Auslandsarbeit.

Die Hanns-Seidel-Stiftung

Die der CSU nahestehende Parteistiftung ist mehr regional-bayrisch und europazentrisch orientiert und hat zur Verwirklichung der „internationalen Verständigung" ein „Instrument für internationale Begegnung und Zusammenarbeit" ins Leben gerufen. Mit nahestehenden politischen Gruppierungen im Ausland werden Seminare und Fachkonferenzen veranstaltet sowie einzelne Projekte durchgeführt. In den Veröffentlichungen der Stiftung sind keine weiteren Angaben über solche Projekte oder Fördermaßnahmen auf bildungspolitischem Gebiet gemacht. Die Aktivitäten der Stiftung dürften aber in Ländern der Dritten Welt gering sein.

3.8.3 Außenpolitik und ihre Wirkung auf das Parteigefüge

Zum Verhältnis von Außenpolitik und innerem Gefüge der Parteien kann von der von Heino Kaack vorgeschlagenen Systematik der nach innen gerichteten Funktionen verschiedener programmatischer Vorschläge ausgegangen werden, die zur Integration, Identifikation, Stimulation, Herrschaftssicherung und Legitimation beitragen.[28]

Der Bereich der Außenpolitik ist für alle fünf Funktionen von besonderer Bedeutung. So diente die von Adenauer betriebene Außenpolitik als wichtiges Instrument, die dezentralisiert organisierte und unterschiedliche religiöse, wirtschaftliche und gesellschaftliche Interessen umfassende Union — ganz zu schweigen von den Koalitionspartnern — zusammenzuhalten. Wie schwierig diese Aufgabe war, wird erst jetzt wieder deutlich, nachdem die Patriarchenfigur etwas mehr in den geschichtlichen Hintergrund gerückt ist. Ein hohes Maß an die außenpolitische Diskussion stimulierender Funktion ging von dem Ringen um kontrovers gehaltene außenpolitische Optionen in allen Parteien aus. Das hohe Maß an Polarisierung, das zwischen Regierungs- und Oppositionsparteien um die West- wie um die Ostverträge gegeben war (dabei macht es keinen Unterschied, ob der Konfrontationskurs auf alternativen Konzepten oder nur auf perzipierten Gegensätzen beruht), hat die innerparteiliche wie öffentliche Meinung angeregt.

Bei allen Einschränkungen, die das GG hinsichtlich der Auswärtigen Gewalt als Exekutivfunktion gemacht hat, ist dem Urteil des Verfassungsrechtlers Hans W. Baade zuzustimmen, ,,daß die Gewaltenteilung als Verfassungsinstitution der außenpolitisch bedingten Prämierung des legalen Machtbesitzes wenn überhaupt, so nur in recht bescheidenem Umfange entgegengewirkt hat.‘‘[29]

Diese Prämie, die das Regierungsamt besitzt, hat in der bundesrepublikanischen Geschichte in hohem Maße zur innerparteilichen Herrschaftssicherung und Regierungslegitimation beigetragen. Die Erfolge Adenauers in der Außenpolitik haben trotz Vernachlässigung der innerparteilichen Demokratie nicht zu einem Legitimationsdefizit geführt, sondern mit zur Herrschaftslegitimierung beigetragen. Das persönliche Prestige, das die Kanzler Adenauer, Brandt und Schmidt im Ausland besitzen bzw. besaßen, hat ihre Führungsposition in Partei wie Regierung gefestigt und zu ,,Adenauer- wie Brandtwahlen‘‘ (1957 bzw. 1972) geführt. Außenpolitik, so darf hypothetisch angenommen werden, ist eher ein Instrument der Herrschaftssicherung und -legitimierung als eine Ursache des Machtverlusts. Die vorzeitigen Kanzlerwechsel (Adenauer 1963/Erhard 1966/Brandt 1974) haben vornehmlich innenpolitische Gründe gehabt; kein Kanzler ist wegen seiner Außenpolitik zu Fall gekommen.

Für das Verhältnis der Parteien zueinander ist von Bedeutung, daß die Mehrheiten im Bundestag sich meistens aus Koalitionen zusammensetzten. Mit Ausnahme der dritten Regierung Adenauer (absolute

Mehrheit 1957) waren alle Bundesregierungen Koalitionsregierungen mit unterschiedlichen Mehrheiten. Für die Deutschlandverträge hatte Adenauer koalitionsarithmetisch gerechnet eine bequeme Mehrheit, die sozialliberale Koalition hatte für die Ostverträge bis 1972 nur eine hauchdünne Mehrheit von 6 Stimmen, die sogar noch abzubröckeln begannen. Erst die 1972er Wahl, die eine Art Plebiszit für die Ostpolitik war, gab der Regierung mehr Handlungsspielraum. Das Funktionieren des Systems von checks and balance auf den jeweiligen Regierungs- und Oppositionslinien Fraktion — Regierung — Kanzler, die auch quer zu dem institutionellen Raster liegen können, ist zwar nicht der Außenpolitik spezifisch. Die Geschlossenheit dieser Formationen gilt aber im außenpolitischen Bereich im höherem Maße als im innenpolitischen, wo es bei einzelnen Fragen, wie dem Schwangerschaftsabbruch nach § 218 oder der Verjährung von NS-Verbrechen, zu offenen Abstimmungen gekommen ist.

3.9 Gesellschaftliche Gruppen und Außenpolitik

In der Bundesrepublik gibt es eine Vielzahl von „autonom"-privaten bis zu „abhängig"-staatlichen Organisationen, die die Beziehungen zu anderen meist ähnlichen Organisationen im Ausland mitgestalten. Eine Typologie solcher Organisationen kann unter unterschiedlichen Gesichtspunkten vorgenommen werden: nach dem Grad ihrer Abhängigkeit bzw. Unabhängigkeit von offizieller staatlicher Außenpolitik, nach Gebieten, auf denen sie tätig sind, nach Mittler- und Produzentenorganisationen, nach ihrem rechtlichen Status (z. B. öffentlich-rechtlich oder als eingetragener Verein) oder nach ihrer sicherlich schwer zu bestimmenden Bedeutung im zwischenstaatlichen Verkehr. Im Sinne einer entscheidungstheoretischen Analyse ist die Behandlung gesellschaftlicher Organisationen auch in bezug auf bestimmte Entscheidungsfälle möglich.

Wir wollen versuchen, zunächst eine Unterscheidung nach Politikbereichen vorzunehmen und davon ausgehend die Fragen nach Abhängigkeit oder Unabhängigkeit, nach der Relevanz für bestimmte außenpolitische Entscheidungen und nach Status und Produzenten- bzw. Mittlerorganisationen aufwerfen.

3.9.1 „Politische" Organisationen

Unter politischen Organisationen im engeren Sinne sollen solche Organisationen verstanden werden, die direkt an politische Institutionen angekoppelt sind, also verlängerter Arm staatlicher Stellen sind oder als Verbände und sonstige Gruppenorganisationen „politische" Forderungen vertreten. Politisch in dem hier verstandenen Sinne bedeutet vor allem auf Ziele gerichtet, die den Nationalstaat als Gesamtheit umfassen und nicht auf partikulare Gruppeninteressen abheben. Im einzelnen ist eine Ab- und Ausgrenzung nach diesem Gesichtspunkt nicht immer eindeutig vorzunehmen.

Zu diesem Typ von Organisation gehören z. B. Städtepartnerschaften, insofern sie die Bevölkerung von Gemeinden ohne Unterschied von sozialem Status und unterschiedlicher Gruppenzugehörigkeit zwischen Ländern zusammenführen sollen, Internationale Kommissionen wie z. B. die deutsch-polnische Schulbuchkommission, insofern sie das deutsche und polnische Geschichtsbild zum Gegenstand hat, Vertriebenenverbände, insofern sie z. B. die Grenzen des Staates ansprechen.

Die Vertriebenenverbände sind bis weit in die sechziger Jahre als wirkungsvolle „pressure groups" in der bundesdeutschen Außenpolitik hervorgetreten. Diese Verbände, die für etwa 10 Millionen Vertriebene und Flüchtlinge sprechen, die zwischen 1944 und 1950 in die Bundesrepublik gekommen sind, haben vielfältige Organisationsstrukturen ausgebildet, als „Notgemeinschaft der Ostdeutschen" und „Arbeitsgemeinschaft deutscher Flüchtlinge" bereits 1945, als die Besatzungsmächte den Vertriebenen und Flüchtlingen die Gründung von Interessengruppen und Parteien untersagten. Die über hundert Organisationen, die sich bis 1948 bildeten, schlossen sich 1948 zur „Gesamtvertretung aller Ostvertriebenen" unter dem späteren ersten Vertriebenenminister Hans Lukaschek zusammen. Das Inkrafttreten des Grundgesetzes ließ dann zahlreiche Landsmannschaften, Bünde und Verbände entstehen, deren Repräsentanten in führende politische Stellungen kamen. Das parteiliche Auffangbecken wurde der „Gesamtdeutsche Block — Bund der Heimatvertriebenen und Entrechteten (BHE, erst seit 1952 mit dem Zusatz GB)", der Anfang 1950 unter Waldemar Kraft gegründet wurde, nachdem die Besatzungsmächte die Kompetenz zur Gründung von Parteien an die Bundesregierung abgegeben hatte. Die Forderung der Vertriebenenverbände beziehen sich a) auf die wirtschaftliche und soziale Gleichstellung der Vertriebenen und b) auf die Revision des Status in Osteuropa. „Recht auf Heimat" bzw. „Recht auf Rückkehr" sowie die Nicht-Anerkennung der Oder-Neiße-Linie wurden von Ostblockländern als Revanchismus oder Revisionismus angeprangert. Neben der Vertretung des BHE im Bundestag und verschiedenen Länderparlamenten, sind die Vertriebenen insbesondere nach dem Niedergang Ende der 50er Jahre in den beiden großen Parteien durch eigene Organisationen vertreten. In der CDU/CSU gibt es den „Landesverband Oder-Neiße der CDU/CSU-Union der Vertriebenen und Flüchtlinge" und in der SPD den „Vertriebenen-Ausschuß", Organisationen, die in den Parteien ihre Interessen wirkungsvoll vertraten. Im Parlament waren Vertriebenenverbandsfunktionäre insbesondere im Auswärtigen Ausschuß und im Ausschuß für gesamtdeutsche Fragen vertreten. Waldemar Kraft, Theodor Oberländer, Hans Krüger, Hans-Christoph Seebohm gehörten Bonner Kabinetten an (Oberländer und Krüger mußten aufgrund ihrer NS-Vergangenheit den Hut nehmen). In den sechziger Jahren verloren die Vertriebenenorganisationen mehr und mehr an Einfluß, 1969 wurde das Bundesministerium für Vertriebene, Flüchtlinge und Kriegsbeschädigte aufgelöst. Letzter sichtbarer Einfluß ging von den Vertriebenen 1966 anläßlich der Regierungserklärung von Kiesinger aus, in der die Nicht-Anerkennung der Oder-Neiße-Linie noch explizit gefordert wird.

3.9.2 Wirtschaftliche Organisationen

Die Ausgrenzung dieses Organisationstyps fällt relativ leicht, weil seine Anliegen sich auf wirtschaftliche Interessen beziehen, die natürlich auch eminent „politisch" sein können. Zu diesem Typ von Interessenorganisationen sind zu zählen: die Außenhandelsorganisation des Wirtschaftsministeriums, die 1975 aus 41 Mitgliedern exportierender Firmen (17), Banken (5), protektionistischer Branchen (6), sowie der Gewerkschaften (2) und der Ministerialbürokratie (11) bestand, berät und beeinflußt das Wirtschaftsministerium in Außenhandelsfragen.

Der Deutsche Industrie- und Handelstag DIHT als Dachorganisation der 69 (1979) Industrie- und Handelskammern (IHK)[30] unterhält in zahlreichen Ländern Außenvertretungen, die insbesondere als Serviceinstitutionen für die eigenen Mitglieder sowie für die Geschäftsleute des Gastlandes, aber auch in ihrer Funktion als Berater staatlicher Organe wichtig sind.

Die Gründung der ersten Auslandshandelskammern im ausgehenden 19. Jahrhundert erfolgte als Selbsthilfe der deutschen Kaufleute im Ausland. Die 40 Auslandshandelskammern mit insgesamt 58 Geschäftsstellen sind heute (1979) entsprechend ihrer Satzung bilateral ausgerichtet, d. h. sie setzen sich für die Interessen der Wirtschaft beider Länder ein.[31] Geographischen Schwerpunkt bilden die 14 Hauptgeschäftsstellen in Lateinamerika, 12 befinden sich in Europa, je 5 in Nordamerika und Asien, 3 in Afrika und 1 in Australien. In einer einflußtheoretischen Studie kommt Hermann Adam[32] zu dem Ergebnis, daß die IHK — je nach Fall unterschiedlich — zum Teil beträchtlichen Einfluß auf die offizielle Politik hatten, wobei die Unternehmerinteressen eindeutig im Vordergrund standen. Die Forderungen des DGB gehen daher auf die Schaffung paritätisch besetzter regionaler Wirtschafts- und Sozialräte für bestimmte Aufgaben[33], wie dies einige Länderverfassungen fordern.

Der Ostausschuß der deutschen Wirtschaft ist ein Ausschuß des Bundesverbandes der Deutschen Industrie bei der Verfolgung wirtschaftspolitischer Interessen in Osteuropa aber auch im asiatischen Raum. Er nimmt dabei vor allem die Ministerialbürokratie als Adressaten. Zwischen 1952 und 1964 sind 286 Eingaben zur Außenwirtschaftspolitik ergangen; davon sind allein 278 (= 97 %) an die Ministerialbürokratie gerichtet gewesen und nur 8 (= 3 %) an den Bundestag. Ein ähnliches Bild ergibt eine Statistik für die Jahre 1972—75. Von den 201 Eingaben, die der BDI zur Außenwirtschaftspolitik gemacht hat, gingen 191 (= 95 %) an die Bundesexekutive, 7 (= 3,5 %) an die Länder und nur 3 (= 1,5 %) an die Organe der Bundeslegislative[34] (Vgl. Tab. 3).

Eine branchenspezifisch ausgerichtete Wirtschaftsorganisation ist der Verein Deutscher Maschinenindustrie (VDMA), der als Interessenvertretung der im Ausland operierenden Maschinenbaufirmen auftritt. Seine Bedeutung für das Auslandsgeschäft wird dadurch unterstrichen, daß der Maschinenbau die wertmäßig wichtigste Branche der Marke ,,Made in Germany'' ausmacht. 1978 betrug der Wert der exportierten Maschinen 49,8 Mrd. DM; es folgen die Automobilbranche mit 43,9 Mrd. DM, die Chemische Industrie mit 35,6 Mrd. DM und die Elektrotechnik mit 30,0 Mrd. DM exportierter Waren. Von einem Gesamtexport von 285 Mrd. hat also der Maschinenbau allein einen Anteil von knapp 18 %.

Der Bundesverband des Deutschen Groß- und Außenhandels (BGA) vertritt die Interessen der Industrie, des Handwerks, der Land-

Tabelle 3: Eingaben des BDI an Bundesorgane und Länderregierungen (1972–1976)
n = 778

Eingaben zu an	innenpol. Themen gesetzgeberische Vorhaben, Verordnungen etc.	außenpol. Themen, Außenhandel u.-wirtschaft; Internat. Verhandl. Mitgliedschaft in Internat. Organ., Internat.Privatrecht	Europa-Politik, Vorlagen der EG-Komm., Rechtsangelegenh., Harmonisierung von Vorschrift, allgemein. Fragen
Bundestag, Bundesrat, Unterorgane, gemeinsame Einrichtungen	94 (= 12,08 %)	3 (= 0,38 %)	4 (= 0,51 %)
Bundesregierung, Bundesämter etc.	344 (= 44,21 %)	191 (= 24,55 %)	97 (= 12,46 %)
Zentrale Einrichtung der Länderregierungen, einzelne Landesregierungen	31 (= 3,98 %)	7 (= 0,89 %)	7 (= 0,89 %)
Summe	94 = 20,0 % 344 = 73,3 % 31 = 6,7 % 469 = 100,0 %	3 = 1,5 % 191 = 95,0 % 7 = 3,5 % 201 = 100,0 %	4 = 3,7 % 96 = 89,8 % 7 = 6,5 % 108 = 100,0 %

Quelle: W.-D. Karl Krause: Außenpolitischer Strukturwandel und parlamentarischer Entscheidungsprozeß, in: H. Haftendorn et al (Hrsg.) 1978, S. 80, gerechnet nach BDI-Berichte, 1972/73; 1973/74; 1974/75; 1975/76.

wirtschaft und des Dienstleistungsbereichs auch und besonders nach außen. Er tritt ein für „marktwirtschaftliche Bedingungen nach innen und nach außen" und damit für „die europäische Integration und einen liberalen Welthandel".[35] Seine Interessen versucht er vor allem bei den Bundesbehörden (vor allem BMWi, BMA, BMVgt, BMFT, BML, BMJ), der Regierung (Konzertierte Aktion) und in der legislativen Körperschaft durchzusetzen. Der BGA hat sich in den letzten Jahren gegen Dirigismus und Protektionismus (EG-Agrarpro-tektionismus), gegen Subventionierung der Ostexporte, für Währungs- und Geldstabilität, gegen Wirtschaftssanktionen (Iran, UdSSR) ausgesprochen.

Die Gewerkschaften und Kirchen sind als Träger-Institutionen in außenpolitischen Entscheidungsprozessen unterstützend, initiierend und nur im Falle der Wiederbewaffnungsfrage bremsend hervorgetreten.

Die gewerkschaftlichen Außen-Aktivitäten lassen sich nach Peter Lieser in fünf Felder untergliedern:

— direkte Einflußnahme auf außenpolitische Entscheidungen,
— gewerkschaftliche Partizipation an nationalen, supranationalen und internationalen Institutionen und Organisationen,
— Mitgliedschaft in der internationalen Gewerkschaftsbewegung,
— Unterstützung von Arbeitnehmerorganisationen in Ländern der Dritten Welt,
— Haltung gegenüber den multinationalen Konzernen.

Die Einflußnahme auf außenpolitische Entscheidungen erfolgt über ein vielfältiges Verflechtungsmuster. Gewerkschaftler üben Einfluß nicht nur auf ihre eigenen Organisationen aus, sondern ihre Mitwirkung erfolgt in und durch Parteien auch im Parlament. (Saßen im ersten Bundestag noch 28 % gewerkschaftlich organisierte Abgeordnete, so erhöht sich diese Zahl kontinuierlich bis zum achten Bundestag (1976), in dem 63,1 % der Abgeordneten gewerkschaftlich organisiert waren.) Der Deutsche Gewerkschaftsbund (DGB) ist dabei am stärksten vertreten, auch wenn der Christliche Gewerkschaftsbund (CGB) und der Deutsche Beamtenbund (DBB) ihren Anteil steigern konnten.[36] Die Gewerkschaften haben die Außenpolitik der Regierung in allen wichtigen Fragen unterstützt. Interessant in diesem Zusammenhang ist die These von Arnulf Baring, daß der DGB-Vorsitzende Hans Böckler die Zustimmung zur Wiederbewaffnung als Tauschgeschäft gegen die Zustimmung Adenauers zur paritätischen Mitbestimmung im Montan-Bereich eingehandelt haben soll. Einige Gewerkschaftler blieben jedoch in Opposition (Vgl. Paulskirchenmanifest). Die Westpolitik wie die Ostpolitik wurde von den Gewerkschaften unterstützt und auch in Fragen, die die Interessen der Exportindustrie (Kernreaktoren z. B.) tangieren, bildet der nationale Entscheidungsrahmen die Bezugseinheit, die Unternehmer- und Gewerkschaftsinteressen zusammenfinden lassen.

Eine dem DGB vergleichbare Position nahm vor allem die Evangelische Kirche Deutschlands (EKD) in der Frage der Wiederbewaff-
nung ein. Zwar wurde sie überwiegend unterstützt, wichtige Sprecher
opponierten jedoch, wie z. B. Niemöller, Heinemann, Gollwitzer etc.
Als Vorreiter der Ostpolitik kann die Denkschrift zur „Lage der Vertriebenen und das Verhältnis des deutschen Volkes zu seinen östlichen
Nachbarn" aus dem Jahre 1965 gelten. In neuerer Zeit sind die
Kirchen hauptsächlich durch ihre Aktivitäten in der und zur Dritten
Welt hervorgetreten. Beide Kirchen haben zwischen 1959 und 1961
Hilfswerke ins Leben gerufen (Brot für die Welt, Misereor, Adveniat),
die auf dem Gebiet der Entwicklungspolitik durchaus eine Vorreiter-,
z. T. auch eine Alibifunktion hatten. Die Päpste Johannes XXIII und
Paul VI haben in ihren Enzykliken Pacem in Terris (1963) bzw. Po-
pulorum Progressio (1967) sich für einen Abbau des Nord-Süd-Gefäl-
les ausgesprochen. In jüngster Zeit (1979) hat die EKD eine Erhöhung der Entwicklungshilfe im Rahmen der Haushaltberatungen gefordert, und die Reise Johannes Paul II zu den Vereinten Nationen
war ein Plädoyer für eine gerechtere Verteilung der materiellen Güter
und gegen Armut, Ausbeutung und Einschränkung der Freiheits-
rechte.

3.9.3 Kulturelle Mittlerorganisationen

Die auswärtige Politik ruht — so die stehende Redewendung des AA
bis vor kurzem — auf drei Säulen: der Politik, der Wirtschaft und der
Kultur. Eine eindeutige Zurechnung zu dem, was heute als „dritte Dimension" (Hamm-Brücher) bezeichnet wird, ist auf Grund der Unbestimmtheit des Begriffs „Kultur" oft schwierig. Man kann — wie ich
es bevorzugen würde — darunter die Gesamtheit der geistigen Grundlagen und Ausdrucksformen bezeichnen, wie sie charakteristisch sind
für das, was mit „deutschem Geistesschaffen" verbunden wird. Eine
solche Definition umfaßt dann nicht nur, was unter Kultur im engeren
Sinne verstanden wird und wurde, nämlich vornehmlich Sprache, Literatur, Kunst, sondern ebenso die Wissenschaften, die nach heutigem
Verständnis zu den Grundlagen und Ausdrucksformen zu zählen sind,
die die moderne „Zivilisation" ausmachen. Dabei soll dem Begriff
„Zivilisation" nicht die pejorative Bedeutung zukommen, die um die
Jahrhundertwende als Antinomie zur Deutschen Kultur von pessimi-
stischen Untergangsphilosophen oder national bürgerlichen Bildungs-

literaten konstruiert worden ist. Macht man den Kulturbegriff institutionell, d. h. anhand der Aufgabenbeschreibung der Kulturabteilung des Auswärtigen Amtes fest, so wird zunächst ein verengter Kulturbegriff deutlich. Der Aufgabenkatalog der von Edmund Schüler vorbereiteten, 1920 gegründeten „Kulturabteilung" („Deutschtum im Ausland und kulturelle Angelegenheiten") sah vier Aufgabenfelder vor: Auswanderungsfragen und Kirchen, deutsche Schulen im Ausland, bildende Kunst und Sport sowie deutsche Literatur.[37] Diese vier Aufgabenfelder wurden im Zuge der Weiterentwicklung der Bund-Länderkompetenz um weitere fünf Aufgabenfelder erweitert: Medien, Hochschulen und Wissenschaft, Städte und Gemeinden, ausländische Arbeitnehmer und die deutsche Sprache, sowie den Jugendaustausch.

Medien-, Wissenschafts- und Sozialpolitik sind also Politikbereiche, um die die auswärtige Kulturpolitik der letzten zwanzig Jahre erweitert worden ist.

Es ist interessant zu vermerken, daß den „Empfehlungen der Enquête-Kommission ‚Auswärtige Kulturpolitik', zur besseren Koordination aller Leistungsträger der kulturellen Außenpolitik" von seiten der Bundesregierung darin nicht nachgekommen wurde, dem Kabinettsausschuß für Bildung, Wissenschaft und Technologie einen Bereich für „internationale kulturelle Beziehungen" hinzuzufügen, da das Gebiet auswärtige Kulturpolitik nur eine Stiefkindrolle spielen würde.[38]

Deutsche Kulturpolitik steht vor einem Dilemma. Einerseits realisiert sich in ihr die offizielle Politik der sozialliberalen Koalition: sie soll die Klammer für beide deutsche Staaten, d. h. die trotz Zweistaatlichkeit weiterexistierende deutsche Nation sein, ein Band gemeinsamer Erlebnisse und Erinnerungen, gemeinsamer Kultur. Andererseits achten beide Staaten auf Abgrenzung.[39] Ein Unterschied besteht hier im kulturellen Bereich gegenüber dem „politischen" und dem „wirtschaftlichen": einmal läßt sich das kulturelle Erbe nicht auseinanderdividieren; Karl Marx ist in Trier geboren und Goethe wie Schiller wirkten in Weimar bzw. Jena. Zum andern sind die kulturellen Träger oder die Kulturproduzenten nicht notwendigerweise identisch mit den in der Bundesrepublik lebenden Staatsbürgern. In Frankreich z. B. ist es selbstverständlich, daß Schriftsteller wie Hermann Kant, Stefan Heym, Günter Kunert, Lyriker wie Sarah Kirsch, Wolf Biermann als „deutsche" Kulturproduzenten vorgestellt werden. Dagegen sind in Politik und Wirtschaftspolitik die Träger mit dem je-

Tabelle 4: Finanzvolumen und Personalausstattung der Kulturabteilung und einiger Zuwendungsempfänger in den Jahren 1955, 1960, 1965, 1970, 1975 und 1978

Jahr	Auswärtiges Amt		Goethe-Institut		DAAD		Humboldtstiftung	
	Kultur- u. Schulfonds in Mill.	Personal in der Kulturabteilung	Fonds in Mill.	Personal	Fonds in Mill.	Personal	Fonds in Mill.	Personal
1955	22	69	0,75	9	1	28	0,4	3
1960	95	101	3,9	99	5,9	60	1,3	8
1965	185	118	37,7	400 + 1400 Ortskräfte	27	131	7,4	24
1970	308	103	48	435 + 1837 Ortskräfte	37	148	9,4	25
1975	462	112	60	441 + 2000 Ortskräfte	45	160	10,2	29
1978	597		98		41		21	

Quelle: Bundeshaushalt

weiligen Staat identisch. Es gibt eine westdeutsche Außenpolitik und eine Handelsmarke „Made in Germany" bzw. „Made in W.-Germany". Doch die Vertretung einer „Nationalkultur" stößt hier schon auf Grenzen: Die Abgrenzungspolitik der DDR-Regierung läßt es nicht zu, daß vor allem in osteuropäischen Staaten deutsche Kultur in die Zweistaatlichkeit überschreitenden Darstellungen präsentiert wird. Dennoch ist auch vom Anspruch der Universalität von Kulturleistungen ein Auseinanderdividieren nicht zu vertreten, besonders wenn man berücksichtigt, daß Schweizer und Österreicher zur deutschen Kultur im weiteren, nämlich über die Sprache vermittelten Sinne gerechnet werden.

Die Frage nach der Autonomie solcher Organisationen wird unterschiedlich beurteilt je nach dem Standpunkt dessen, der eine bestimmte Organisation vertritt. Diejenigen, die für die völlige Unabhängigkeit solcher Institutionen von staatlicher Einflußnahme plädieren, wollen, daß die Kultur weder eine Magd der Politik noch ein graziöser Schnörkel auf dem Scheck ist. Das Verhältnis zwischen kulturpolitischen Entscheidungsinstitutionen (vor allem das Auswärtige Amt) und den Mittlerorganisationen läßt sich am besten am Beispiel der größten Mittlerorganisation, dem Goethe-Institut verdeutlichen.[40] Das 1951 gegründete Goethe-Institut hatte 1978 111 Institute, 21 Nebenstellen und 3 Verbindungsbüros in 64 Ländern, 17 Institute in der Bundesrepublik mit ca. 2 700 Mitarbeitern im In- und Ausland. Das Institut ist keine öffentlich-rechtliche Körperschaft, sondern juristisch als eingetragener Verein organisiert, formal-juristisch also weitgehend unabhängig, auch und vor allem dann, wenn man berücksichtigt, daß die Mehrheit der 30 Mitglieder aus Persönlichkeiten des kulturellen, wissenschaftlichen und gesellschaftlichen Lebens besteht (neben der Vertretung der Bundesrepublik durch das AA). Hinzu kommen als außerordentliche Mitglieder je ein Abgeordneter der Fraktionen des Deutschen Bundestages und zwei Vertreter der Länderregierungen. Folgende Aufgaben sind dem Goethe-Institut aufgrund eines Rahmenvertrages zugeschrieben:

1. Pflege der deutschen Sprache im Ausland durch
a) Erteilung und Förderung von Deutschunterricht, insbesondere an Erwachsene im Ausland,
b) Zusammenarbeit mit Unterrichtsverwaltungen, Institutionen und Lehrkräften im Ausland,
c) fachliche Förderung ausländischer Sprachlehrer und Germanisten,

d) Entwicklung und Verbesserung von Unterrichtsmethoden und -material sowie Mitwirkung an entsprechenden Maßnahmen Dritter,

e) Verteilung von Stipendien zur Erlernung der deutschen Sprache,

2. Förderung der internationalen kulturellen Zusammenarbeit durch

a) Durchführung und Vermittlung kultureller Veranstaltungen im Ausland,

b) Vermittlung von Informationen über das kulturelle Leben in der Bundesrepublik Deutschland,

c) Betreuung ausländischer Besucher, vor und nach ihrem Aufenthalt in der Bundesrepublik Deutschland,

d) sonstige Beteiligung an kultureller Zusammenarbeit und Austausch mit kulturellen Einrichtungen im Ausland nach vorheriger Abstimmung mit dem Auswärtigen Amt.

Diese Aufgaben führt das Goethe-Institut „in eigener Verantwortung" durch, jedoch „im Rahmen der Richtlinien, der Gesamt- und Regionalplanung sowie der Koordination des Auswärtigen Amtes auf dem Gebiet der auswärtigen Kulturpolitik" (§ 1, Abs. 3).[41]

In der Praxis der deutschen Kulturpolitik hat das „in der Natur der Sache" liegende Spannungsverhältnis aber nicht zu einer systematischen politischen Reglementierung geführt. Publizistisch erheischen Konfliktfälle[42] zwar die Aufmerksamkeit, gemessen an der Zahl der jährlich stattfindenden Veranstaltungen ist dies aber nicht die Regel.[43]

Die internationale Dimension ist auch in den Bereichen Wissenschaft und Technologie wichtiger geworden. Das organisatorische Geflecht internationaler Wissenschaftsvereinigungen bzw. internationaler Organisationen, die sich mit Wissenschaft und Technologie beschäftigen, ist dichter geworden. Zu erwähnen sind in diesem Zusammenhang die schon immer auch international ausgerichteten Akademien und Gesellschaften (Royal Society, London, Académie Royal des Sciences, Paris, oder die Preußische Akademie der Wissenschaft (1700), sowie die Gesellschaft Deutscher Naturforscher und Ärzte (1822), die British und American Associations for the Advancement of Science 1832 bzw. 1841).[44] Internationale wissenschaftliche Kongresse wurden zu wichtigen internationalen Formen der Begegnung von Wissenschaftlern, die meistens unter staatlicher Patronage standen oder/und staatliche Subventionen erhielten. Nationale (oder regionale) wissenschaftliche Gesellschaften gehörten ebenso zum Erscheinungsbild des 19. Jahrhunderts wie internationale wissenschaftliche Organisationen. Für den Technologie- aber auch Wissenschafts-bereich wichtig geworden sind die internationalen Konferenzen zur Vereinheitlichung und Standardisierung von Gewichten und Maßen. Auf naturwissenschaftlichem und geisteswissenschaftlichem Gebiet gründeten die Akademien und wissenschaftlichen Gesellschaften sukzessiv mehrere Dachgesellschaften (International Association of Academies (1899–1916) bzw. International Research Council (1919–1931) bzw. International Council of Scientific Unions (1931). Heute gibt es auf allen wichtigen wissenschaftlichen und technischen Gebieten internationale Organisationen, die oft genug eine Innovationsfunktion bei der Gründung nationaler Gesellschaften erfüllen. Die wichtigste weltweite Organisation auf wissenschaftlichem und kulturellem Gebiet ist die Unesco, die in Fortsetzung der wissenschaftlichen Dachgesellschaften der Vorkriegsära als Spezialorganisation der Vereinten Nationen 1948 gegründet worden ist. Die Veränderungen in der Mitgliedschaft nach dem Zweiten Weltkrieg hat auch zu Veränderungen in der Programmstruktur geführt: während sich die Unesco in der ersten Nachkriegszeit vor allem als internationale Kulturorganisation verstand und Publikationen auf kunstgeschichtlichem und bildungspolitischem Gebiet im Vordergrund standen, hat sich das Schwergewicht in den sechziger und siebziger Jahren vor allem aufgrund des Einflusses neu hinzugekommener junger Staaten auf die Gebiete Ausbildung, Wissenschaft, Technologie und Kommunikation/Information verlagert. Heute ist die Unesco ein wichtiges Bindeglied zwischen Industrie- und Entwicklungsstaaten und betreibt (oder ist beteiligt an) Entwicklungsprojekte(n) in Ländern der Dritten Welt.[45]

Im nationalen Entscheidungssystem werden wissenschafts- und technologiepolitische Interessen durch wissenschaftspolitische Selbstverwaltungsorganisationen wie die DFG oder private Stiftungen sowie durch das Forschungs- und das Wissenschaftsministerium (BMFT und BMBW) wahrgenommen. Das Auswärtige Amt hat 1971 damit begonnen, an deutschen Botschaften Wissenschaftsattachées anzustellen, die bilaterale und multilaterale Beziehungen betreuen. Heute gibt es in allen wichtigen Industrieländern solche Repräsentanten.

3.10 Öffentliche Meinung und Presse

Der Begriff „öffentliche Meinung" ist schillernd. Man kann darunter verstehen die Meinung, die veröffentlicht ist, d. h. das, was in öffentlichen Medien (Zeitungen, Funk, Fernsehen etc.) veröffentlicht wird, oder man kann die veröffentlichte Meinung einschränken auf das, was von regierungsoffizieller oder regierungsoffiziöser Seite publiziert wird. Man kann aber auch darunter die Meinungen verstehen, die im Sinne des Habermasschen Modells der kritikfähigen Öffentlichkeit als öffentliche Meinung verstanden wird, nämlich das, was in einem diskursiven Prozeß zwischen veröffentlichter Regierungsmeinung („manipulativ") und „kritischer" Auseinandersetzung entsteht. Einem breiten Verständnis zufolge werden unter öffentlicher Meinung diejenigen Meinungen verstanden, die auf dem Wege der Meinungsbefragung erkundet werden. Es ist selbstredend, daß diese Meinungen oder Einstellungen über öffentliche Medien produziert sein können und/oder an mittelbare oder unmittelbare Erfahrungen geknüpft sind.

Eine Befragung des EMNID-Instituts aus dem Jahre 1970 ergab, daß bei Schülern und Studenten Tages- und Wochenzeitungen die wichtigste Informationsquelle über außenpolitische Fragen sind, gefolgt von Fernsehberichterstattung und Rundfunk. Mit weitem Abstand folgen dann erst persönliche Gespräche, Diskussionen mit Freunden etc.; Schule und Unterricht liegen an letzter Stelle der Nennungen der an Außenpolitik Interessierten. Dieses Bild verstärkt sich mit wachsendem Alter.[46] Presse und Tageszeitungen, Rundfunk, Zeitschriften, Bücher und Vorträge werden mit zunehmendem Alter wichtiger, Fernsehen und Kommentare nehmen in ihrer Bedeutung als außenpolitische Informationsquelle ab.

Ebenso wichtig wie die Frage nach dem Zustandekommen von öffentlicher Meinung ist in unserem Zusammenhang die Frage nach dem Einfluß, den die öffentliche Meinung auf den außenpolitischen Entscheidungsprozeß ausübt oder auszuüben im Stande ist.

In einer mehrstufigen empirischen Analyse kommt Marlies G. Steinert zu den folgenden Hypothesen zum Verhältnis von öffentlicher Meinung und Außenpolitik:

1. Public opinion is never the only factor influencing a foreign policy decision,

2. it is seldom the decisive one,

3. it is often perceived, especially by the technocrats at the bureaucratic level, as a handicap to a national decision, which implies that,

Tabelle 5: Informationsquellen über Außenpolitik

Frage: Wo informieren Sie sich über Fragen der Außenpolitik?
(Antwortmöglichkeiten frei, Mehrfachnennungen möglich. Befragt
wurden Personen, die sich mit Politik beschäftigen und die am meisten
die Außenpolitik interessiert)

Oberschüler und Studenten	Insgesamt	17 Jahre	18—20 Jahre	21—24 Jahre	25 Jahre bzw. keine Angaben
	%	%	%	%	%
1. Presse, Tageszeitungen	78	73	77	82	90
2. Fernsehen, Kommentare . .	55	63	58	48	40
3. Rundfunk	32	24	31	38	45
4. Zeitschriften	15	12	16	17	14
5. Persönliche Gespräche, Diskussionen, Freunde	9	4	10	10	10
6. Wochenzeitungen	8	5	9	6	14
7. Bücher, Broschüren	6	5	6	7	2
8. Facharbeit, Seminare, Vorträge, Versammlungen	6	4	5	6	14
9. Schule, Unterricht	2	7	2	1	—
10. Sonstiges	1	1	1	1	—
Keine Antwort	2	1	2	2	2
	100%	100%	100%	100%	100%
Prozentuierungsbasis	1692	312	863	459	58

Quelle: Emnid INFO, Nr. 1, 1970, Jg. 22, S. A6

4. the relationship is more active in the inverse sense, i. e. public opinion is influenced by the governmental actors and by public diplomats.

5. Public opinion is often used as a pretext in the negotiations with other countries or organizations, or even in other decisions;

6. the „perceived" public opinion does not very often correspond to the „authentic" opinion,

7. the term public opinion is often used as a rethorical formula, the purpose of which is to lull the public and the decision-makers themselves into the belief of people's participation in the foreign decisional process.[47]

Öffentliche Meinung also als Instrument und Alibi für außenpolitische Entscheidungträger, nicht aber oder nur selten als Entscheidungsfaktor selbst: diese Einschätzung kann auch für die Bundesrepublik gelten, wenn man in Betracht zieht, daß Meinungen in der Öffentlichkeit erst in der Vermittlung durch organisierte Gruppen wirksam werden können. Eine wichtige Rolle kommt dabei den Medien zu. Wie erwähnt bilden die wichtigsten Informationsquellen in außenpolitischen Fragen Tageszeitungen und Fernsehberichte. Über den Einfluß dieser Medien auf die Meinungsbildung gibt es keine gesicherten Erkenntnisse, insbesondere wenn man andere Informationsmöglichkeiten (persönliche Gespräche, Einflüsse aus der primären (Familie) und sekundären (Schule) Sozialisation dagegen abwägt.

Das hohe Maß an Identität in Grundtendenzen der außenpolitischen Einstellung von politischer Führung und Bevölkerung kann über die Medien hergestellt sein.

In der Geschichte der Bundesrepublik ist es wiederholt vorgekommen, daß die Presse im Verein mit der Öffentlichkeit gegen eine bestimmte Regierungspolitik sich hat durchsetzen können (Rücktritt von Strauß in der Spiegelaffäre, Rücktritte der Minister bzw. Ministerpräsidenten Leber, Seebohm, Osswald, Filbinger, Dahrendorf etc.).

Als öffentlich-rechtliche Anstalten organisiert sind Funk und Fernsehen juristisch weitgehend unabhängige Einrichtungen der Länder, die sich zum größten Teil durch Gebühren finanzieren. Kritik richtet sich auf den zunehmenden Einfluß der Parteien über die Aufsichtsgremien. Dieses föderalistische System versuchte Konrad Adenauer Anfang der 60er Jahre durch eine Bundesinstitution für das 2. Fernsehprogramm zu ergänzen, scheiterte aber am Bundesverfassungsgericht, das das Prinzip der Kulturhoheit durchbrochen sah. Gegenwärtig machen einige Länder (Niedersachsen, Schleswig-Holstein, Rheinland-Pfalz) den Versuch, das öffentliche System durch ein privates zu erweitern.

Die Tages- und Wochenpresse ist zum größten Teil privatwirtschaftlich organisiert. Eine Tendenz zur Pressekonzentration ist unverkennbar.

Den größten Einfluß auf das politische Geschehen hat bzw. hatte zweifellos das in Hamburg erscheinende Wochenmagazin ,,Der Spiegel". Die sogenannte Spiegelaffäre Ende 1962 hatte weitreichende Konsequenzen.[48] Am 8.10.1962 publiziert das Magazin angeblich geheimes Material (,,Bedingt abwehrbereit"). Bundesverteidigungsminister Franz-Joseph Strauß und Bundesanwaltschaft reagierten mit der Festnahme der verantwortlichen Redakteure und Untersuchung der Redaktionsräume. Dies führte zum Protest zahlreicher Instanzen

(Fernsehen, Radio, Zeitungen, Hochschulen etc.). In einer Fragestunde wird das Parlament von Strauß wissentlich falsch informiert. Der Koalitionspartner der CDU/CSU, die FDP, droht mit Rücktritt, für den Fall, daß der Verteidigungsminister nicht zurücktritt. Am 17.12.62 wird ein neues Kabinett Adenauer ohne Strauß gebildet. Dieser bedeutsame Fall zeigt, daß kritische Publikationen im Extremfall zum Sturz der Regierung führen können. So hat z. B. auch die kritische Publizistik (Hochhut) zum Sturz eines Ministerpräsidenten (Filbinger in Baden-Württemberg 1979) geführt.

In den 50er Jahren konnte sich Adenauer weitgehend auf die Presse stützen, ja mit ihrer Hilfe Politik betreiben.

Wie immer öffentliche Meinung hergestellt wird, es zeigen empirische Einstellungsergebnisse ein hohes Maß an Übereinstimmung zwischen öffentlicher Meinung (im Sinne der Meinungsbefragung) und offizieller außenpolitischer Grundorientierung bei wie immer anderen Prioritäten bei Bevölkerung und maßgeblichen Eliten. Zeitliche Verschiebungen sind dabei möglich.

Die außenpolitische Orientierung der Bundesrepublik wird von einer breiten Bevölkerungsmehrheit getragen: Die Anlehnung an die USA als dem wichtigsten Partner (oder „Freund" oder „Wunschpartner") wird von allen Meinungsbefragungen der 50er, der 60er und der 70er Jahre bestätigt. Der zweite Wunschpartner ist im Spiegel der öffentlichen Meinung Frankreich (vgl. Tab. 6). Die Westpolitik Adenauers in den 50er Jahren fand ebenso die Zustimmung wie die Ostorientierung Brandts in den 70er Jahren.

Eine Einschränkung ist zu machen hinsichtlich eines wichtigen Aspektes der außenpolitischen Orientierung der 50er Jahre, nämlich der Wiederbewaffnung, die nicht von allen Teilen der deutschen Bevölkerung getragen wurde. Die Unterstützung der wichtigen gesellschaftlichen Gruppen und Parteien ergaben aber dennoch eine parlamentarische Mehrheit für dieses Vorhaben, das von Adenauer auch nicht aus militaristischen Gründen forciert wurde, sondern mit der Erringung der nationalen Souveränität und des außenpolitischen Gewichtes in unmittelbarem Zusammenhang stand.

Eine repräsentative Umfrage des EMNID-Instituts 1971 ergab, daß nach wie vor die Vereinigten Staaten mit weitem Vorsprung vor allen Ländern als „bester Freund" der BRD angesehen wird, obwohl eine deutlich erkennbare Tendenz der Rückläufigkeit der Befragungsanteile, die sich dieser Meinung anschließen, in den letzten sechs Jahren nicht zu verkennen ist. Noch im Jahre 1965 meinten 59 %, die

Tabelle 6: Deutschlands „bester Freund in der Welt"

	1965 %	1969 %	1971 %
Vereinigte Staaten	59	49	44
Frankreich	8	9	16
Österreich	3	4	4
Großbritannien	2	1	3
Schweiz	2	1	3
Holland	1	1	3
Andere westeuropäische Länder	4,5	3	5
Ostblockländer	–	–	1
Außereuropäische Länder	2	2	1
Haben keine echten Freunde bzw. keine Antwort	18,5	30	20
	100	100	100

Quelle: EMNID INFO 7/8 23. Jg. 1971, S. 21

Unter „Andere westeuropäische Länder" wurden genannt: Italien/Belgien/
Beneluxländer/Luxemburg/Schweden/Dänemark, Finnland/Spanien/Irland/
Unter „Ostblockländer" wurden genannt: Rußland/DDR/Rumänien/Jugo-
lawien/CSSR/
Unter „Außereuropäische Länder" wurden genannt: Türkei/Japan/Süd-Afrika/
Israel/Brasilien/Kanada/Tunesien/

USA seien der beste Freund der BRD, und bei der letzten Befragung
sank der Anteil um weitere 5 %, so daß heute nur noch 44 % der Bun-
desbürger die USA für den besten Freund Deutschlands halten.

Frankreich hat seinen zweiten Platz in der Tabelle erheblich ver-
bessert. Der Prozentsatz derjenigen, die Frankreich für den besten
Freund der BRD halten, hat sich seit 1965 verdoppelt (1965: 8 %,
1971: 16 %). Auf die übrigen Länder entfielen sehr viel geringere Anteile. Diese überwiegend günstige Beurteilung der wichtigsten westlichen Partner der BRD, USA und Frankreichs, wird bestätigt durch
EMNID-Umfragen nach den gewünschten Beziehungen zu anderen
Ländern (vgl. Tab. 7). Konstant über die 70er Jahre wünscht die
bundesrepublikanische Bevölkerung „gute Beziehungen" zu den
USA; aber auch die Verbesserung der Beziehungen zur VR China,
zur UdSSR sowie zu den arabischen und afrikanischen Ländern steht
auf dem „Wunschzettel" der Befragten. Also gute Beziehungen zu
jedermann? Prioritäten lassen allenfalls die relativen Anteile der Nen-

Tabelle 7: Gewünschte Beziehungen

	Frank-reich*)	Ener. Pol. DDR	USA	China	Sow-jet-union	Bess. Bez. DDR	Arab-Län-der	Afri-kan. Län-der
	%	%	%	%	%	%	%	%
Dezember 1969	53	32	79	**)	**)	**)	**)	**)
Dezember 1971	54	33	74	**)	82	**)	**)	**)
Dezember 1972	46	30	66	**)	76	77	**)	**)
Nov./Dez. 1973	43	47	68	**)	72	67	**)	**)
März/Apr. 1974	30	44	67	**)	68	64	**)	**)
Jan. 1975	47	58	77	**)	74	68	**)	**)
Dez./Jan. 1976	68	64	86	73	75	71	74	**)
Dez./Jan. 1977	63	63	86	72	73	64	74	70
Nov./Dez. 1977	64	66	88	73	77	70	72	72

*) gefragt wurde im einzelnen:

Frankreich	=	Sich mehr an Frankreich anschließen
Ener.Pol.DDR	=	Eine energischere Politik gegen Oststaaten und DDR
USA	=	Besonders gute Beziehungen zu den Vereinigten Staaten von Amerika schaffen
China	=	Bessere Beziehungen zu China
Sowjetunion	=	Die Bundesregierung sollte bemüht sein, ihre Beziehungen zur Sowjetunion auszubauen und nach Möglichkeit freundschaftlich zu gestalten
Bess. Bez. DDR	=	Bessere Beziehungen zur DDR
Arab. Länder	=	Bessere Beziehungen zu den arabischen Ländern
Afrikan. Länder	=	Bessere Beziehungen zu den afrikanischen Ländern

**) nicht erhoben

Quelle: Emnid-Inf. Nr. 11/12 g 29, 1977, S. 5/6

nungshäufigkeit erkennen bzw. die Entwicklung dieser Anteile in der Zeit. So spiegeln die relativ höheren Anteile für eine Sowjetorientierung als für die Orientierung zu den USA Anfang der siebziger Jahre die Priorität der sozial-liberalen Regierung wider, vielleicht auch die Krise der amerikanischen (Watergate). Die geringeren Werte für ein bestimmtes Land bedeuten nicht notwendigerweise abgekühlte Beziehungen, sondern drücken den Wunsch nach dem Ausbau von neuen Beziehungen auf dem Fundament der bestehenden aus.

Nicht immer mehrheitlich getragen war die Außenpolitik der Bundesregierung bei einigen Fragen, wie z. B. der Wiederbewaffnung, der

Tabelle 7a: Aufstellen einer Armee

Frage: „Wenn morgen doch noch eine Volksabstimmungen darüber käme, ob wir in Westdeutschland eine Armee aufstellen sollen, und Sie könnten nur mit Ja oder Nein stimmen, würden Sie dann ihre Stimme für oder gegen eine neue Armee geben?"

| | Mai 1955 | | | |
	Für die Armee %	Gegen die Armee %	Ich würde nicht stimmen %	%
Gesamtergebnis	40	45	15 = 100	
Männer	46	44	10 = 100	
Frauen	34	47	19 = 100	
Altersgruppen:				
18—29 Jahre	34	48	18 = 100	
30—44 Jahre	39	46	15 = 100	
45—59 Jahre	41	49	10 = 100	
60 Jahre und älter	45	37	18 = 100	
Schulabschluß:				
Volksschule	36	49	15 = 100	
Mittlere Reife	52	33	15 = 100	
Abitur	63	29	8 = 100	
Politische Orientierung:				
CDU/CSU-Anhänger	61	28	11 = 100	
SPD-Anhänger	21	72	7 = 100	
FDP/DVP-Anhänger	66	19	15 = 100	
Regionale Gliederung:				
Norddeutschland	44	44	12 = 100	
Westdeutschland	35	50	15 = 100	
Süddeutschland	39	46	15 = 100	
West-Berlin	60	19	21 = 100	
Flüchtlinge	45	43	12 = 100	
Einheimische	38	46	16 = 100	

Quelle: E. Noelle/E. P. Neumann: Jahrbuch der öffentlichen Meinung, 1957, Allensbach, 1957, S. 295

Tabelle 7b: Ausrüstung der Bundeswehr mit Atomwaffen

Frage: ,,Es wird jetzt über die zukünftige Ausrüstung der Bundeswehr beraten. Sind Sie dafür oder dagegen, daß die deutschen Truppen mit Atomwaffen ausgerüstet werden?"

	März 1956 CC %	April 1957 C %	Dez. 1957 C %	März 1958 %	April 1958 %	Juni 1958 %	Sept. 1960 %
Dafür	32	17	19	15	17	21	23
Dagegen	49	64	64	69	65	63	49
Unentschieden	19	19	17	16	18	16	28
	100	100	100	100	100	100	100

Quelle: E. Noelle/E. P. Neumann: Jahrbuch der öffentlichen Meinung, 1958 −1964, Allensbach 1965, S. 471

Ausrüstung mit Atomwaffen (vgl. Tab. 7b) oder dem Abbruch der diplomatischen Beziehungen zu Jugoslawien.

52 % der Bevölkerung hatte sich gegen eine Wiederbewaffnung im Rahmen einer westeuropäischen oder atlantischen Allianz ausgesprochen[49], 45 % gegen eine Armee (vgl. Tab. 7a). Beim Abbruch der diplomatischen Beziehungen zu Jugoslawien im Jahre 1957 (vgl. Tab. 8) gab nur eine geringe Mehrheit an, daß sie diese Entscheidung für richtig hielt, ein Drittel fand die im Sinne der Hallstein-Doktrin erfolgte Entscheidung nicht richtig. Insbesondere waren gegen diese Entscheidung die SPD-Anhänger (60 %) und in geringerem Maße die FDP-Anhänger (48 %). Unterstützung fand die Entscheidung nur bei einer knappen Mehrheit der CDU-Anhänger (52 %). Der eher skeptische Meinungstrend setzt sich verstärkt in den 60er und vor allem 70er Jahren fort. Im Januar 1972 waren 78 % der Bevölkerung dafür, diplomatische Beziehungen zu allen Ländern aufzunehmen, egal ob sie die DDR anerkannt hatten oder nicht. Als taugliches Mittel wurde die Hallstein-Doktrin bereits von Adenauer gegen Ende seiner Regierungszeit in Frage gestellt.

Ein relativ konstantes Muster innen- wie außenpolitischer Opposition hat es in der dreißigjährigen Geschichte der Bundesrepublik gegeben. Außenpolitisch relevant wurde diese oppositionelle Grup-

Tabelle 8: Meinung über die dipl. Beziehungen zu Jugoslawien (Nov. 1957)

| | Abbruch der diplomatischen Beziehungen zwischen Bundesrepublik und Jugoslawien: | | | Gehört von dem Abbruch d. dipl. Beziehungen |
| | richtig | nicht richtig | k. Ant. | |
	%	%	%	%
Insgesamt	37	34	8	79
Männer	45	40	6	91
Frauen	29	29	9	67
Altersgruppen				
16—20 Jahre	33	24	11	68
21—24 Jahre	33	32	7	72
25—29 Jahre	31	39	6	76
30—49 Jahre	36	39	8	83
50—64 Jahre	37	37	7	81
65 Jahre u. ä.	43	22	8	73
Anhänger der:				
CDU/CSU	52	19	6	77
SPD	17	60	6	83
FDP	39	48	6	93
BHE	46	34	4	84

Quelle: EMNID, INFO Nr. 11/12, 29. Jg. 1972, S. 27/28

pierung von Intellektuellen, Gewerkschaftlern, Repräsentanten der evangelischen Kirche, einer Minderheit in SPD, sowie anderer Linksgruppierungen bei Fragen wie der Wiederbewaffnung, der Lagerung von Atomwaffen in der Bundesrepublik, der Notstandsgesetze, dem Bau und Export von Kernreaktoranlagen etc.

Wie stellt sich die „nationale Frage" der Deutschen im Spiegel der Meinungsbefragung dar?

In den 50er Jahren gehörte die Wiedervereinigung bei den befragten Bundesbürgern zu den wichtigsten Aufgaben. (Vgl. Tab. 9) Mit der „Erhaltung des Friedens" steht ein weiteres außenpolitisches Problem an zweiter Stelle der „dringendsten Aufgaben" der Bundesregierung. Die Chancen der Wiedervereinigung werden aber bereits in den 50er Jahren recht skeptisch beurteilt. Eine relativ konstante Mehrheit von 60 bis 70 Prozent der zwischen 1951 und 1957 Befrag-

Tabelle 9: Die dringendsten Aufgaben der Bundesregierung

	1957	1956
Wiedervereinigung	27 %	(23 %)
Erhaltung des Friedens	14 %	(5 %)
Rentenerhöhung, Sozialreform	14 %	(15 %)
Stabilisierung bzw. Senkung der Preise	8 %	(13 %)
Wohnungsbau	5 %	(6 %)
Steuerreform	3 %	(5 %)
Außenpolitische Aufgaben	3 %	(1 %)
Lohnerhöhungen	1 %	(2 %)
Förderung der Landwirtschaft	1 %	(2 %)
Andere Aufgaben	11 %	(17 %)
Ohne Meinung	13 %	(11 %)
	100 %	100 %

Quelle: EMNID, Info, Nr. 2,29, Jg. 1977, S. 14

Tabelle 10: Die Trennung zw. SBZ fällt weg und ein gemeinsames Deutschland entsteht

	Nov. 1951 %	Nov. 1952 %	Juni 1953 %	Jan. 1954 %	Mrz. 1954 %	Mrz. 1955 %	Aug. 1955 %	Jun. 1956 %	Aug. 1957 %
Ja, sicher	10	6	18	13	9	9	11	10	10
Ja, vermutlich	17	15	25	24	16	18	25	22	21
Ungewiß	36	41	36	43	41	43	42	43	39
Nein	28	28	16	16	32	27	19	22	27
Ohne Meinung	9	10	5	4	2	3	3	3	3
	100	100	100	100	100	100	100	100	100

Quelle: EMNID, INFO, Nr. 9, 29. Jg. 1977, S. 20

ten rechnete kaum oder nicht mit der Wiedervereinigung „in absehbarer Zeit".

Die Anerkennung oder besser: das Sich-Abfinden mit der Oder-Neiße-Linie als deutsch-polnische Grenze wurde schon vor dem deutsch-polnischen Vertragsabschluß mehrheitlich von der deutschen Bevölkerung akzeptiert. Die Langzeit-Untersuchung des Instituts für Demoskopie in Allensbach ergab schon ab 1967 höhere Anteile für

Tabelle 11: Frage: „Meinen Sie, wir sollten uns mit der jetzigen deutsch-polnischen Grenze — der Oder-Neisse-Linie — abfinden oder nicht abfinden?"

	März 1951	Dez. 1955	März 1962	Sept. 1964	Nov. 1967	Mai 1969	Nov. 1969	März 1970	Mai 1972
Abfinden %	8	9	26	22	46	42	51	58	61
Nicht abfinden %	80	73	50	59	35	38	32	25	18
Unentschieden %	12	18	24	19	19	20	17	17	21
	100	100	100	100	100	100	100	100	100

Quelle: Institut für Demoskopie Allensbach

Grafik 1: Welche Themen sind wichtige politische Fragen?

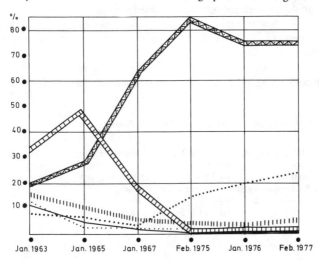

Frage: Was halten Sie für die wichtigste Frage, mit der man sich heute in der Bundesrepublik allgemein beschäftigen sollte?

Die Wiedervereinigung ⊥⊥⊥⊥⊥⊥ | | | | | | den Frieden bewahren, Ausgleich
Das Berlin-Problem ————   zwischen Ost und West
Wirtschaftliche Probleme, Löhne, Preise, ▽△▽△▽   · · · · · · Vereinigung Europas
Arbeitsmarkt, Energieversorgung, Währung · · · Soziale Aufgaben, Innenpolitik

Quelle: Allensbacher Jahrbuch der Demoskopie 1976-1977. Wien 1977, S. 193

das Sich-Abfinden. (Vgl. Tab. 11) Die Zahl der Gegner einer solchen Politik ist während des Verlaufs der Verhandlungen Anfang der 70er Jahre erheblich zurückgegangen.

Verfolgt man über zwanzig Jahre die Themen, die von der Bevölkerung der Bundesrepublik als die „dringendsten Aufgaben" (EMNID) oder als „wichtige Fragen" (Allensbach) angesehen worden sind, so fällt auf, daß bis Mitte der sechziger Jahre die Wiedervereinigung als vordringlichste Aufgabe der deutschen Politik angesehen worden ist. (Vgl. Graphik 1) Dann werden wirtschaftliche Probleme, Löhne, Preise etc. als wichtiger beurteilt. In den siebziger Jahren werden innenpolitische Fragen, soziale Fragen für wichtiger erachtet als die deutsche Frage. Die Erhaltung des Friedens, der Ausgleich zwischen Ost und West wird ab etwa 1975 wichtiger als die Wiedervereinigung. (Es muß allerdings angemerkt werden, daß die Fragestellung solche Antworten provoziert. Die Wiedervereinigung ist aus Einsicht in die Realitäten nicht mehr das Problem. Die Frage hätte vielmehr allgemeiner in Richtung auf ein deutsch-deutsches Arrangement hingestellt werden müssen).

Die Meinung des Auslands zur deutschen Wiedervereinigung ist bei der Bevölkerung in ausgewählten westlichen Ländern weit positi-

Tabelle 12: Wiedervereinigung im Urteil des Auslands

Frage: Unabhängig davon, ob Sie eine friedliche Wiedervereinigung der beiden deutschen Staaten (West- und Ostdeutschland) in absehbarer Zeit für wirklich machbar halten oder nicht: Sind Sie persönlich für oder gegen eine Wiedervereinigung von Ost- und Westdeutschland auf friedlichem Wege?

	Ich bin dafür %	Ich bin dagegen %	Keine Angabe %	%	Anzahl
Italien	49	9	41	100	1005
USA	65	11	24	100	2675
Großbritannien	66	15	19	100	1050
Schweden	87	4	9	100	1055
Griechenland	66	10	24	100	1000
Niederlande	72	11	17	100	960
Dänemark	64	11	25	100	1605
Frankreich	58	19	24	100	947

Quelle: Emnid: Das Deutschlandbild aus der Sicht der Bevölkerung in 8 ausgewählten Ländern. Oktober 1977.

Tabelle 13: Gründe des Auslands gegen eine friedliche Wiedervereinigung

Frage: Aus welchen Gründen sind Sie gegen eine friedliche Wiedervereinigung von West- und Ostdeutschland?

Bezug: Befragte, die gegen eine friedliche Wiedervereinigung von West- und Ostdeutschland sind.

	I %	USA %	GB %	S %	GR %	NL %	DK %	F %
Stört das Kräfteverhältnis zugunsten des Ostens	11	31	25	16	6	9	17	23
Die benachbarten westeuropäischen Länder würden beherrscht werden	31	25	30	33	19	33	33	53
Stört das Kräfteverhältnis zugunsten des Westens	7	9	5	7	11	12	8	12
Schafft Unruhe	46	41	29	47	42	46	33	52
Sonstige Gründe	11	16	17	16	11	18	6	13
Keine Angabe	4	5	4	7	12	10	16	2

(Mehrfachnennungen)

Quelle: Emnid: Das Deutschlandbild aus der Sicht der Bevölkerung in 8 ausgewählten Ländern. Oktober 1977.

ver als es die jeweiligen Regierungen erkennen lassen. In der Mehrzahl der Länder ist die Bevölkerung einer Wiedervereinigung der beiden deutschen Staaten gegenüber positiv eingestellt (Vgl. Tab. 12), am ehesten in Schweden und den Niederlanden, am wenigsten in Italien und Frankreich. Als Gründe gegen eine friedliche Wiedervereinigung werden am häufigsten angegeben: ,,schafft Unruhe", die ,,benachbarten westeuropäischen Länder würden beherrscht werden". (Vgl. Tab. 13) Es wäre allerdings denkbar, die Motive in einer Voruntersuchung stärker aufzuschlüsseln.

Anmerkungen

1 Vgl. R. Mayntz/F. Scharpf (Hrsg.), 1973 sowie F. Scharpf 1973
2 Vgl. H. Kissinger, 1971
3 Diese individuellen Faktoren spielen auch bei Gipfelverhandlungen eine Rolle, die aber in ihrer Tragweite nicht überschätzt werden dürfte. Der Amerika-Korrespondent der FAZ schreibt in der Ausgabe vom 18.6.1979:

„Der frühere amerikanische Außenminister Kissinger ist überzeugt, daß der persönliche Eindruck von höchster Bedeutung bleibe. So habe die Gipfeldiplomatie im Juni 1972 einen nicht wieder erreichten Höhepunkt des Erfolgs für Washington erreicht, als ein starker Nixon — nach der Bombardierung Haiphongs, nach dem Besuch in China — in Moskau das erste „Salt"-Abkommen bei einem Breschnew durchsetzte, der den Partner als stark und unberechenbar empfand. So sei Nixons Schwächung durch Watergate bei dem Treffen von 1973 in Amerika und 1974 in Moskau zum Hindernis geworden, so habe Breschnew im Dezember 1974 in Wladiwostok einen zwar begrenzt erfahrenen, aber in sich ruhenden und starken Ford angetroffen — daher seien die Grundlagen für „Salt II" möglich geworden. Der persönliche Eindruck, die Imponderabilien der Begegnung, Auftritt, Ton, Kraft des Argumentes, Achtung der Stellung des anderen, selbständiges Bewußtsein der fundamentalen Unterschiede beider Systeme zählten."

4 Carlo Schmid, 1979, S. 475

5 Vgl. K. Dammann: Erweiterung der Haushaltsbefugnisse des Europäischen Parlaments 1969/70. Nach: R. Mayntz/F. Scharpf, 1973, S. 69

6 A. Baring, 1969, S. 339

7 Vgl. Heribert Piontkowitz, 1978

8 Vgl. Fallstudien zur KSZE. In: J. Delbrück et. al. (Hrsg.) 1977 und in H. Haftendorn et. al. (Hrsg.), 1978

9 Vgl. Fallstudien in H. Haftendorn et. al. (Hrsg.), 1978 und in J. Delbrück et. al., 1977

10 Vgl. H. Haftendorn et. al. (Hrsg.), 1978, S. 284

11 Vgl. Rudolf Wildenmann, 1969

12 Vgl. Gerhard Loewenberg,1969, S. 312 f.

13 Vgl. W.-D. Karl/J. Krause: Außenpolitischer Strukturwandel und parlamentarischer Entscheidungsprozeß. In: H. Haftendorn 1978, S. 68

14 K. Adenauer I, 1965, S. 388

15 Vgl. den Entschließungsantrag der Fraktionen der CDU/CSU, SPD und FDP vom 9.2.1972

16 Vgl. G. Patz: 1976

17 Vgl. dazu A. Baring, 1969, S. 261—293

18 Siehe Martin Draht: Zwischen Grundgesetz und Politik. In: DIE ZEIT vom 30.8.1963

19 BVerfGE 4, S. 157 vom 4.5.1955

20 BVerfGE 4, S. 168, 1956

21 BVerfGE 1, S. 283

22 BVerfGE 36, S. 36, 1974

23 Maurice Duverger 1958, S. 415

24 Vgl. Werner Conze, 1969

25 Vgl. Christian Hacke: Parlamentarische Opposition und Entspannungspolitik. In: H. Haftendorn 1978, S. 265

26 Nach: Hartmut Soell 1976, S. 146

27 Belege für zentralstaatliche Tendenzen finden sich bei der Forderung nach einem Bundeskulturminister und nach einem zentralen Notenbanksystem. Die FDP klagte vor dem BVerfG gegen das „Gesetz über die Währungs- und Notenbank des Bundes" (Bundesbankgesetz), das von der Bundesregierung als zweistufiges System (Bundesbank und Landeszentralbanken) Anfang

1953 vorgeschlagen worden war. Die FDP schlug demgegenüber ein einstufiges Bundesbanksystem vor unter Abschaffung der Landeszentralbanken. Durch Klage gegen die Zulässigkeit der Zustimmung des BRs zu diesem Gesetz versuchte die FDP, das Gesetz zu Fall zu bringen.

28 Heino Kaack, 1971

29 Hans W. Baade, 1961, S. 115

30 Die Kammern haben den gesetzlichen Auftrag, „das Gesamtinteresse der ihnen zugehörigen Gewerbetreibenden . . . wahrzunehmen, für die Förderung der gewerblichen Wirtschaft zu wirken und dabei die wirtschaftlichen Interessen einzelner Gewerbezweige oder Betriebe abwägend und ausgleichend zu berücksichtigen; dabei obliegt es ihnen insbesondere, durch Vorschläge, Gutachten und Berichte die Behörden zu unterstützen und zu beraten . . .". Von staatlichen Behörden unterscheiden sich die Kammern durch das Recht auf Selbstverwaltung, d. h. das Recht, sich innerhalb des vom Staat gesetzten Rahmens eigenverantwortlich zu bewegen. Von rein privatwirtschaftlichen Interessenverbänden unterscheidet sie u. a. die Verpflichtung auf das gesamtwirtschaftliche Interesse. Sie erstellen Gutachten für Behörden und Gerichte. Sie beglaubigen dem Wirtschaftsverkehr dienende Bescheinigungen, stellen Ursprungszeugnisse aus, informieren über gesetzliche Vorschriften und nehmen im Bereich der beruflichen Bildung wichtige Aufgaben wahr.

In der liberalen Tradition können sie als „Schutzorgane der Wirtschaft" (Blaustein) gegenüber staatlicher Macht bezeichnet werden. Ihre Rechtsform ist heute die einer öffentlich-rechtlichen Körperschaft. (Vgl. Frank R. Pfetsch: 250 Jahre wirtschaftliche Selbstverwaltung in Mannheim, Mannheim, Juni 1978, S. 5)

31 Das Dienstleistungsangebot der Auslandshandelskammern umfaßt praktisch den gesamten Bereich der Außenwirtschaft. Als Beispiele können genannt werden:
   — Anbahnung von Geschäftsverbindungen, z. B. durch den Nachweis von Bezugsquellen, Adressen und Vertretungen
   — Auskunft und Beratung über Industrieansiedlung, Firmengründung, Niederlassungsrecht, Investitionsmöglichkeiten, Steuerrecht etc.
   — Hilfe bei Kooperation, Joint Ventures und Lizenzgeschäften
   — Erstellung von ausführlichen Marktstudien und Marktkurzinformationen
   — Unterstützung bei der Zahlungsabwicklung, z. B. durch Inkasso, Kredit- und Firmenauskünfte, Schiedsgerichtsverfahren
   — Benennung von Sachverständigen, Anwälten, Treuhändern
   — Vermittlung von Kontakten und Interventionen bei Behörden und Organisationen des Gastlandes
   — Auskunfterteilung für und Vertretung von und bei Messen und Ausstellungen
   — Bereitstellung von Informationen durch die Herausgabe von Kammerzeitschriften, Merkblättern, Rundschreiben und Broschüren über grundsätzliche und aktuelle Fragen der Wirtschaft und des Rechtes in beiden Partnerländern
     (je nach Zielgruppe in deutscher und/oder in der Sprache des Gastlandes)
   — Allgemeine Handelspflege- und Förderung im außenwirtschaftlichen Interesse der Bundesrepublik Deutschland

32 H. Adam, 1979, S. 24

33 Vgl. G. Leminsky/B. Otto: Politik und Programmatik des Deutschen Ge-
werkschaftsbundes, Köln 1974, S. 147 ff. In einigen Länderverfassungen
wie denen von Bremen (Art. 46) oder Rheinland-Pfalz (Art. 69) ist die
paritätische Vertretung von Arbeitgebern und Arbeitnehmern vorgeschrieben.

34 Vgl. BDI-Berichte 1972/73; 1973/74; 1974/75; 1975/76

35 BGA: Jahresbericht 1972/73, S. 7

36 Vgl. von Beyme, 1979, S. 104

37 Vgl. Kurt Düwell, 1976

38 Vgl. Empfehlungen der Enquête-Kommission ‚Auswärtige Kulturpolitik'
und Stellungnahmen der Bundesregierung dazu (Stand Juni 1977)

39 Vgl. Peisert, 1978, S. 91

40 Andere Kulturpolitische Mittlerorganisationen sind: Deutscher Akademi-
scher Austauschdienst (DAAD), Carl-Duisberg-Gesellschaft, Alexander von
Humboldtstiftung, DFG (z. T.), Inter Nationes

41 Bei der Arbeit der Zweigstellen im Ausland konkretisiert sich diese Verzah-
nung folgendermaßen:

,,Für die Programmgestaltung der Zweigstelle ist der Zweigstellenleiter verantwortlich" (§ 4, 4), aber er ist zur loyalen Zusammenarbeit mit der offiziellen deutschen Auslandsvertretung verpflichtet, wobei dem Leiter der
Auslandsvertretung (also in den Hauptstädten dem deutschen Botschafter)
ein Einspruchsrecht zusteht gegen Kontakte, ,,die für die politischen Beziehungen der Bundesrepublik Deutschland belastend oder Anlaß zu Sicher-
heitsbesorgnissen sind". Darüber hinaus bestimmt § 4, 7:

,,Erhebt der Leiter der Auslandsvertretung im Rahmen der ihm übertrage-
nen politischen Aufgaben gegen eine Veranstaltung Einspruch, so trägt der
Zweigstellenleiter diesem Einspruch Rechnung. Der Leiter der Auslandsvertretung berichtet in diesem Fall an das Auswärtige Amt, der Leiter der
Zweigstelle an die Zentralverwaltung des Goethe-Instituts. Auf Verlangen
des Goethe-Instituts prüft das Auswärtige Amt, ob der Einspruch gerechtfertigt war."

Diese Befugnis wird im Runderlaß des Auswärtigen Amtes vom 1. August
1976 folgendermaßen erläutert:

,,Die Notwendigkeit eines Einspruchs gegen die Programmplanung könnte
beispielsweise vorbehaltlich genauer Prüfung und Würdigung des Einzelfalls
gegeben sein

1. bei Vorliegen der in § 9 des Vertrages aufgeführten Tatbestände (Schä-
digung des deutschen Ansehens oder Belastung der politischen Beziehung zum Gastland oder zu anderen Ländern),

2. bei unausgewogener Austragung deutscher innenpolitischer Kontroversen im Ausland,

3. bei groben Verstößen gegen Takt und gute Sitte unter besonderer Be-
rücksichtigung der örtlichen Verhältnisse. Hier kommt es besonders darauf an, nicht das eigene ästhetische Urteil mit den örtlichen Maßstäben
zu verwechseln, die z. B. in Skandinavien anders sind als in einem Ent-
wicklungsland,

4. im Falle einer Gefährdung der Sicherheit für die Angehörigen der Zweigstelle oder die Besucher."

Die letztendliche Verantwortung und Entscheidungsbefugnis des Auswärtigen Amtes wird schließlich dadurch sichergestellt, daß § 8 Abs. 5 der Satzung folgendes bestimmt:

„In Einzelfällen kann das Auswärtige Amt ausnahmsweise aus gewichtigen politischen Gründen den Vorstand um eine Maßnahme oder Unterlassung im Bereich der Vertragsaufgaben ersuchen. Der Vorstand hat einem solchen Ersuchen zu entsprechen und den Mitgliedern des Präsidiums unverzüglich zu berichten. Für derartige Ersuchen trägt das Auswärtige Amt die alleinige Verantwortung."

42 Genannt wurden in den letzten Jahren die nachträgliche Mißbilligung der Subventionierung der Staeck-Ausstellung und die Nichtsubventionierung des Ensembles „Rote Rübe" (1975), ein Veto gegen die Aufführung des Chile-Films von Peter Lilienthal im Goethe-Institut Ottawa (1977), nachträgliche Kritik an einer Australien-Tournee der Filmemacherin Helma Sanders, ein offener vergeblicher Einspruch gegen einen Vortrag von Professor Nan in Athen (1978).

43 Einen Eindruck vom finanziellen und personellen Umfang wichtiger Kulturinstitutionen vermittelt Tabelle 4.

44 R. v. Gizycki: The Associations for the Advancement of Science. In: Zeitschrift für Soziologie, 8 (1), Januar 1979

45 Vgl. Frank R. Pfetsch, 1979, und hier insbesondere die Beiträge von M.P. Crosland: The History of the International Organisation of Science (S. 37—60) und B. Schroeder-Gudehus: International Cooperation and International Organisation (S. 61—86)

46 Vgl. EMNID Info Nr. 1, 1970, 22 Jg., S. A (6)

47 Marlies G. Steinert, 1976

48 Vgl. die Dokumentation: Bericht der Sozialdemokratischen Bundestagsfraktion über die Behandlung der „Spiegel"-Affäre durch die Bundesregierung. (Neuer Vorwärts-Verlag), Bonn o.J.

49 H. Müller-Roschach, 1974, S. 19

4. Instrumente der Außenpolitik

Unter Instrumenten der Außenpolitik sollen diejenigen staatlichen, halbstaatlichen und privaten, vornehmlich operativen Mittel verstanden werden, die eine Gesellschaft zum Zweck ihrer Interessendurchsetzung gegenüber der sie umgebenden Staatenwelt ausgebildet hat.[1]

Die Konzentration auf operative Instrumente soll sagen, daß zur Erreichung politischer Ziele nicht nur partikulare, einem bestimmten Politikbereich zuzurechnende Instrumente begrenzter Reichweite zur Verfügung stehen, sondern daß globalere Zielbündel längerfristiger und größerer Reichweite ebenfalls zugleich Instrumente sind, die als Nebenwirkung zur Erreichung gleichrangiger oder übergeordneter Ziele eingesetzt werden können. Die Ostpolitik der sozial-liberalen Koalition, d. h. die Politik des Ausgleichs und der Annäherung mit dem Osten, „bediente" zugleich die Ziele „Sicherheit", Überwindung der Vergangenheitsbelastung, Unterstützung der Außenwirtschaft und last but not least Annäherung der beiden deutschen Staaten.

Die folgende Darstellung der Mittel der Außenpolitik beschränkt sich auf den operativ instrumentalen Aspekt; der institutionelle wurde im vorigen Kapitel behandelt. Im Vordergrund stehen Fragen nach der Art des Einsatzes einzelner Instrumente und ihrer Wirkung auf bilaterale oder multilaterale Beziehungen. Auch vom Wandel einzelner Instrumentarien ist die Rede. Als Belege und/oder zur Verdeutlichung werden Fallbeispiele angeführt, die unterschiedlichen Zeiten und Bereichen entnommen sind.

Instrumente der Außenpolitik sind im einzelnen:
— Diplomatie,
— Information und Propaganda,
— Wirtschaft und Handel,
— Militär,
— Geheimdienst (Untergrund, Spionage),
— Aktivitäten von Parteien und Interessenvertretungen, sowie
— Informale Aktivitäten (kirchliche und andere Wohlfahrtseinrichtungen, Studenten- und Wissenschaftleraustausch, Kulturinstitute, Sportverkehr etc.).

Diese Instrumente sind entsprechend unserer Definition Mittel zur Durchsetzung von Interessen eines Staates gegenüber der Außenwelt und müssen im konkreten Fall auf die jeweilige historische Situation zugeschnitten sein. Bei einer Interessenlage, die durch Konflikte gekennzeichnet ist, werden Instrumente entsprechend den Konfliktlösungensstrategien eingesetzt. Der früher auf verschiedenen diplomatischen Posten tätige Wilhelm Grewe hat in seiner Einleitung zu Iklés „Strategie und Taktik des diplomatischen Verhandelns"[2] eine Systematik solcher Strategien entworfen und zwischen einseitiger Interessendurchsetzung, Offenhaltung des Konflikts und gegenseitigem Interessenausgleich unterschieden. Je mehr die Konfliktaustragung auf Interessenausgleich zwischen den Konfliktparteien gerichtet ist, um so wichtiger ist das Mittel der diplomatischen Verhandlungskunst; je mehr es um die Durchsetzung einseitiger Interessen geht, um so wichtiger sind die Mittel des Drucks (Propaganda, Wirtschaftssanktionen, Gruppenorganisationen etc.) und der Gewalt (Militär, Wirtschaftsboykott, Abbruch dipolomatischer Beziehungen etc.). Bei nicht konfliktorischen Situationen (die den überwiegenden Teil des Verkehrs zwischen Staaten ausmachen) stehen subgouvernementale Aktivitäten (Wirtschaft, Kultur, Sport etc.) sowie diplomatische Verkehrsformen im Vordergrund.

Die Einbeziehung gesellschaftlicher Gruppen und Organisationen in den Katalog operativer Instrumente der Außenpolitik erfolgt auf der Grundlage von Überlegungen zur Bestimmung spätkapitalistischer Systeme, die mit den Schlagworten Verstaatlichung gesellschaftlichen Lebens bzw. Vergesellschaftung des Staates belegt worden sind. Konkret heißt dies, daß bei enger Verflechtung Abhängigkeiten entstehen, die instrumentell politisch genutzt werden können. Von staatlicher Seite erfolgt die Kontrolle über das Setzen von Rahmenbedingungen bzw. über Gesetze, die es der politischen Exekutive ermöglichen, in Konfliktfällen ihre jeweilige Position zum Tragen zu bringen. Solche spezifischen gesetzlichen Bestimmungen geben der jeweiligen Regierung die Kontrolle von Transaktionen in die Hand, die mit dem Ausland stattfinden und alle Arten betreffen können (Güter, Dienstleistungen, Personen, Kapital etc.). Solche Maßnahmen zählen zu den operativen Instrumenten der Politik. Nicht zu unterschätzen sind jedoch auch die Mittel der Überzeugung und Beeinflussung des Verhaltens gesellschaftlicher Gruppen durch die Regierung. Z. B. hat die amerikanische Regierung ihr Nationales Olympisches Komitee für einen Boykott der Olympischen Sommerspiele in Moskau 1980 gewinnen können, obwohl zunächst Widerstände dagegen sichtbar wurden.

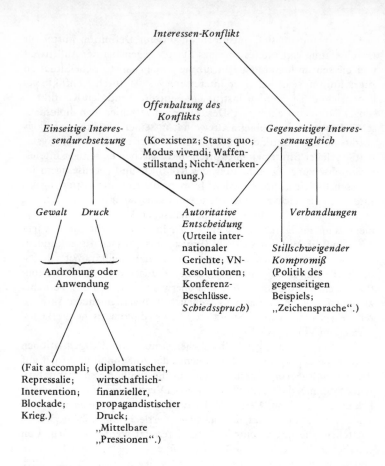

Interessen-Konflikt

Einseitige Interes-
sendurchsetzung

Offenhaltung des
Konflikts

(Koexistenz; Status quo;
Modus vivendi; Waffen-
stillstand; Nicht-Anerkennung.)

Gegenseitiger Interes-
senausgleich

Gewalt   *Druck*

Androhung oder
Anwendung

Autoritative
Entscheidung
(Urteile inter-
nationaler
Gerichte; VN-
Resolutionen;
Konferenz-
Beschlüsse.
Schiedsspruch)

Verhandlungen

Stillschweigender
Kompromiß
(Politik des
gegenseitigen
Beispiels;
„Zeichensprache".)

(Fait accompli;
Repressalie;
Intervention;
Blockade;
Krieg.)

(diplomatischer,
wirtschaftlich-
finanzieller,
propagandistischer
Druck;
„Mittelbare
„Pressionen".)

4.1 Diplomatie

ist das klassische Mittel der Vertretung der Interessen eines Landes
im Gastland. Die Wiener Konvention über Diplomatische Beziehungen von 1961 beschreibt die Funktionen diplomatischer Vertretungen in Art. 3 wie folgt:
— Vertretung der Senderstaaten im Empfangsstaat,
— Schutz der Interessen des Senderstaates und seiner Staatsangehörigen,

- Verhandlungen mit der Regierung des Empfangsstaates,
- Feststellung — mittels aller gesetzlich erlaubten Mittel — der Zustände und Entwicklungen im Empfangsstaat und Berichterstattung hierüber an die Regierung des Senderstaates,
- Förderung freundschaftlicher Beziehungen zwischen dem Senderstaat und dem Empfangsstaat.

Man hat Diplomatie als die Kunst des Verhandelns in Gegensatz gebracht zum Einsatz physischer Gewalt.[3] Sicherlich vermag diplomatische Verhandlungskunst die zwischenstaatlichen Beziehungen zu fördern; als Organ der Exekutive ist jedoch der Diplomat weitgehend an Weisungen seiner Regierung gebunden und kann sich kaum Instruktionen widersetzen.

Doch tritt ein Wandel dieser Funktion insbesondere nach dem 1. Weltkrieg ein:

- Bis zum Ersten Weltkrieg war Diplomatie gleichbedeutend mit Geheimdiplomatie. Sie war gezielt auf einen kleinen Kreis politisch einflußreicher Schichten ausgerichtet. Mit der politischen Öffnung (Demokratisierung) in einigen Ländern hat sich der Kreis ausgedehnt, insbesondere in den USA („shirt-sleeve diplomacy").
- Wandel durch moderne Verkehrsverhältnisse und neuzeitliche Nachrichtentechnik. Entscheidende politische Kontakte laufen nicht mehr über die Botschaftsvertreter, sondern über
  - direkte Gespräche zwischen politisch Verantwortlichen sowie über direkt entstandte
  - Unterhändler (Wischnewski in Mogadischu).
- Der Auslandsvertretung bleibt aber die wichtige Rolle der Analyse politischer Lagen in dem betreffenden Land (z. B. Jugoslawien im Falle der 4 Terroristen etc.) und Ratschlag.
  Seltene Ausnahme: wenn ein Botschafter selbst versucht, politisch tätig zu werden wie z. B. Kroll in Moskau in Verhandlungen mit Chruschtschow zur Deutschlandfrage. Diese zu extensive Auslegung seiner Kompetenzen führte auch bald danach zur Abberufung des Botschafters.
- Die Aufgaben der Botschaften sind erheblich erweitert worden. Neben Wirtschafts-, Militär- und Kulturattachés sind Vertretungen auf den Gebieten Wissenschaft (Wissenschaftsattachés), Entwicklungshilfe (Attaché für wissenschaftliche Zusammenarbeit) und Soziales (Sozialattachés) hinzugekommen. In den USA gibt es den Gewerkschafts- (Labor-)-Attaché, im übrigen eine ‚Erfindung' der Weimarer Republik. Mitte der 60er Jahre gab es mehr als 50 Labor-Attachés.

– Als letztes Mittel der Diplomatie kann der Abbruch der diplomatischen Beziehungen oder die Schließung oder Suspendierung der Botschaft bzw. von Seiten des Gastlandes die Ausweisung von Botschaftern oder Botschaftsangehörigen gelten.

Diplomaten sind somit nicht nur beauftragte Beamte des jeweiligen Landes, sondern auch Repräsentanten. Durch sie wird ein Land in einem anderen präsent, was u. a. auch zu dem Sonderstatus des Diplomaten (persona grata) und der diplomatischen Vertretungen geführt hat (Exterritorialität).

Der Wandel der Diplomatie läßt sich auch an der Änderung der Rekrutierungspraxis ablesen. Während zur Zeit der Geheimdiplomatie seit dem 17. Jahrhundert in fast allen Staaten die Diplomaten sich aus dem Adel rekrutierten und diese Exklusivität auch noch in der Unterscheidung von ‚Laufbahnfremden' und ‚Karrierediplomaten' nachklingt, hat sich die heutige Rekrutierungspraxis soziologisch und fachlich erweitert. (Siehe Kap. 3.3)

Die hier beschriebene Form der Diplomatie kann als traditionelle bilaterale Diplomatie bezeichnet werden, die von und über akkreditierte Botschafter geführt wird. Die seit dem 19. Jahrhundert wichtiger gewordenen multilateralen Verkehrsformen (Wiener Kongreß 1814, Berliner Kongresse 1878 und 1884, Versailler und Potsdamer Konferenzen, die Haager Kongresse 1899 und 1907, die Gipfeltreffen in Genf 1955 und in Paris 1960 etc.) haben auch der Diplomatie andere Dimensionen gegeben. Gerda Zellentin[4] unterscheidet hierbei zwischen der Konferenz-Diplomatie als multilaterale Verhandlungen zwischen nationalen Delegationsleitern, der Integrations-Diplomatie als dem Abstimmungsprozedere zwischen den Mitgliedern übernationaler Gemeinschaften (Beispiel: EPZ), der Parlamentarischen Diplomatie als einer durch Abstimmung zustandekommenden Willensbildung zwischen nationalen Delegierten in internationalen Organisationen (Beispiel Europaparlament) und schließlich der Gipfel-Diplomatie, die zur Bekräftigung von neuen (oder alten) Grundsätzen zwischen Staats- und Regierungschefs führt (Beispiel: Wiener Treffen zwischen Kennedy und Chruschtschow 1962).

Die Zunahme internationaler Kooperationsformen, bilateraler wie multilateraler Art hat also den diplomatischen Aktionsraum erweitert. Vor allem die Konferenzen der Vereinten Nationen, aber auch die regionalen Zusammentreffen nationaler Regierungen wie z. B. im Rahmen der EG, der NATO oder der KSZE stellen für die Diplomatie neue Herausforderungen dar. Die Antwort auf solche global-strategische Aufgabenstellungen waren und sind neue institutionelle Organisationsformen der Beratung und Koordination (z. B. das World Food Council), der Fonds-Verwaltung (OEEC, EZU, United Nations Fund for Population Activities, International Fund for Agricultural Development, etc.) oder der multisektoraler Programmplanung, -beratung, -koordination (z. B. United Nations Environment Programme).

Diese internationalen Konferenzveranstaltungen stellten nicht nur neue Aufgaben an die veranstaltenden Organisationsträger; sie erfordern auch im nationalen wie regionalen Bereich neue Kommunikationsformen, die die diplomatische Verhandlungsstrategie um ein beträchtliches Maß erweitert hat. Die Genfer Verhandlungen zur KSZE wurden deshalb auch als „Diplomaten-Konferenz" bezeichnet. Als ein Mittel der Koordination auf den verschiedenen Ebenen der Verhandlungsführung (bei der KSZE z. B. das nationale System mit seinen verschiedenen Institutionen, der regionale Rahmen der EG bzw. EPZ und der NATO und das internationale Bezugsfeld bilateraler und multilateraler Beziehungen) hat sich die Personalunion kompetenter Experten als nützlich erwiesen.

Der Wirtschaftsminister Graf Lambsdorff hat während der Unctad-Verhandlungen in Manila darauf hingewiesen, daß bilaterale Verhandlungen oft einfacher zu führen seien und schneller zum Ergebnis führten, während die gleichen Länder bei internationalen Konferenzen andere Positionen bezögen als bei bilateralen. Der Druck ideologischer Gemeinsamkeit verführe einzelne Staaten zu abweichenden Standpunkten. Der Generalsekretär der Unctad sagte, die „Unctad provoziert gute Reden, aber kaum schnelle Aktionen", und der Delegierte Jamaikas schließlich „glaubt nicht, daß das Vorlesen formaler Statements und das Wiederholen längst bekannter Positionen die beste Nutzung ministerieller Zeit darstellt"[5]. Diese kritischen Stimmen zu solchen Mammutkonferenzen lassen die Frage nach der Leistungsfähigkeit internationaler Konferenzen gemessen an den jeweiligen Aufgabestellungen aufkommen. Zur Beschreibung der Organisationsstruktur solcher Konferenzen hat Volker Rittberger ein Korporatismusmodell vorgeschlagen, das aus konzertierten Aktionen der nationalen Akteure besteht und die Wettbewerbsrelationen zwischen nationalen Eliten mediatisiert.[6] Auch wenn die internationale Administration als unparteiische Größe ins Spiel kommt, hilft sie doch nationale (auch intranationale) Interessen mit globalen zu harmonisieren. Die oben zitierte Kritik am internationalen Verhandlungsstil muß also relativiert werden, wenn als Maßgröße nicht die Durchsetzung nationaler Standpunkte, sondern die globalen Aufgabenstellungen solcher Konferenzen (Unctad: wirtschaftliche Entwicklung in EL, KSZE: Verbesserung der Sicherheit und Zusammenarbeit zwischen Ost- und Westeuropa, WWTK: Verbesserung der wissenschaftlich-technologischen Entwicklung der EL) genommen werden.

4.2 Information, Propaganda

Zweck der Propaganda, oder neutraler: der Informationspolitik, ist die Erzeugung von Vorstellungsbildern, die der Realisierung von Zielen dienen sollen. Gezielte Informationen sollen eine bestimmte Wirkung beim Adressaten erzeugen, die die Entscheidungen der jeweiligen Regierung in einem gewollten Sinne beeinflussen. Die Ziele können auch auf das eigene Land gerichtet sein (positive oder negative Informationen über ein bestimmtes Land). Der Akzent liegt dabei auf dem instrumentellen Charakter von Propaganda, der sie von anderen Mitteln der Meinungsbildung und -beeinflussung unterscheidet. Noch präziser eingegrenzt besagt der instrumentelle Charakter, daß der Einsatz unter Regierungskontrolle zustande kommt. Lasswell definiert Propaganda als die „Handhabung von Massenkommunikationsmedien zu Machtzwecken".

Propaganda ist insofern ein „demokratisches Mittel" als sie auf der Hypothese beruht, daß

a) die Beziehungen zwischen Nationen mitbestimmt werden durch Einstellungen oder „Bilder",

b) die Politik der Regierungen nicht unabhängig von öffentlicher Meinung ist,

c) die aktive Beeinflussung öffentlicher Meinung als Rechtfertigung vor den eigenen Wählern gelten kann.

Die propagandistische Wirkung erfolgt idealisiert über folgende Mechanismen und Kanäle:

1. Herstellung eines bestimmten und beabsichtigten Meinungs- und Einstellungsbildes in der Bevölkerung des Adressatlandes durch gezielte Informationen seitens der Regierung;

2. Beeinflussung der Regierung des Adressatlandes durch öffentlichen Druck;

3. gewünschtes politisches Verhalten als Reaktion auf die geänderte öffentliche Meinung.

Die Regierungspropaganda kann dabei direkt über eigens zu diesem Zweck entwickelte Mittel und Medien erfolgen oder indirekt über die Beeinflussung formal unabhängig von Regierungskontrolle operierender privater oder halbstaatlicher Organisationen. Bekannt ist der gezielte Einsatz der Medien (vor allem der ausländischen Presse) durch Adenauer, um Restriktionen der Besatzungsmächte zu durchbrechen. Der Aufbau des Bundespresse- und Informationsamtes, des Bundesnachrichtendienstes und Interviews (bekannt besonders das Wiederbewaffnungsinterview mit dem Cleveland Plain Dealer im Dezember 1949) waren wichtige Instrumente zu diesem Ziel. Als der sozialdemokratische Abgeordnete Dr. Gerhard Lütkens Adenauers Interview mit Kingsbury Smith kritisierte und im Bundestag erklärte: „Die Presse, Herr Bundeskanzler, ist kein geeignetes Instrument für die Außenpolitik" entgegnete Adenauer: „Sehen Sie mal, der Herr Kingsbury Smith ist ein sehr bekannter amerikanischer Journalist, dessen Artikel in 2000 amerikanischen Zeitungen abgedruckt werden. Ich glaube, meine Damen und Herren, man würde sehr unklug sein, wenn man die Möglichkeit, den breitesten Kreisen des amerikanischen Volkes gewisse Aufklärungen zu geben, nicht wahrnehmen würde."[7]

Staatliche Propaganda wendet sich also an die Bevölkerung anderer Staaten durch Verbreitung (Propaganda) von Fakten, Meinungen und Glaubensinhalten. Da solche Verbreitung im Hinblick auf Beeinflussung der Bevölkerung betrieben wird, kann sie auch demagogisch, die Tatsachen verzerrend, vereinfachend betrieben werden und hat so zum pejorativen Wortinhalt beigetragen. Insbesondere spielt in Kriegszeiten die Propaganda durch gezielte Horrormeldungen über den Feind eine wichtige Rolle. Nicht anders — wenn auch in abgeschwächter Form — ist die „psychologische Kriegführung" im Zeichen des Kalten Krieges gewesen. Die DDR-Propaganda der 50er und 60er Jahre mit ihrer dogmenandeutenden Ismen-Reduktion (Kapitalismus-Imperialismus-Militarismus-Nazismus-Revanchismus etc.) zielte außenpolitisch auf Abgrenzung und innenpolitisch auf Integration wie umgekehrt die Antikommunismus-Propaganda in Westdeutschland eine ähnliche Funktion erfüllte. Die kritischen Kanäle einer organisierten Öffentlichkeit ließen jedoch nicht immer die stereotype Erstarrung politischer Kampfformeln zu. Der gezielte Einsatz solcher Begriffe macht sich die negative oder positive Aufladung solcher zum Dogma erstarrter Begriffe zunutze. So z. B. ergab 1962 eine von der der Exekutive zugeordneten United States Information Agency

(USIA) durchgeführte Repräsentativbefragung in nahezu allen Teilen der Welt, daß der Begriff Kapitalismus vorwiegend negativ aufgeladen ist. Assoziiert werden damit eher Desinteresse am Schicksal der Armen, ungerechte Einkommensverteilung und unangemessener Einfluß der Reichen auf die Politik, aber auch Kolonialismus. Als Gegenstrategie empfahl die USIA den Begriff Kapitalismus mit positivem Inhalt zu füllen und auch so darzustellen: persönliche Initiative, Individualismus, Privateigentum, freies Unternehmertum und ,American Way of Life'[8].

Die Instrumente der Propaganda sind so vielfältig wie es die technischen Verbreitungsmittel ermöglichen.

Um dem negativen Wortinhalt der Propaganda als eines manipulativen Arms der von der staatlichen Exekutive betriebenen Außenpolitik gerecht zu werden, gilt es, institutionell einzugrenzen. Nicht unbedingt zur Propaganda sind somit zu rechnen Filme, Vorträge, Berichte, Bücher und Zeitschriften, d. h. der weite Bereich der auswärtigen Kulturarbeit, die in westlichen Industriestaaten kein Monopol der staatlichen Exekutive darstellen. Institutionen wie die Goethe-Institute, der Deutsche Entwicklungsdienst, die Rundfunkanstalten, der DAAD, Filmgesellschaften, Zeitungs- und Zeitschriftenverlage, das Nationale Olympische Komitee oder der Deutsche Sportbund sind keine Regierungsorgane und nicht direkt solchen Organen unterstellt. Es sind entweder private Organisationen oder sie sind als öffentlich-rechtliche Anstalten organisiert, können folglich auch nicht zu direkter staatlicher Manipulation benutzt werden, auch wenn der Grad der Einflußnahme variieren kann. In den engeren Bereich der Propaganda fallen somit vor allem solche Verbreitungsmittel und -techniken, die direkt der staatlichen Kontrolle unterstellt sind, wie z. B. das regierungsoffizielle Pressewesen (Bulletins, Berichte, publizistische Verbreitung von Reden oder Erklärungen des Regierungspersonals etc.). Auf die Selektion von Selbstdarstellungen eines Landes in einem anderen Land können die auswärtigen Vertretungen aber einen nicht unwichtigen Einfluß ausüben, wie z. B. bei Ausstellungen, Kulturwochen etc. Die staatliche Organisation der Medien in sozialistischen Ländern gibt der jeweiligen Regierung einen großen Spielraum in der Nutzung solcher Instrumente für Propagandazwecke.

4.3 Wirtschaftspolitische Instrumente
(Außenwirtschafts- und Außenfinanzpolitik)

Unter systematischen Fragestellungen sind die wirtschaftspolitischen Instrumente auf folgende Beziehungsverhältnisse hin zu untersuchen:
— (außen)wirtschaftspolitische Instrumente in ihrer Wirkung auf die Wirtschaft eines anderen Landes,
— Einfluß außenwirtschaftspolitischer Instrumente auf die Politik eines anderen Landes,
— Wirkung allgemeinpolitischer Vereinbarungen auf die Außenwirtschaft.

Das wirtschaftspolitische Instrumentarium ist insbesondere durch die Geld- und Finanzpolitik, aber auch durch die Integrationspolitik der Nachkriegszeit erheblich erweitert worden. Die zunehmende Verflechtung der Volkswirtschaften der westlichen Industriestaaten hat dazu geführt, daß es kaum ein Instrument der Wirtschaftspolitik gibt, das nicht direkte oder indirekte Aus- und Einwirkungen auf die Außenwirtschaft eines Landes hat. Insofern sind auch die binnenwirtschaftlichen Instrumente von Bedeutung.

Das außenwirtschaftliche Instrumentarium bezieht sich direkt auf all die Transaktionen von Gütern (Waren- wie Kapitalgüter) und Dienstleistungen, die die Grenzen eines Nationalstaates oder einer Gruppe von Staaten überschreiten.

Die klassischen Mittel der Außenwirtschaftspolitik stammen aus der Zeit des Merkantilisimus:

Zölle und Kontingente. Zölle sind Abgaben, die beim Überschreiten der Grenzen eines Landes an dessen Staat zu entrichten sind und sich auf eine Maßeinheit (spezifischer Zoll) oder auf den Wert der Ware beziehen (Wertzoll). Der Zolltarif der EG beruht überwiegend auf dem System der Wertzölle. Bei der Messung des Außenhandelsschutzes durch Zölle unterscheidet man zwischen nominaler und effektiver Protektion. Der nominale Zollschutz ist der offiziell ausgewiesene Zolltarif der einzelnen Länder. Er zeigt an, um welchen Prozentsatz ein bestimmtes Produkt im Inland teurer sein kann als im Ausland, um das gleiche Preisniveau wie im Ausland zu erreichen. Tab. 14 zeigt, daß die durchschnittliche Belastung der Industrie der Bundesrepublik zwischen 1958 und 1964 zunächst anstieg, 1970 wieder etwa das Niveau von 1958 erreichte. 1972 betrug der nominale Zolltarif 7,3 %. Die Erhöhung des Zolltarifs bis 1964 erklärt sich durch die stufenweise Harmonisierung der EG-Außenzölle. Da die Bundesrepublik niedriger als andere EWG-Länder wie Italien und Frankreich lag, mußten die Zölle zunächst erhöht werden. Zwischen 1967 und 1972 wirkte sich ein weltweit vereinbarter Zollabbau aus.

Die Konkurrenzfähigkeit ist nicht nur eine Funktion der Außenzölle, sondern auch der unterschiedlichen Entstehungskosten von Produkten im In- und Ausland. Um die Höhe des effektiven Schutzes zu messen, werden die Produktionskosten für ein bestimmtes Gut im In- und Ausland ohne Zölle miteinander verglichen. Die Zölle auf das Endprodukt können als Subventionen und auf die Vorleistungen als indirekte Besteuerung verstanden werden. Der Nettoeffekt aus „Subventionen" und „Besteuerung" wird als „effektive Protektion" bezeichnet. Tab. 14 zeigt, daß der effektive Zollschutz in der deutschen Industrie in allen vier Vergleichsjahren höher lag als der nominale (Verschleierungseffekt). Nur die Investitionsgüterindustrien machen eine Ausnahme; das liegt daran, daß diese Industrien, bei denen die Bundesrepublik besonders wettbewerbsfähig ist, im Vergleich zu dem Schutz derjenigen Branchen, aus denen sie ihre Vorleistungen beziehen, nominal wenig geschützt sind.

Kontingente sind Mengenbeschränkungen, denen Waren beim Überschreiten der Grenzen unterliegen. Beim Übergang zum Freihandel der liberalen Ära wird die Forderung nach Abbau von Zöllen und Kontingenten erhoben, weil nur so die optimale Ressourcenverteilung und damit die höchste Produktivität erzielt werden können.

Tabelle 14: Vergleich zwischen nominalem und effektivem Zollschutz (% der Importe) der Industriezweige der Bundesrepublik Deutschland gegenüber Einfuhren aus Nicht-EG-Ländern

Industriezweige		1958	1964	1970	1972
Grundstoff- und Produktionsgüterindustrien	nominal in %	8,9	9,7	7,9	6,8
Grundstoff- und Produktionsgüterindustrien	effektiv in %	17,3	20,2	16,2	23,9
Investitionsgüterindustrien	nominal in %	8,6	11,8	9,1	6,9
Investitionsgüterindustrien	effektiv in %	4,8	8,0	5,9	4,0
Verbrauchsgüterindustrien	nominal in %	12,0	14,3	11,9	10,4
Verbrauchsgüterindustrien	effektiv in %	17,3	20,6	17,5	15,6
Industrie insgesamt	nominal in %	9,0	11,0	8,8	7,3
Industrie insgesamt	effektiv in %	11,8	14,8	11,9	10,0

Quelle: H. H. Glismann et al: 1980, S. 50—55

Trotz dieser Forderung ist es immer wieder zum Einsatz dieses Instrumentes gekommen und ist auch unter bestimmten Umständen zugelassen (Erziehungszoll nach Friedrich List). Ein Spielraum für Diskriminierung ist bei der Ermittlung des Importwertes („Zollwertermittlung") und des Zollsatzes gegeben. In der Nachkriegszeit ist es insbesondere unter dem neoliberalen Wirtschaftsminister Ludwig Erhard zum Abbau von Handelshemmnissen gekommen, die sich in den Rahmen internationaler Vereinbarungen einpaßten (GATT). Die Bundesrepublik ist 1951 der Havanna-Charta (1947) beigetreten. Die Regeln des „Allgemeinen Zoll- und Handelsabkommens (GATT) werden z. Zt. von 110 Ländern (darunter den Comecon-Länder Kuba, Rumänien, Tschechoslowakei) angewendet. Ein wichtiger Grundsatz bei diesen Vereinbarungen ist die Meistbegünstigungsklausel (oder besser: Gleichbegünstigungsklausel), die besagt, daß ein Staat einem anderen den jeweils günstigsten (niedrigsten) Zolltarif einräumt, den er einem anderen bereits gegeben hat. Dieses Instrument wurde insbesondere von den USA den kommunistischen Staaten gegenüber vorenthalten. Nur zögernd und bis heute nicht vollständig ist die Meistbegünstigung kommunistischen Staaten auch seitens der Bundesrepublik zuerkannt worden. Erst die Entspannungsbereitschaft osteuropäischer Länder hat zu einer Lockerung der Nichtgewährungspolitik geführt.

Von dem Grundsatz der „Herabsetzung der Handelsschranken" und der „Beseitigung von Diskriminierungen" (Präambel des GATT-Abkommens von 1947) gibt es zahlreiche Ausweichklauseln (Art. 19) und Ausnahmen (Art. 11, 12). Die Bestimmungen über Ausnahmen sind zumal sehr allgemein gehalten (Schutz der Moral, der Gesundheit, der natürlichen Hilfsquellen etc.; Art. 20 und 21 des GATT-Vertrages) und lassen einen breiten Interpretationsspielraum zu. Die zollwirtschaftliche Realität zeigt, wie von solchen Ausnahmebestimmungen Gebrauch gemacht wurde. Trotz sechs Runden Zollverhandlungen nach dem Kriege sind heute etwa 60 % des Handels mit Industrieerzeugnissen Zöllen von durchschnittlich 10 % unterworfen. Zölle sind die am weitesten verbreiteten Mittel zur Einschränkung des internationalen Handels.

Das wohl stärkste Mittel, das ein Staat in den Wirtschaftsbeziehungen mit einem anderen einsetzen kann, ist das *Embargo*, d. h. das Exportverbot in ein bestimmtes Land.[9] Der Ostblock (strategisches Embargo) ist von amerikanischer Seite noch heute davon betroffen (mit Ausnahme von Polen, Rumänien und neuerdings China), ebenso von 1965 bis 1980 durch Beschluß des Sicherheitsrats Rhodesien bzw. Zimbabwe-Rhodesien. Eine solche Sanktionspolitik versuchte die OPEC zu praktizieren, als sie 1973 bestimmte Länder wie Japan oder die Niederlande von der Belieferung mit Rohöl ganz ausnahm, andere kontingentierte. In beiden Fällen, Rhodesienboykott durch die VN 1965 und OPEC-Kontingentierung, waren mit dieser wirtschaftspolitischen Maßnahme politische Forderungen verbunden: Rhodesien sollte eine schwarze Mehrheitsregierung erhalten und Japan bzw. die Niederlande sollten ihre israelfreundliche Politik revidieren. Im Falle Japans scheint dieses Instrument die beabsichtigte Wirkung erzeugt zu haben; im Falle Hollands sorgten die Multinationalen Konzerne für eine Umgehung des Ölboykotts[10] und machten damit das Instrument weitgehend unwirksam. Die Embargopolitik Großbritanniens und anderer Staaten gegen Rhodesien hatte zumindest kurzfristig keine Wirkung in Richtung auf eine Ablösung des Smith-Regimes. Ob die 1979 erfolgte Änderung auf die Wirkung des Boykotts zurückgeführt werden kann, ist schwer zu entscheiden. Daß das Embargo als wichtig angesehen wird, zeigten die Bemühungen der Muzorewa-Übergangsregierung um Beseitigung des Embargos.

Das bekannteste Beispiel für ein Exportverbot in der Geschichte der Bundesrepublik ist das „Röhrenembargo" 1962. Die Bundesregierung hatte damals dem Druck der Amerikaner nachgegeben und die Erfüllung bereits ausgearbeiteter Verträge mit der Sowjetunion auf Lieferung von Großröhren unterbunden und dies trotz erheblichen Widerstandes seitens der betroffenen Teile der Wirtschaft und trotz der Mehrheit des Bundestages, die diesen Vertrag guthieß. Zu einer Generalisierung im Sinne des Primats der Politik gegenüber der Wirtschaft läßt sich dieses Fallbeispiel nur bedingt heranziehen, wenn man die Hintergründe der amerikanischen Politik einerseits und die Folgen für die Betroffenen andererseits berücksichtigt.[11] Das Drängen der amerikanischen Regierung ging nämlich auf den Einfluß der amerikanischen Ölwirtschaft auf die Washingtoner Regierung zurück. In der Bundesrepublik konnten sich die betroffenen Stahlwerke nicht im gleichen Maße durchsetzen. Außerdem haben sich die Wirtschaftsinteressen mit zeitlicher Verzögerung doch durchgesetzt. 1970 kam es, begünstigt durch die Ostpolitik, zum Erdgas-Röhren-Geschäft mit der Sowjetunion. Die Wirtschaftsverbände sind Handelssanktionen gegenüber im allgemeinen ablehnend. Als Anfang 1980 z. B. über Boykottmaßnahmen gegenüber dem Iran diskutiert wurde, haben sich der Deutsche Industrie- und Handelstag und der Bundes-

verband des Groß- und Außenhandels zunächst gegen Handelssank-
tionen gegen den Iran ausgesprochen mit dem Argument, daß
Wirtschaftsboykott und andere Embargomaßnahmen nach aller
Erfahrung wenig nützlich und erfolgreich sind. Die Sprecher der
Vereinigungen betonten, daß Außenpolitik nicht mit Mitteln der
Handelspolitik betrieben werden sollte. Eine Politisierung des
Außenhandels bringe politisch wenig, und wirke wirtschaftlich häu-
fig wie ein Bumerang.[12]

Die EG hat auf dem Treffen der Außenminister in Neapel am 17./
18. Mai 1980 einen Handelsboykott gegen den Iran beschlossen,
nachdem die Außenminister auf ihrem Luxemburger Treffen am 23.
April ein Handelsembargo entsprechend der Resolution des VN-Si-
cherheitsrats vom 10. Januar 1980 angekündigt hatten. Mit Ausnahme von Nahrungsmittel- und Medikamentenlieferungen betrifft
der Iran-Boykott a) den Verkauf und die Lieferung aller Gegenstände, Waren und Erzeugnisse, b) die Beförderung mit Schiffen,
Flugzeugen und Eisenbahnen, c) Kredite und Darlehen, d) die
Verringerung des Personals der Botschaften des Iran bzw. der Botschaften der boykottierenden Länder, e) Visumzwang für iranische
Staatsangehörige, f) Nichterfüllung von genehmigten Waffenverkäu-
fen. Nach der EG-Ministerentscheidung vom Mai 1980 sind allerdings
Verträge, die vor der Geiselnahme am 4. November 1979 abgeschlossen worden sind, davon ausgeschlossen.

Die Instrumente der *Geld- bzw. Währungspolitik* (Diskontpolitik,
Offenmarktpolitik, Zinspolitik, Einlagenpolitik, Devisenpolitik,
Wechselkurspolitik, Kreditpolitik etc.) sind die am häufigsten ge-
brauchten Mittel zur Regulierung des außen- und binnenwirtschaftlichen Gleichgewichts. Dabei wirken diese Instrumente je nach konjunktureller Lage unterschiedlich. Eine Liquiditätserhöhung in Zeiten konjunktureller Flaute ist kein sehr wirksames Mittel zur Ankur-
belung der Wirtschaft, dagegen kann die Drosselung (Verteuerung
der Kredite, Verpflichtung zu höheren Einlagen etc.) Wirtschaftsini-
tiativen lähmen. Für die Außenwirtschaft der Bundesrepublik war
die Aufhebung der Devisenbewirtschaftung und der Übergang zur
Konvertierbarkeit der Währung im Jahre 1955 eine wichtige Voraussetzung für die Entwicklung des Außenhandels. Die Aufwertung der
DM in den Jahren 1961, 1969, 1971, 1973 (weniger 1979) war jeweils von der Exportindustrie heftig bekämpft worden, diente aber
der liberalen Wirtschaftspolitik als Mittel zur Inflationsbekämpfung
bzw. zur Erhöhung der Wettbewerbsfähigkeit. Der Einsatz dieses

Mittels hat jedenfalls nicht die von der Exportwirtschaft befürchteten „katastrophalen" Wettbewerbsnachteile nach sich gezogen.

Für das Auslandsgeschäft wichtig und hier insbesondere wichtig für Geschäfte mit osteuropäischen Staaten und Ländern der Dritten Welt sind die Sicherheitsleistungen, die die Bundesregierung seit 1949 unter bestimmten Bedingungen vergibt (Hermesbürgschaften bzw. Ausfuhrgarantien und Ausfuhrbürgschaften der Treuarbeit AG). Solche Garantien sollen vor allem vor politischem aber auch wirtschaftlichem (z. B. Zahlungsunfähigkeit) Risiko schützen. Als Deckungsformen sind Ausfuhrgarantie-Verträge, Ausfuhrbürgschaften und Garantien für das Fabrikationsrisiko üblich.

In den Jahren 1978 bzw. 1979 sind vom Bund Gesamthaftungen in Höhe von 99 Mrd. DM bzw. 113 Mrd. DM übernommen worden. Die in den letzten 5 Jahren neu in Deckung genommenen Geschäfte betrugen ca. 10 % der Gesamtausfuhr. Davon entfallen auf Entwicklungsländer insgesamt 74,8 % bzw. 77,7 % und auf die OPEC-Länder allein 43,7 % bzw. 49,9 %. Die Staatshandelsländer haben einen Anteil von 17,4 % bzw. 14,1 %. Das politische Augenmerk der Bundesregierung dürfte auf diese Länder vor allem gerichtet sein. Über 5 % der Haftungen lagen 1979 bei folgenden Ländern: Saudi Arabien (18,0 %), Brasilien (8,3 %), Sowjetunion (7,3 %), Algerien (6,8 %), Iran (5,7 %), Libyen (5,3 %). 1978 mußten 294,16 Mill. DM politische und 12,4 Mill. DM wirtschaftliche Schäden ausgezahlt werden.

Kredite sind wirtschaftspolitische Instrumente, die von „reichen" Ländern häufig eingesetzt worden sind. Die Kapitalhilfe der Bundesregierung im Rahmen der Entwicklungshilfe gehört ebenso dazu wie Kreditgewährungen an Portugal, Italien, Großbritannien oder Jugoslawien zur Stützung von Wirtschaft und Währung dieser Länder. Bei der hohen Außenverflechtung einiger Wirtschaften der EG sind die Regierungen dieser Staaten an der Stabilität der wichtigsten Handelsländer interessiert, um negative Überschwappeffekte aus den labileren Ländern zu vermeiden (importierte Inflation, importierte Arbeitslosigkeit etc.). Insbesondere zur Zeit der Weltwirtschaftskrise wurde eine St. Florians-Politik nach dem Grundsatz: schädige deinen Nachbarn erst! betrieben. Durch Drosselung der Einfuhren und Begünstigung der Ausfuhren versuchten einige Länder, ihre Arbeitslosigkeit zu exportieren. Auch ein gemeinsames politisches oder militärstrategisches Interesse kann zu Kreditleistungen führen. Die Stützungsaktionen der westlichen Industriestaaten (inklusive Japans und

Norwegens), die der Türkei gewährt wurden, sind aus solchen Gründen erfolgt.

Die finanzpolitischen Instrumente (Steuern auf Importe, Subventionen auf Exporte, Finanzzölle, staatliche Anleihen, Verstaatlichung, Investitionen, Sondersteuern etc.) sind seit dem Keynesianismus zu einem bewußteren Instrument der Wirtschaftspolitik geworden (antizyklische Finanzpolitik). Steuern aus Kapitalerträgen können insbesondere bei diskriminierender Handhabung für Ausländer Ableitungseffekte haben und vor Überfremdung schützen. Die Exportsubventionierung kann Wettbewerbsvorteile künstlich erzeugen, die Subventionierung von Importen die Verbraucher künstlich begünstigen (Erstes Energieprogramm der Carter-Administration) bzw. die einheimische Industrie vor Preiserhöhungen zurückhalten. Staatliche Anleihen sind in Kriegs- wie in Friedenszeiten meist Mittel, um aufwendige Vorhaben wie Kriegsfinanzierung oder Energieengpässe zu meistern.

Die Carter-Administration hat ihr 2. Energieprogramm mit Hilfe von „Energie-Bonds" finanziert, also mit „kleingestückelten" Staatsanleihen in Höhe mehrerer Milliarden Dollar. Als ein weiteres Mittel war die Benzin-*Rationierung* vorgesehen, also eine mengenmäßige Beschränkung des Treibstoffs.

Verstaatlichungen, wie sie z. B. in vielen jüngst unabhängig gewordenen Staaten durchgeführt worden sind, wurden aber mit dem Ziel nationaler Unabhängigkeit betrieben, hatten jedoch ganz erhebliche Auswirkungen auf die Staatskasse. Die Verstaatlichungsmaßnahme von so einträglichen Geschäften wie dem Ölexport füllten fast über Nacht die Staatskassen der ölexportierenden Staaten. Die Öl-Preispolitik der OPEC-Staaten ist somit auch ein wichtiges finanzpolitisches Instrument. Bei staatlicher Aneignung von schlechtgehenden Betrieben führt das zu einer entsprechenden Belastung des Staatshaushalts.

Ein weiteres Mittel der Binnenwirtschaft mit außenwirtschaftlichen Auswirkungen ist das Arsenal von *Instrumenten der Struktur-bzw. Konjunkturpolitik* (Regionalpolitik, sektorale Strukturpolitik, Arbeitsmarktpolitik, Wettbewerbspolitik, Kartellpolitik, Investitionspolitik, Einkommenspolitik, Forschungspolitik etc.).

Wenn man Strukturpolitik, wie dies Kubista und Scheer tun, definiert als „die Gesamtheit aller Maßnahmen, welche primär auf die Beeinflussung, Gestaltung und/oder Festlegung der Wirtschaftsstruktur durch Träger der staatlichen Wirtschaftspolitik abzielt", dann hat es Strukturpolitik schon immer gegeben.[13] Im Unterschied zur frühliberalen oder ersten Nachkriegspolitik ist seit den sechziger Jahren dieses Mittel bewußter eingesetzt worden. Sektorale Krisen einzelner Wirtschaftszweige und Einbrüche im konjunkturellen Verlauf haben dazu geführt, daß die staatlichen Steuerungsinstrumente erweitert wurden (Strukturanpassungsgesetz, Stabilitätsgesetz etc.). Für die Beziehungen zwischen den Staaten ist wichtig, ob dieses Instrumentarium im Sinne einer „harmonischen Entwicklung" (EWG-Vertrag, Präambel) z.B. der Volkswirtschaften der Europäischen Gemeinschaft eingesetzt wird. Hierzu sind von den Staaten der EG besondere Einrichtungen geschaffen worden (Regionalfonds, Sozialfonds, Art. 9; Koordinierung der Wirtschaftspolitik etc.). Eine gemeinsame Konjunkturpolitik gibt es jedoch (noch) nicht. Auch die jährlichen Treffen der Regierungschefs der sieben wichtigsten westlichen Industriestaaten haben nur in Teilbereichen (Energiepolitik, Währungspolitik) zu einer Harmonisierung geführt. Auf einem wichtigen Gebiet der wirtschaftlichen Strukturpolitik, der Wettbewerbspolitik, ist bisher kaum eine zwischenstaatliche Abstimmung erfolgt. Das Antitrustgesetz in den USA, das Kartellgesetz in der BRD, haben beide kaum verhindern können, daß es zu großen Monopol- bzw. Polygopolbildungen gekommen ist (Multinationale Konzerne). Die gesetzlichen Bestimmungen des Kartellgesetzes in der Bundesrepublik reichen nicht aus, um solchen Konzentrationstendenzen zu begegnen oder mißbräuchliche Ausnutzung der Marktpositionen (Monopol-Gewinne) zu verhindern. Die Kontrolle der in vielen Ländern operierenden Konzerne ist mit nationalstaatlichen Mitteln nicht möglich und könnte allenfalls mit international abgestimmten Mitteln Erfolg haben. Karl Georg Zinn schreibt dazu: „International orientierte und etablierte Unternehmen sind in vielen Fällen in der Lage, sich der nationalen Gesetzgebung zu entziehen. Dies gilt nicht nur für Gewinnverlagerungen bzw. Steuerflucht und die nationaler Kontrolle entzogenen Monopol- und Kartellpraktiken der Multinationalen, sondern Multinationale treten einzelnen Staaten als außenpolitische Kontrahenten gegenüber. In Extremfällen sind sie in der Lage, wirtschaftliche Boykottmaßnahmen gegen einzelne Länder zu bewirken. (Behinderung der Exporte des betreffenden Landes, Einflußnahme auf die Waren-, Kapital- und technische Know-how-Zufuhr)."[14]

Die Außenwirtschaftsbeziehungen können von staatlicher Seite auch durch *administrative Auflagen* gesteuert werden. Beispiele dieser Art sind technische Mindestvorschriften wie die Sicherheitsvor-

138

schriften für den Automobilimport in die USA, die gesundheits-
rechtlichen Vorschriften für den Import von Pharmazeutika in verschiedene Ländern, Bestimmungen über den Bleigehalt von Ben-
zin oder die Meldepflicht für wichtige Unternehmensdaten (Umsatz,
Gewinn etc.); Normauflagen, Gebrauchsvorschriften gehören weiterhin zu Maßnahmen, die zum Nachteil der Importeure angewandt
werden können.

Zu den insbesondere den Nord-Süd-Konflikt bestimmenden Ver-
handlungsgegenständen gehört die Einrichtung von *Stabilisierungsfonds* für Rohstoffe bzw. die *Indexierung* der Rohstoffpreise. (Kop-
pelung der Preisbewegungen für Rohprodukte an die der Industrie-
güter)

Die Unctad-Konferenzen in Nairobi (1976) und Manila (1979)
waren von der Diskussion um dieses Thema bestimmt, wobei die
Bundesregierung einen zunächst ablehnenden, dann aber kompro-
mißbereiten Standpunkt vertreten hat. Im Sinne der Freihandelsphi-
losophie (die jedoch je nach Interessenlage unterschiedlich interpretiert wird) traten vor allem die liberalen Wirtschaftsminister Friede-
richs und Graf Lambsdorff gegen allzu dirigistische Maßnahmen ein.

Internationale Handels- und Währungsabkommen wie das Bretton-Woods-Abkommen von 1944 auf währungspolitischem Gebiet
und nach Freigabe verschiedener Währungen nach 1971 die Europäische Währungsschlange und ab März 1979 das Europäische Währungssystem sowie auf handelspolitischem Gebiet das Allgemeine
Zoll- und Handelsabkommen GATT ab 1947 sind internationale
Vereinbarungen, sind staatliche Vorgaben für Wirtschaftssubjekte,
die für eine bestimmte Zeit konstant geblieben sind. Die Einigung
beteiligter Staaten auf Bandbreiten für die Schwankung von Wech-
selkursen wie sie das Bretton-Woods-Abkommen weltweit und die
Europäischen Währungsabkommen zwischen europäischen Staaten
vorsah bzw. vorsieht, soll das Wechselkursrisiko verringern und damit
die Informations- und Transaktionskosten senken. Solche Abkommen begünstigen somit den Außenwirtschaftsverkehr zwischen den
betreffenden Staaten. Die Schaffung eines Europäischen Währungs-
systems ist ein Mittel, die europäische Staatengemeinschaft zu einer
Wirtschafts-und Währungsunion weiterzuentwickeln, wie es auf der
Haager Konferenz der Regierungschefs im Dezember 1969 beschlossen wurde. Das Europäische Währungssystem mit gemeinsamer
Währungseinheit, einem Stabilisierungsfonds für die Wechselkurse
untereinander, ist insofern ein wichtiger Schritt zur Harmonisierung

der Wirtschaftspolitiken der neun EG-Partner, als währungs-, geld- und fiskalpolitische Instrumente gleichzeitig eingesetzt werden können bzw. sollen.

Das wirtschaftspolitische Instrumentarium stößt da an eine Grenze, wo die Einflußnahmemöglichkeiten des jeweiligen Nationalstaates aufhören. Zwar können diese Grenzen durch gegenseitige Abstimmung zwischen Ländern erweitert werden (z. B. durch Auslieferungsverträge), jedoch bleibt ein erhebliches domaine reservé privatwirtschaftlicher Aktivitäten. Zudem lassen auch wirtschaftspolitische Grundprinzipien einen allzu weiten Eingriff in die Privatwirtschaft nicht zu. So z. B. ist es ohne Zustimmung der südafrikanischen Regierung nicht möglich, deutsche Firmen anzuhalten, die Minderbezahlung schwarzer Arbeitskraft aufzugeben und damit der Apartheidspolitik der südafrikanischen Regierung entgegenzuwirken. Das offizielle Ziel der deutschen Außenpolitik, Abschaffung der Rassendiskriminierung, kann also mit wirtschaftspolitischen Instrumenten, die direkt greifen würden, nicht verwirklicht werden. Der gemeinsame Nenner, auf den sich die westlichen Außenminister haben einigen können, war die Erstellung eines *Verhaltenskodex'* mit Appellcharakter. Zu einem Embargo konnten sich die westlichen Regierungen nicht durchringen, weil die nationalen wie Firmeninteressen eine solche Maßnahme nicht zugelassen haben.

Das wirtschaftspolitische Instrumentarium, das der Bundesregierung zur Verfügung steht, kann in den Bereichen voll eingesetzt werden, in denen der Staat selbst Wirtschaftssubjekt ist, d. h. an wirtschaftlichen Unternehmen beteiligt ist. Dies ist besonders im Bereich der Energiewirtschaft und Großtechnologie der Fall. Die staatliche Beteiligung an Kernforschungsanlagen wie in Karlsruhe, Jülich oder Genf (CERN), bzw. an der Kraftwerksunion, gibt der Regierung die Möglichkeit, die Reaktorforschung bzw. -technik zu steuern und ein außenwirtschaftlich wichtiges Unternehmen zu kontrollieren.[15]

Ein wichtiges Mittel für Politik und Wirtschaft ist die *Wirtschaftshilfe*. Dabei kann es sich um zinsgünstige Darlehen oder auch Schenkungen handeln. Wirtschaftshilfe hat es im großen Maßstab während der Kriegs- (vor allem an GB) und in der ersten Nachkriegszeit (Marshall-Plan) seitens der Amerikaner gegeben; Anfang der sechziger Jahre versuchte die Kennedy-Administration mit ihrem Wirtschaftshilfeprogramm „Allianz für den Fortschritt" die Beziehungen zu den lateinamerikanischen Ländern zu verbessern. Wirtschaftshilfe, ob mit oder ohne Auflagen (z. B. über die Verwendung der Mittel),

140

sind immer auch aus dem Eigeninteresse des Geberlandes heraus zu verstehen. Die USA waren an der wirtschaftlichen Gesundung Europas unter anderem deshalb interessiert, weil sie den kommunistischen Einfluß zurückdrängen wollten. Die Wirtschaftshilfe der Bundesregierung an Israel entsprang einem Wiedergutmachungsauftrag (ebenso wie die Jugoslawienkredite) und die Kredite an verschiedene europäische Länder dem Eigeninteresse an der Stabilität westeuropäischer Länder.

Die Wirtschaftshilfe im Rahmen der Entwicklungshilfe diente lange Zeit als Instrument, um Entwicklungsländer von der Anerkennung der DDR abzuhalten und um die deutschen Exportchancen zu erhöhen. Um dem negativen Image der Entwicklungshilfe bei der Bevölkerung entgegenzuwirken – ein Image, das vor allem von der sensationsträchtigen Journalistik über mißbräuchliche Verwendung der Mittel in den Empfängerländern einseitig aufgebaut wurde – haben die verschiedenen Minister vorgerechnet, daß auch ohne Auflagen an die jeweilige Regierung etwa 60 %[16] der Entwicklungshilfeleistungen wieder in Form von Aufträgen zurückfließen. (Diese Zahl ist freilich nur eine Schätzung). Daß Entwicklungshilfe auch als Strategie zur Überwindung der Kluft zwischen Nord und Süd angesehen wird, kann letztlich auch vom Eigeninteresse her interpretiert werden. (Eigeninteresse ist dabei nicht notwendigerweise negativ zu sehen; Eigeninteresse kann zugleich auch mit dem Interesse des jeweiligen Partners zusammenfallen).

In einer Erklärung vor dem Deutschen Bundestag im November 1965 nannte der Kanzler Erhard selbst drei Beispiele für wirtschaftspolitische Maßnahmen, die als Mittel der Außenpolitik behandelt worden sind: den Interzonenhandel, die Europäische Wirtschaftsgemeinschaft und die Entwicklungspolitik.

Der Interzonenhandel wurde als ein wichtiges politisches Instrument angesehen, den freien Zugang von und nach Berlin zu sichern. Die Ausweitung, so die Argumentation, liege auch im Interesse der Bundesrepublik, weil durch die damit geschaffene Abhängigkeit von Lieferungen aus der Bundesrepublik die DDR mit diesem Instrument „wirksam" zu einem bestimmten Verhalten (z. B. Nichtbeeinträchtigung der Zu- und Abgangswege nach Berlin) gezwungen werden könne.

Die Europäische Wirtschaftsgemeinschaft hat nach dem Text der Römischen Verträge die Schaffung eines Wirtschaftsgebiets mit binnenwirtschaftlichen Verhältnissen zur Aufgabe. Von einer politischen Gemeinschaft ist dabei explizit nicht die Rede. Nach dem Eindruck des Beteiligten (Ludwig Erhard) habe man aber stets angenommen, „daß die wirtschaftspolitische Integration . . . den Erfolg eines neuen, auf die politische Integration gerichteten Impulses wirksam vorbereiten könne und müsse, daß ohne eine solche Vorbereitung das große politische Ziel wenig Chancen habe."[17]

Als drittes Beispiel nennt Erhard die Entwicklungshilfe. (Einen Überblick über Leistungen an Entwicklungsländer gibt nachstehende Tabelle). Sie sei auf die Besserung der wirtschaftlichen und sozialen Verhältnisse in den Empfängerländern gerichtet. Gleichzeitig diene sie aber auch dem nationalen Ziel der Schaffung von Absatzmärkten für deutsche Produkte und zur Erhöhung deutscher Investitionschancen. Neben diesen wirtschaftlichen Zielen werden zwei „politische" genannt: Die Ermöglichung eines „erträglichen Zusammenlebens" zwischen reichen und ärmeren Ländern und — last but not least — die Durchsetzung des Alleinvertretungsanspruchs der Bundesrepublik (Hallstein-Doktrin).

Wirtschaftspolitische Mittel, die zu bestimmten Zeiten große politische Bedeutung erlangt haben, sind *Reparationsleistungen*, die insbesondere in den 20er Jahren die Wirtschaft und Politik der Weimarer Republik belastet haben (8,6 Mrd. RM wurden an die Siegermächte zwischen 1924 und 1929 bezahlt). Die Tilgungsaktionen des Daws- (1928) und Young-Planes (1930) sind erst Ende der 20er Jahre zum Tragen gekommen. Die Reparationsauflagen der Siegermächte in Höhe von 14,0 Mrd. DM nach dem Zweiten Weltkrieg waren demgegenüber weniger belastend, wenn man den gezielten binnenwirtschaftlichen Einsatz von DM 8,4 Mrd. US-Hilfe zwischen 1946 und 1952 dagegen aufrechnet; die sowjetisch besetzte Zone hatte härter unter den Reparationsforderungen der Sowjetunion zu leiden. Im Petersberger Abkommen von 1949 hat Adenauer eine Reduzierung der Reparationsforderungen von den westlichen Siegermächten erreicht. Im „Gesetz zur allgemeinen Regelung durch den Krieg und den Zusammenbruch des Deutschen Reiches entstandenen Schäden" von 1957 ist die Abwicklung der Kriegs- und Nachkriegsfolgelasten geregelt worden. Die Reparationsforderungen der Sowjets (1947: 10 Mrd. Dollar) gingen bekanntlich über die von ihnen besetzte Zone hinaus und sollten auch auf das Ruhrgebiet ausgedehnt werden, was zur Kollision mit den Westmächten, vor allem den den USA führte.

Tabelle 15: Nettoleistung an Entwicklungsländer 1977 und 1978 nach regionaler Herkunft

	OECD/DAC-Länder		OPEC-Länder		Staatshandelsländer		Bundesrepublik	
	1977	1978[1]	1977	1978	1977	1978	1977	1978
Gesamtleistungen:								
– in Mrd. US-$	50,7	71,4	7,6	5,3	0,9	0,9	6,7	7,7
– in % des BSP	1,08	1,26	2,54	1,58	0,05	0,05	1,12	1,19
– *Öffentliche Entwicklungszusammenarbeit (ODA):*								
– in Mrd. US-$	14,7	19,9	5,8	3,7	0,8	0,8	1,6	2,4
– in % des BSP	0,31	0,35	1,96	1,11	0,04	0,04	0,27	0,38
– *Private Kapitalleistungen:*								
– in Mrd. US-$	31,2	44,6	..	..	--	--	4,7	4,7
– in % des BSP	0,66	0,79	..	..	--	--		

1) einschließlich Schuldscheinhinterlegungen
Quelle: DAC Chairman's Report for 1979, Statistischer Anhang

Ein wichtiges Instrument des Eingriffs in wirtschaftliche Transaktionen zwischen Ländern bildet auch die *Lizenz- und Patentpolitik.* Ausländische Patente bedeuten einen auf eine bestimmte Zeit begrenzten Schutz vor Konkurrenz. Der know-how-Vorsprung, ein außerordentlich wichtiges Mittel im Wettbewerb, kann über eine bestimmte Zeit gehalten werden, verzögert also den Transfer von anwendbarem Wissen in ein anderes Land um einige Zeit.

Ein mehr neuzeitliches Mittel der (Wirtschafts-)Politik ist die Entsendung von *Wirtschaftsexperten* insbesondere in Länder der Dritten Welt. Ihre Tätigkeit in Schlüsselpositionen des wirtschaftlichen Planungsprozesses kann zur Einflußnahme auf die wirtschaftlichen Beziehungen benutzt werden, wie dies z. B. bei amerikanischen Wirtschaftsplanern in Südkorea oder Indonesien in den 70er Jahren der Fall war. Im Falle der in Südkorea tätigen Ökonomen hat die Verbindung zum State Department (und zum CIA) den instrumentalen Charakter besonders deutlich gemacht.

Als weitere Instrumente der Wirtschaftspolitik sind zu nennen: der *Reiseverkehr (Tourismus),* der besonders in Spanien und Italien ein wichtiger Wirtschaftszweig geworden ist, der *Grenzausgleich*, wie er im EG-Bereich für Agrarprodukte existiert, die Festsetzung von „*Swing*"-Grenzen, wie sie im deutsch-deutschen Verkehr üblich geworden sind und als politische Waffe von seiten der Opposition betont wurden.

Die Instrumente der Wirtschaftspolitik erhalten je nach Politikbereich und Land (oder Region) unterschiedliche Bedeutung. Für die Entwicklungspolitik z. B. sind folgende Instrumente bzw. Instrumentgruppen wichtig: Handelspolitik (Schutz- bzw. Liberalisierungsinstrumente), rohstofferlöspolitische Instrumente (kompensatorische Exporterlösfinanzierung, Fondsbildung, Indexierung, Auswahl bestimmter Produkte, Kredite), Instrumente der finanziellen, industriellen und technischen Zusammenarbeit (Sonderdarlehen, Meistbegünstigung, Patent- und Lizenzpolitik etc.), Nahrungsmittelhilfe, Katastrophenhilfe etc.

War bisher nach der Art und Wirkung wirtschaftspolitischer Instrumente auf die Wirtschaft und Politik eines anderen Landes gefragt worden, so ist die umgekehrte Frage ebenso wichtig: wie wirken sich allgemeine außenpolitische Vereinbarungen auf die Wirtschaft eines Landes aus? Da es zu den Aufgaben der deutschen Außenpolitik gehört, auch die Wirtschaftsinteressen der Bundesrepublik zu fördern, ist also nach den Auswirkungen politischer Verträge auf die Wirtschaft zu fragen.

144

Die Politik schafft Rahmenbedingungen, die sich günstig oder ungünstig auf die Wirtschaftsbeziehungen zwischen Staaten auswirken können. Internationale Vereinbarungen wie der Deutschland-Vertrag, der Beitritt zum GATT gehören ebenso dazu wie die Ostverträge. Auch wenn Willy Brandt in seinen „Begegnungen und Einsichten" sicher übertrieben von wirtschaftlichen Absichten berichtet, die er beim Abschluß der Ostverträge im Auge gehabt habe, so ist doch die positive Wirkung auf die Wirtschaftsbeziehungen nicht zu übersehen. Die Entwicklung des Osthandels belegt dies ebenso wie die grundsätzlich positive Einstellung der interessierten Wirtschaftsverbände. Zwar waren solche Verträge keine conditio sine qua non; der Ostausschuß der Deutschen Wirtschaft hatte schon 1953 Verhandlungsvollmachten von der Regierung bekommen, um mit der VR Rumänien und 1957 mit der VR China Handelsverträge abzuschließen; und dies geschah auch ohne die Existenz diplomatischer Vertretungen in den betroffenen Ländern. Das Drängen von Vertretern der Exportindustrie im Wirtschaftsrat der CDU zu einer positiven Einstellung zu den Ostverträgen 1971/72 belegt die These, daß die Ostverträge im Interesse der Wirtschaft gestanden haben. Auch wenn die Berichterstattung des BDI den Osthandel „wie ein geduldetes Übel mit dem Makel des Unsittlichen behaftet" (Tudyka) bezeichnete, so steht doch außer Zweifel, daß wirtschaftliche Interessen günstigere Rahmenbedingungen nach der Unterzeichnung der Verträge antrafen als zuvor. Andere Beispiele, die zeigen, wie der Kaufmann dem Politiker folgte, liegen nahe: die Öffnung Chinas in den 70er Jahren oder die Intensivierung des Handels zwischen den USA und der UdSSR in Zeiten der Entspannung.

Eine abschließende Beurteilung des wirtschaftspolitischen Instrumentariums führt zu folgenden Grundsätzen:

— Zentral war die Fragestellung nach dem Einsatz außenwirtschaftspolitischer Instrumente in ihrer Auswirkung auf die Beeinflussung des Verhaltens anderer Staaten. Das „stärkste" Mittel, die wirtschaftliche Sanktion, kann in der Hand eines einzelnen Staates mittel- und langfristig kaum etwas bewirken, kurzfristig allenfalls Friktionen.

— Die Wirkung wirtschaftlicher Sanktionsmaßnahmen ist umstritten. Es gibt nur wenige Beispiele, die zeigen, daß ein Staat unmittelbar zu einem gewünschten Verhalten hat veranlaßt werden können (wie z. B. Japan durch die OPEC-Embargo 1973/74). Längerfristig haben sich in einigen Fällen sogar positive Effekte für die Betroffenen ergeben. Rhodesien z. B. hat seine Wirtschaft als Folge der Sanktionsmaßnahmen diversifizieren können, so daß Rhodesien-Zimbabwe nach eineinhalb Jahrzehnten seiner einseitigen Unabhängigkeit von der Tabakmonokultur zu einem landwirtschaftlichen Selbstversorger geworden und von industrieller Unterentwicklung zur Eigendeckung mit einfacheren Industriegütern übergegangen ist.[18]

— Die Wirkung (wirtschaftliche wie politische) eines Instrumentes hängt ab von
  — dem Stand der Entwicklung eines Landes,
  — dem Grad der Verflechtung eines Landes mit einem anderen, d. h.
  — dem Umfang der Außenwirtschaftsbeziehungen eines Staates,
  — dem Grad der Konzentration (Produktkonzentration wie Konzentration auf ein Partnerland).

Je höher der Grad der Konzentration auf ein Außenhandelsgut und je zentraler (,,sensibler'') dieses Gut für die Wirtschaft eines Landes ist, um so mehr hängt dieses Land von dem Produkt ab und ist von Außeneingriffen mit wirtschaftspolitischen Mitteln zu beeinflussen. Für hochindustrialisierte und international integrierte Gesellschaften sind solche strategischen Güter Rohstoffe, die nicht im eigenen Land gefördert werden können. In Schwellenländern der Entwicklung können auch Industrieprodukte eine solche Funktion erfüllen.

— Die Wirkung beim Einsatz eines Instruments hängt auch davon ab, ob und wieviele Länder sich der gleichen Maßnahmen gegen ein Land bedienen. Wenn Moskau keine amerikanischen Computer erhält, so sind europäische Firmen zur Stelle. Unwirksam ist also ein Instrument, wenn dessen Einsatz von anderen Staaten umgangen wird. So hat z. B. der ,,unfreundliche Akt'' einiger arabischer und asiatischer Länder in der Anerkennung der DDR nicht durch Wirtschaftshilfeprogramme aufgehalten werden können. Statt der Bundesrepublik haben der deutsche Konkurrenzstaat und andere sozialistische Staaten die Lücke gefüllt. Die Hallstein-Doktrin war etwa ab den sechziger Jahren mit dem Mittel der Wirtschaftshilfe nicht mehr exekutierbar. Außerdem wurde dieses Instrument nie so konsequent gehandhabt, daß nach jedem unfreundlichen Akt sofort alle Entwicklungsprogramme gestoppt worden wären. Man ließ sie lediglich auslaufen und ging von dem Grundsatz aus, daß eingegangene Verpflichtungen auch eingehalten werden sollten.

- Die Umsetzung wirtschaftspolitischer Instrumente in außerwirtschaftliche politische Erfolge ist ferner davon abhängig, wie solche Instrumente in einem Staatenverband wie z. B. der EG durchgesetzt werden können. Die antihegemonialen Entscheidungsmechanismen der EG (Einstimmigkeit im Ministerrat) verhinderten bzw. verzögerten in einem gewissen Maße die Umsetzung der Wirtschaftskraft der Bundesrepublik in politische Zielsetzungen (wie größere Integration der EG-Statten, Erweiterung der EG, Einführung von Europawahlen etc.).

- Die funktionalistische Schule der Integrationsforschung geht davon aus, daß es einen Überschwappeffekt aus dem wirtschaftlichen in den politischen Bereich gibt, daß wirtschaftliche Beziehungen auch zu politischen Beziehungen führen (Beispiel des „Deutschen Zollvereins" und die Vorläufer bundesstaatlicher Zollvereine, die Europäische Wirtschaftsgemeinschaft und die Vorläufer sektoraler Zusammenschlüsse auf den Gebieten von Kohle und Stahl, der Atomforschung etc.). Im Falle der deutschen Einigung kann dieser Funktionsansatz als bestätigt gelten, im Falle der EG sind Zeichen einer solchen Entwicklung zu erkennen (gemeinsame Standpunkte in vielen außenpolitischen Fragen). Die Wirtschaftskontakte zu osteuropäischen Staaten (diplomatisch: zuerst Konsulate, dann Botschaften) laufen in eine ähnliche Richtung.

  Ein einseitig determiniertes Verhältnis liegt jedoch sicherlich nicht vor, zumal es Widersprüche im Einsatz solcher Instrumente gibt. So liefen die eher protektionistischen Industrieinteressen nach der Koreakrise über den Kanzler gegen die Liberalisierungspolitik seines Wirtschaftsministers. Für Adenauer waren Wirtschafts-Beziehungen zu Ostblockländern (insbes. zu Polen) ein Alibi für die Nichtexistenz politischer Beziehungen, so daß dieses Instrument lange Jahre geradezu konterproduktiv eingesetzt wurde.

- Schließlich ist darauf hinzuweisen, daß gezielt auf einen bestimmten Zweck das wirtschaftspolitische Instrumentarium nicht anzuwenden ist, bzw. nicht angewandt wird. Die Verwendung der Wirtschaftshilfe von der Bundesrepublik ist heute weitgehend ins Belieben der Empfängerländer gestellt und kann folglich ebenso für Zwecke, für die die Mittel nicht vorgesehen worden waren, eingesetzt werden. Der Kauf von Militärgütern ist dabei ebenso möglich wie die Ressourcenfreisetzung für militärische Zwecke.

4.4 Das Militär

Das letzte Mittel der Politik ist der Einsatz des Militärs. (Krieg als Fortsetzung der Politik mit anderen Mitteln: Klassische Definition von Clausewitz). Trotz nuklearer Rüstung sind begrenzte Kriege auf einem dritten Territorium noch immer möglich und seit dem atomaren Patt zwischen den USA und der UdSSR auch immer wieder erfolgt. In systematischer Absicht ist danach zu fragen, a) inwieweit die Stärkung oder Schwächung militärischer Potentiale eines anderen Staates diesen zu einem gewünschten Verhalten bringen, ob b) Militärgüterlieferungen eines Staates überhaupt das militärische Potential beeinflussen und c) der Einsatz physischer Zwangsmittel gewünschte Ziel haben erreichen lassen.

Ein vor allem von der UdSSR und von westlichen Staaten eingesetztes Mittel der Außenpolitik ist die Lieferung militärischer Ausrüstungsgüter an Staaten, die dadurch (unter der Voraussetzung der Konzentration auf nur ein Lieferantenland) in Abhängigkeit geraten können. Die Lieferung von Ersatzteilen bzw. die Lieferung weiterer Waffen kann zumindest kurzfristig politische Wirkungen haben, auch wenn − wie der Fall der Militärbeziehungen zwischen Ägypten und der UdSSR zeigte − trotz enger militärischer Verflechtung eine Loslösung möglich ist.

Militärberater sind in vielen Ländern eine feste Einrichtung geworden. In nicht wenigen Fällen ist es zum Einsatz von Militär für gesellschaftspolitische Aufgaben gekommen, z. B. in Äthiopien zur Stützung des kaiserlichen Regimes (1960) und vor allem in Lateinamerika zur „Stabilisierung" von Militärregierungen wie in Uruguay, Chile, Argentinien etc. Z. B. wurde 1965 die amerikanische Militärhilfe an Südamerika im Rahmen der „Allianz für den Fortschritt", die 1961 von Kennedy ins Leben gerufen worden war, zu

52 % für „innere Sicherheit",

24 % für die Marine, die in einigen Ländern wie Argentinien eine innenpolitische Schlüsselrolle inne hat,

15 % für „zivile Aktionen"

9 % für Ausbildungs- und andere Programme ausgegeben[19].

Nicht unwichtig sind in diesem Zusammenhang die Anti-Guerilla-Schulen.

Informationen über den Einsatz des Militärs durch Staaten des Warschauer Paktes sind spärlich. Das Weißbuch 1979 des Bundesverteidigungsministers enthält prozentuale Angaben über die Lieferung von größeren Waffensystemen nach Afrika für die Periode 1967 bis 1976. Danach beträgt der Anteil der Sowjetunion 72,6 % bei Panzer und Geschützen, 37,0 % bei Schiffen, 51,3 % bei Flugzeugen und 28,6 % bei Raketen. Die englischen und französischen Lieferungen zusammen liegen höher bei den Schiffslieferungen (59,6 %) und bei Raketen (41,8 %), der Anteil der USA bleibt demgegenüber gering.[20] Bundesdeutsche Lieferungen tauchen in dieser Statistik nicht auf. Die Entsendung von Soldaten in kritische Zonen (der Umfang der kommunistischen Militärhilfe betrug 1978/79 etwa 4500 Mann) belegt, daß Rüstungsexport und Militärhilfe auch für die Staaten des Ostblocks ein wichtiges, ja — wenn man den geringen Anteil der Entwicklungshilfe dagegen aufrechnet — bevorzugtes Mittel der Politik gegenüber der Dritten Welt sind. Die Nord-Süd-Kommission hat errechnet, daß im Globalmaßstab die jährlichen Militärausgaben in der Wende zu den 80er Jahren 450 Mrd. Dollar betragen, gegenüber nur 20 Mrd. für Entwicklungshilfe.[21]

Nach absoluten Werten gerechnet ist der Rüstungstransfer der Bundesrepublik im Vergleich zu anderen Ländern wie den USA, Großbritannien oder Frankreich bescheiden (etwa 100 Mill. US-S jährlich zwischen 1965 und 1970 und etwa 200 Mill. US S jährlich zwischen 1970 und 1975). Diese Beträge reichen aber aus, um die Bundesrepublik von Rang 8 (1966—68) auf Rang 6 (1974—76) der wichtigsten Rüstungslieferanten zu bringen, wobei diese Rüstungsexporte nicht nur an NATO-Länder, sondern in zunehmendem Maße an Staaten der Dritten Welt gegangen sind. Insgesamt betrugen 1975 die Rüstungsexporte ca. 18 Mrd. US-Dollar und haben sich innerhalb von zwei Jahren verdoppelt.[22] Die Waffenexportanteile betrugen 1979: USA 39 %, UdSSR 28 %, Frankreich 6 %, BRD 5 % (nach Bonner Rechnung 2 %)[23] und waren durch ihre breite Streuung politisch quasi unwirksam. Auf drei Gebieten wurde militärische Ausrüstungs- und Ausbildungshilfe gewährt:
— in der „militärischen Phase" (Haftendorn) begann die Bundeswehr Teilstreitkräfte z.B. im Sudan, in Nigeria und Tansania auszurüsten und auszubilden,
— in der „Polizei-Phase" deutscher Militärhilfe übernahm die BRD die Aufstellung und Ausrüstung von Polizeistreitkräften z.B. in Somalia, Äthiopien und Niger,
— in der Infrastruktur-Phase westdeutscher Militärhilfe wurden vor allem Ausrüstungsgegenstände (Pionier- und Straßenbaugeräte, Transport- und Verbindungsflugzeuge etc.) geliefert. Das Modell

war Guinea, das 1970 jedoch den Abbruch der Beziehungen durch Sekou Touré erwirkte.

Bei ca. 1 % Anteil an der Gesamtproduktion und den Beschäftigten und bei breiter Streuung nach Firmen und Produktionsprogrammen stellt die Waffenproduktion einen nur unbeträchtlichen Produktionszweig dar. Dennoch haben sich z. B. die Betriebsleitungen und Betriebsräte der betroffenen Firmen um eine Lockerung der Ausfuhrbestimmungen bemüht.

Für die Bundesrepublik sind die politischen und wirtschaftlichen Grundsätze des Rüstungsexports in folgenden Gesetzen bzw. Erklärungen geregelt:

— Das *Gesetz über die Kontrolle von Kriegswaffen* vom 20.4.1961 (Kriegswaffenkontrollgesetz, KWKG) besagt, daß die Herstellung von zur Kriegsführung bestimmten Waffen nur mit Genehmigung der Bundesregierung betrieben werden darf. Die Genehmigung ist zu versagen, wenn 1. die Gefahr besteht, daß solche Waffen bei einer friedenstörenden Handlung z. B. bei Angriffskriegen verwendet werden und 2. Grund zur Annahme besteht, daß die Erteilung der Genehmigung völkerrechtliche Verpflichtungen der Bundesregierung verletzen.

— Beschränkung der Rüstungsexporte nach dem *Außenwirtschaftsgesetz* vom 28.9.1961;

nach diesem Gesetz können unter bestimmten Umständen Beschränkungen des Außenwirtschaftsverkehrs vorgenommen werden, so um

1. die Sicherheit der BRD zu gewährleisten,
2. eine Störung des friedlichen Zusammenlebens der Völker zu verhüten oder
3. zu verhüten, daß die auswärtigen Beziehungen der BRD erheblich gestört werden.

Insbesondere auf Punkt 3 konnte sich die Bundesregierung berufen, um das Röhrenembargo gegenüber der UdSSR von 1962 zu erlassen. Die konkrete Ausfüllung dieser Bestimmungen hängt von der Einschätzung politisch Verantwortlicher ab. Die bekanntgewordenen heimlichen Waffenkäufe Israels in der Bundesrepublik in den Jahren 1957 und 1960 im Werte von „mehreren Hunderten Millionen Dollar" (Peres)[24] sollten zwar aufgrund ihres geheimen Charakters die Beziehungen insbesondere zur arabischen Welt (Ägypten vor allem) nicht trüben, (sie haben dies aber sehr wohl getan); einen Krisenherd stellte der Nahe Osten aber bereits zu dieser Zeit dar.

— *Politische Grundsätze der Bundesregierung* für die Exporte von Kriegswaffen v. 16.6.1971.

Die Grundsätze dienen als Richtlinien für die Anwendung des KWKG und des Außenwirtschaftsgesetzes. Sie besagen, daß Länder in Spannungsgebieten keine Kriegswaffen erhalten sollen. Dieses Prinzip galt schon unter der Regierung Erhard ab Februar 1965. Soweit die offizielle Regierungspolitik bzw. die rechtlichen Grundlagen zur Einschränkung bzw. Steuerung des Handels mit Rüstungsgütern. In der tatsächlichen Ausführung zeigen sich jedoch einige „Unstimmigkeiten".

Diese politischen Grundsätze, die vom Bundessicherheitsrat (BMWi, BMVtg, AA) überwacht werden, sind mehrfach durchbrochen worden. Zum einen durch Koproduktion mit Ländern (z. B. Frankreich), die solchen Beschränkungen nicht unterliegen, zum anden durch Verpflichtungen innerhalb des NATO-Bündnisses, die z. B. die Belieferung an die Türkei und Griechenland gleichzeitig zuließen, und drittens durch geheime Lieferungen.

Schließlich wird ein großer Teil des Rüstungsexports in Form von know how (Lizenzen, Konstruktionsplänen), also sogenannten Blaupausen abgewickelt.

In ähnlicher Weise hat die amerikanische Regierung den Außenhandel bestimmten Bedingungen der Kontrolle unterworfen (Gesetz über den Handel mit dem Feind, 1817, Export-Kontroll-Gesetz, 1949). Exporte können untersagt werden zum Zweck „der Förderung", der Außenpolitik der Vereinigten Staaten und als Beitrag zur Erfüllung unserer internationalen Verpflichtungen, sowie die notwendige Wachsamkeit über Exporte walten zu lassen vom Standpunkt ihrer Bedeutung für die nationale Sicherheit der USA aus".[25] Auf diesen Bestimmungen beruhten die Handelsverbote mit den Achsenmächten des Zweiten Weltkriegs ebenso wie die gegen kommunistische Staaten und Rhodesien in der Nachkriegszeit.

Die Wirkung des Einsatzes des militärpolitischen Instruments der Außenpolitik hängt ab von
— der Interdependenz zweier Staaten im militärischen Bereich: bei einem hohen Grad an einseitiger Abhängigkeit ist die Manipulation dieses Instruments zumindest kurzfristig wirksam;
bei diversifizierter Ausrichtung sowohl von militärischen Gütern und Militärexperten als auch nach Lieferländern ist das Instrument von geringer Bedeutung;

— der Art des Rüstungsguts. Nicht alle militärischen Güter taugen zur militärischen Konfliktlösung. So ist z. B. der Einsatz von U-Booten bei lokalen Konflikten höchst unwahrscheinlich.

Das stärkste Mittel der Interessendurchsetzung sind der aktuelle Einsatz militärischer Mittel oder allgemeiner: von Mitteln der Gewalt: Erpressung, Repressalien, Geiselnahme, Blockade etc.

Erpressung liegt vor, wenn ein Staat (oder Individuen) einem anderen rechtswidrig androht, bei Nichteinhaltung eines gewünschten Verhaltens ihn mit einem „empfindlichen Übel" zu schädigen[26]. Der angedrohte Öl-Lieferstopp an Staaten, die 1973 die israelische Politik unterstützt haben, wäre ein Beispiel. Geiselnahme ist eine in den 70er Jahren häufig angewandte Art der Erpressung gewesen. (Deutsche Diplomaten in der Stockholmer Botschaft 1975 um die Freilassung inhaftierter Terroristen; vier wurden freigelassen. Die Ingewaltnahme einer Lufthansa-Maschine endete 1976 mit der Erstürmung der Maschine in Mogadischo ohne Tausch.) Die Vergeltung durch entsprechende Maßnahmen wäre eine Repressalie, d. h. eine Reaktion auf ein völkerrechtliches Delikt mit gleichartigen Mitteln.

Das Instrument der Blockade[27] ist in der Nachkriegszeit wiederholt und mit unterschiedlichem Erfolg eingesetzt worden. Die Berlin-Blockade 1948 hat nicht die erwünschte Isolation Westberlins gebracht, die Kuba-Blockade 1962 hat die Sowjetunion zum Rückzug ihrer Raketen gezwungen. Als Instrument zur Befreiung ihrer Geiseln in der amerikanischen Botschaft in Teheran erwogen die USA eine Seeblockade im Persischen Golf.

4.5 Geheimdienste (Untergrund, Spionage)

Geheimdienste sind weitere Instrumente der Außenpolitik vornehmlich im Bereich der militärischen Geheimhaltung. Zu den „unkonventionellen" Methoden solcher Geheimdienste zählen

— Bestechung,
— gezielte Finanzierung bestimmter Gruppen,
— Sammlung und Auswertung von Informationen,
— Tötung („Liquidierung") wichtiger Personen.

Die Geheimdienste genießen weitgehende Autonomie und waren wie der CIA praktisch ohne Kontrolle bei wichtigen Lageberatungen, Aktionsvorschlägen und Aktionsausführungen. Ihre operativen

Möglichkeiten reichen weit über den Bereich der Informationsbeschaffung und -auswertung hinaus und haben durch ihre Kapazität (Schätzungen über die personelle Ausstattung vergleichen z. B. den CIA mit der des State Departement) und dem Informationsmonopol in einigen Bereichen schon durch die bloße Existenz eine psychologisch negative Wirkung.

Einige bekannt gewordenen Fälle zeigen, daß dieses negative Image z. T. auch nicht ohne Grund entstanden ist. Insbesondere der operativ politische Einsatz des CIA in einigen Ländern Südamerikas wie Guatemala, Kuba, Chile etc. zeigt die Reichweite dieses außenpolitischen Instruments, das sogar außer Kontrolle der Exekutive geraten kann. So wurde z. B. 1954 der Sturz der linksorientierten Regierung in Guatemala durch vom CIA ausgebildete und finanzierte Verbände herbeigeführt.

Die unter Ausschluß der Öffentlichkeit stattfindenden Aktionen der Geheimdienste (CIA wie KGB oder BND) haben aber auch dazu geführt, daß dieses Instrument häufig überschätzt wird und zu gezielter Antipropaganda verwendet wurde.

Durch einen bekannt gewordenen geheimen Bericht des Bundesnachrichtendienstes BND scheint belegt zu sein, daß die genannten außenpolitischen Maximen der Bundesregierung in bezug auf militärische Waffen und Geräteexporte nicht immer eingehalten worden sind[28]. Nach einem Bericht des BND-Präsidenten soll der BND über verschiedenen Firmen (Merex bis 1970, dann Dobbertin) Kriegsmaterial in Krisenherde der Weltpolitik geliefert haben(an Nigeria zur Zeit des Biafra-Bürgerkrieges, an Rhodesien, obwohl sich die BRD dem 1966 von der UNO verhängten Handelsembargo angeschlossen hatte, an Südafrika trotz der Zurückweisung von Vorwürfen seitens der Organisation für Afrikanische Einheit (OAU), an Griechenland, obwohl der BT 1968 die Regierung aufgefordert hatte, der Junta keine Militärhilfe zu gewähren, an Jordanien, trotz Lieferung auch an Israel, an Pakistan und Indien, die 1965 miteinander im Krieg lagen). Bei der Beurteilung solcher bekanntgewordener Geheimberichte ist zu prüfen, in welchem Umfang solche Lieferungen getätigt worden sind und inwieweit die Regierung, unter deren Kontrolle solche Geschäfte stehen müßten − und dies aus 2 Gründen: 1. eigene militärische Bestände (Monopol) und 2. Kontrollmöglichkeiten (durch Erteilung von Exportgenehmigungen) über privaten Handel mit Waffen anderen Ursprungs − inwieweit also die Regierung solche Geschäfte bewußt betrieben hat oder solche Geschäfte ohne

Deckung von Vorgesetzten durchgeführt worden sind. In diesem Falle würde es sich um eine „Panne", in jenem um eine unglaubwürdige, weil doppelbödige Politik handeln. In jedem Falle aber müßte die jeweils im Amt befindliche Regierung dafür zur Verantwortung gezogen werden.

Praktisch ist dies jedoch nicht möglich, weil die Personen, die mit der politischen Führung beauftragt waren, z. T. nicht mehr im Amt sind und solche Geschäfte unter der Führung aller drei Parteien getätigt worden sind, so daß das liberale Kontrollprinzip von Macht und Gegenmacht in diesem Fall nicht funktioniert. Die Veröffentlichung des Geheimdokuments lag zwar 1979 an einer parteikontroversen Interessenlage um die Kandidatur zum Bundespräsidenten; zu einer parlamentarischen Untersuchung ist es jedoch nicht gekommen, da alle im Bundestag vertretenen Parteien verantwortlich zu machen wären.

Von der Interessenlage auswärtiger Staaten sieht dieser Fall folgendermaßen aus:

— in den Fällen gleichzeitiger Belieferung von Waffen an alle kriegführenden Kontrahenten wie Pakistan und Indien, Israel und Jordanien, Griechenland und Türkei, ist ausländische Kritik nicht zu erwarten und folglich auch nicht erfolgt,

— bei einseitiger Parteinahme für oder Bevorzugung eines Kontrahenten wie Rhodesien und Südafrika ist Kritik seitens der benachteiligten Staaten zu erwarten und folglich auch erfolgt, z. B. von der OAU;

— nicht immer unter Kontrolle ist die Weiterverwendung von Waffen. So wurden z. B. Schiffe und Flugzeuge deutschen Ursprungs von Portugal auch in den früheren Kolonien eingesetzt, obwohl die Auflage bestand, daß die von Bonn gelieferten Waffen nur im NATO-Gebiet eingesetzt werden durften.

4.6 Parteien und Verbände als Instrumente der Außenpolitik

Mit organisierten und informellen Gruppierungen, gesellschaftlichen Organisationen, kulturellen Einrichtungen ist ein Bereich von über die Grenzen wirkender Aktivitäten angesprochen, der nicht selbstverständlich zu den außenpolitischen Instrumenten gerechnet wird. Die relative Autonomie intermediärer gesellschaftlicher Gruppen

154

verbietet, so scheint es, eine Instrumentalisierung. Dennoch entspricht ein solches Idealbild einer pluralistischen Gesellschaft nicht der Realität. Es lassen sich in der dreißigjährigen Geschichte der bundesrepublikanischen Außenpolitik zahlreiche Fälle nennen, die einen instrumentalen Charakter aufweisen. Auf direktem oder indirektem Wege hat sich die Regierung der Außenaktivitäten gesellschaftlicher Gruppen bedient, um ihre außenpolitischen Ziele durchzusetzen, so z. B. wenn Konrad Adenauer die Wirtschafts- und auch Vertriebenenverbände als Alibi für eine passive Ostpolitik benutzte oder den Deutschen Gewerkschaftsbund instrumental für die Wiederbewaffnungspolitik einzusetzen versuchte. Die staatliche Entwicklungshilfe, die über kirchliche Organisationen abgewickelt wird, ist ein anderes Beispiel.

Mehr indirekt wirken Parteien und Interessenverbände in die Außenpolitik durch eigenständige Aktivitäten, die aber, sei es über organisatorische Identität (Regierungswille gleich Parteiwille), sei es über operative Identität (Außenwirtschaftsinteresse der Regierung gleich Interesse der betreffenden Wirtschaftszweige oder Firmen) gleichwohl zu den außenpolitischen Realisationsmöglichkeiten einer pluralistisch organisierten (oder auch korporatistisch organisierten) Gesellschaft gezählt werden müssen.

4.6.1 Parteien als Instrumente der Außenpolitik

Mit der Entwicklung der Parteien zu Staatsorganen oder Quasi-Staatsorganen hat deren Wirken auch über die Grenzen des Landes hinaus zugenommen. Die parteienstaatliche Demokratie der Bundesrepublik hat in den Parteien bzw. Fraktionen zentrale Entscheidungszentren. Internationale Organisationsformen der Parteien selbst sind von sozialistischen und kommunistischen Parteien abgesehen erst nach dem 2. Weltkrieg entstanden. Die europäischen Einigungsbestrebungen insbesondere haben bei christlich-demokratischen und liberalen Parteien zu allerdings losen Vereinigungsformen geführt. Gegenseitige Unterrichtung und Konsultation sind dabei die wichtigsten Mittel im Bemühen um politische Gemeinsamkeiten. Im nationalen Rahmen haben heute alle Parteien in der Bundesrepublik Institutionen, die für außenpolitische Aktivitäten zuständig sind, ausgebildet.

Insbesondere sind die Stiftungen,die alle vier Parteien in der BRD eingerichtet haben, bedeutende Instrumente bilateraler Kooperation. Veranstaltungen (Seminare), Stipendienvergabe und Projektfinanzierungen (besonders in Ländern der Dritten Welt) sind die wichtigsten Methoden internationaler Aktivität.

Die sozialistischen internationalen Parteiorganisationen (Sozialistische Internationale, Komintern) haben in sehr viel höherem Maße auf nationale Parteien gewirkt. Vereinzelt haben internationale Parteiorganisationen auch direkte außenpolitische Initiativen ergriffen. Die Nahost-Missionen der Sozialistischen Internationalen 1974/75 und der Vorstoß zur PLO-Anerkennung 1979 sind solche Beispiele. Wie für andere gesellschaftliche Organisationen, so gilt auch für die internationale Politik der Parteien, daß der jeweilige nationale Bezugsrahmen der primäre ihres Handelns darstellt. Die gesellschaftlichen, wirtschaftlichen, sicherheitspolitischen und ideologisch-traditionellen Unterschiede sind zu groß, als daß das internationale oder regionale Bezugssystem von allzu großer Bedeutung wäre[29].

4.6.2 Interessenverbände

Als relativ selbständige Akteure im außenpolitischen Handlungsfeld haben insbesondere wirtschaftliche Interessengruppen diplomatische Verkehrsformen ausgebildet, die Hartmut Weisert je nach dem Gegenstand ihrer Tätigkeit als Delegations-, Vertrags- und Investitionsdiplomatie bezeichnet hat[30]. Mit Delegationsdiplomatie können wirtschaftliche Sondierungsgespräche bezeichnet werden, die Industrie- und Verbandsvertreter mit ausländischen Gesprächspartnern führen. Als sich die Regierungen des Iran und der Bundesrepublik 1973 für einen Ausbau der Wirtschaftsbeziehungen ausgesprochen hatten, hielt sich Anfang 1974 auf Einladung der iranischen Regierung eine Delegation des BDI im Iran auf und verhandelte als letztlich kompetenter Gesprächspartner. Als ähnlich selbständiger Interessenvertreter nahm z. B. der Bundesverband Deutscher Banken an den Jahrestagungen des Internationalen Währungsfonds teil. Vertragsdiplomatie betrieb der durch Kabinettsbeschluß offiziell bestätigte Ostausschuß der Deutschen Wirtschaft, der in den Jahren, als es noch keine diplomatischen Vertretungen in den osteuropäischen Ländern gab, Handelsverträge mit der VR Rumänien (1953) oder mit der VR China (1957) schloß. Als Investitionsdiplomatie bezeichnet Weisert schließlich diejenige Tätigkeiten von Industrie- und Verbandsvertretern, die auf die ausländische Investititionstätigkeit deutscher Firmen gerichtet ist und als Adressaten nicht nur die jeweilige Regierung des anderen Staates, sonder auch die des eigenen Landes hat. Die Einwirkungen wirtschaftlicher Interessen, vertreten durch den BDI und den Deutschen Industrie- und Handelstag (DIHT), auf die Neugestaltung des Entwicklungsländersteuergesetzes im Jahre 1974 ist ein Beispiel einer solchen Diplomatie.

Neben der Nutzung selbständiger Organisationen für die Ziele der Außenpolitik einer Regierung und dem autonomen Wirken „privater Außenpolitik" von Interessenorganisationen gibt es drittens gemischte staatlich-private Kooperationsformen, die insbesondere den außenwirtschaftlichen Verkehr kennzeichnen. Zu diesen gehören der Außenwirtschaftsbeirat beim BMWi, der neben Beamten des Ministeriums Vertreter von Unternehmen und Banken umfaßt. Dieser mehrmals jährlich tagende Beirat ist für die Meinungsbildung des Wirtschaftsministers nach Aussagen Beteiligter beinahe ebenso wichtig wie die „Konzertierte Aktion". Zu den gemischten Kooperationsformen gehören auch die verschiedenen gemischten Regierungskommissionen, die die Konkretisierung von Verträgen garantieren sollen. So sind in dem Kooperationsabkommen der Bundesrepublik mit den Mitgliedern des Rates für gegenseitige Wirtschaftshilfe (RGW) sowie mit der VR China gemischte Kommissionen vorgesehen. Die von Bundeskanzler Brandt 1971 mit dem Generalsekretär des ZK der KPdSU verabredete deutsch-sowjetische Kommission für wirtschaftliche und wissenschaftlich-technische Zusammenarbeit besteht auf der deutschen Seite aus Vertretern verschiedener Ministerien und führender Repräsentanten der Wirtschafts-(DIHT), Industrie-(BDI) und Bankenverbände. Zu den offiziell-offiziösen staatlich-privaten Kooperationsinstrumenten gehören auch die Banken, die für die Abwicklung von Auslandsgeschäften von großer Bedeutung sind. Sie ermöglichen nicht nur die Finanzierung größerer Auslandsgeschäfte, sie garantieren auch Exportgeschäfte. Die Kreditanstalt für Wiederaufbau in Frankfurt ist ein solches staatliches Spezialkreditinstitut, das die langfristige Finanzierung von Exportgeschäften und Entwicklungsprojekten im Rahmen der deutschen Kapitalhilfe übernimmt. Die Deutsche Gesellschaft für wirtschaftliche Zusammenarbeit (Entwicklungsgesellschaft mbH) in Köln, eine privatwirtschaftlich betriebene Spezialbank im Bundesbesitz, fördert mit Darlehen und Beteiligungen Investitionen in der Dritten Welt.

Schließlich sind die Treuarbeit AG und die Hermes Kreditversicherungs-AG zu nennen, die im Auftrag des Bundes staatliche Garantien für Kapitalanlagen im Ausland und für Exportgeschäfte gewähren.

Zu den offiziell-offiziösen Kooperationsformen in Auslandsgeschäften zählt auch die Tätigkeit der z. T. über hundert Jahre existierenden Auslandshandelskammern, die vom Dachverband der Industrie- und Handelskammern, dem DIHT, gegründet wurden und parallel zu den rein staatlichen Aktivitäten, aber mit staatlicher Legitimation (juristische Form: öffentlich-rechtlich) operieren. Sie gewähren Exporteuren wichtige Auskünfte über das jeweilige Land und dies in beiden Richtungen. Gewöhnlich arbeiten sie eng mit den Botschaften der Bundesrepublik zusammen und unterscheiden sich von Verbänden durch ihre Verpflichtung auf das gesamtwirtschaftliche Interesse. Als sachverständige Organe der Wirtschaftsleitungen bilden die Auslandshandelskammern eine wichtige Informationsclearingstelle zwischen privaten und staatlichen Stellen.

Auch die *Gewerkschaften* haben ihre außenpolitischen Instrumente entwickelt bzw. sind instrumental von der politischen Führung eingesetzt worden. Angesichts zunehmender wirtschaftlicher und politischer „Internationalisierung" (Supranationale Organisationen, Multinationale Konzerne) und größerer internationaler Mobilität von Arbeitskräften kommt der internationalen Organisation der Gewerkschaften erhöhte Bedeutung zu. Diese realisiert sich

— als gewerkschaftliche Partizipation in nationalen, supranationalen und internationalen Institutionen,

— als Mitgliedschaft in der internationalen Gewerkschaftsbewegung („Internationaler Gewerkschaftsbund" ab 1903),

— durch Personalunion von Gewerkschafts- und Parteimitgliedschaft, durch die sich auch eine Verbindung zur internationalen Organisation der Parteien ergibt. In der sozialistischen Internationalen spielten Gewerkschaftler eine große Rolle. Ein wichtiges Mittel internationaler Gewerkschaftsaktivitäten ist der Solidaritätsstreik, wie er schon vor dem 1. Weltkrieg vereinzelt praktiziert wurde[31].

Das Mittel des politisch motivierten Solidaritätsstreiks scheint heute aber nur bei den skandinavischen Gewerkschaften (NFS) beschlossene Sache zu sein. Streiks aus Solidarität mit Arbeitskollegen in anderen Ländern hat es kaum gegeben. Im Gegenteil, die wochenlangen Streiks in der französischen Stahlindustrie oder der englischen

Automobilindustrie 1978 haben lediglich zu Sympathiebekundungen geführt. Die deutschen Automobilarbeiter wurden aber zusehens verärgert über den Arbeitsausfall durch Mangel an Zulieferteilen aus England. Auch an diesem Beispiel zeigt sich, daß nationale Interessen stärker sind als internationale Solidarität. Konzeptionelle Differenzen, Unterschiede in Tradition und Mentalität, materielle Konkurrenzsituationen haben bis heute eine internationale gewerkschaftliche Solidarität verhindert. Die Ohnmacht internationaler Gewerkschaften zeigte sich bei einer Konfrontation zwischen dem multinationalen Konzern Saint Gobain Company und einer Gruppe internationaler Gewerkschaften 1969. Diese und andere Vorfälle führten Robert W. Cox zur Schlußfolgerung, ,,daß derzeit die auf nationale Strategie gerichteten Momente in den Bewegungen der Arbeiterschaft überall auf der Welt vorhanden und daß eine Entwicklung zu verstärkten transnationalen Gewerkschaftsverhandlungen mit Multis unwahrscheinlich sind."[32]

Der instrumentale Charakter einer Gewerkschaftsorganisation für die staatliche Exekutive kann veranschaulicht werden am Beispiel des bargaining, das Adenauer mit dem Deutschen Gewerkschaftsbund veranstaltet haben soll. Als Gegenleistung des DGB für die Einwilligung zur Wiederbewaffnung gab Adenauer die Zustimmung zur paritätischen Mitbestimmung im Montanbereich[33].

4.7 *Informale Aktivitäten:* Kirchliche und andere Wohlfahrtseinrichtungen, Studenten- und Wissenschaftleraustausch, Kulturinstitute, Sportverkehr, etc.

Die beiden Kirchen in Deutschland haben mit ihrer Verflechtung und gleichzeitigen Distanz zu den Parteien einen nicht unerheblichen Einfluß auf das politische Klima in der Bundesrepublik ausgeübt und insbesondere durch ihre Stellungnahmen zu Osteuropa (,,Die Lage der Vertriebenen und das Verhältnis des deutschen Volkes zu seinen östlichen Nachbarn" 1965 sowie Memorandum des Bensberger Kreises 1968 zum deutsch-polnischen Verhältnis) eine wichtige Grundlage zur Ostpolitik gelegt. Nicht unwichtig sind auch ihre Aktivitäten in der Dritten Welt durch die Organisationen *Misereor* (1959) und *Adveniat* (1961) sowie die Hilfsaktion ,,*Brot für die Welt*" (1960) und die Caritas.

Diese kirchlichen Organisationen fördern Projekte „mit kirchlichem Bezug" aus eigenen Quellen (Kirchensteuern, Spenden) und staatlichen Zuschüssen. Die staatlichen Zuschüsse erfolgen vor allem dann, wenn kirchliche Stellen geeigneter erscheinen.

Die auswärtige Kulturpolitik als dritte Säule (neben Politik und Wirtschaft) der Außenpolitik bezeichnet, ist ein wichtiges Instrument, um das Bild Deutschlands im Ausland darzustellen. Die in relativer Autonomie handelnden Goethe-Institute sind der wichtigste Arm dieser „dritten Säule". Das Auswärtige Amt, der Finanzier der Goethe-Institute, läßt sich vom Grundsatz der Ausgewogenheit leiten, der in der Vergangenheit immer wieder zu unterschiedlichen Interpretationen geführt hat. Als staatliches Instrument ist die Kulturarbeit im Ausland in den Rahmen der Gesamtpolitik eingefügt und erhält von da aus ihre leitenden Maximen.

Weniger in die staatlichen Leitlinien eingebettet ist der Studenten- und Wissenschaftleraustausch; es sei denn, es handelt sich z. B. um konkrete Programme der technischen Hilfe im Rahmen der Entwicklungshilfe. An Bedeutung zugenommen haben die privatwirtschaftlich tätigen Beratungsfirmen (consulting), die Entwicklungsprojekte in anderen Ländern (vor allem Entwicklungsländern) bearbeiten. Viele dieser Projekte stehen in mittelbarer oder unmittelbarer Verbindung mit Entwicklungsprogrammen des BMZ. Solche Firmen betreiben in erheblichem Umfang den Transfer von wissenschaftlichem oder technologischen Wissen.

Wissenschafts- und Kulturpolitik gehören zu den traditionellen Instrumenten auswärtiger Politik. So soll schon im 19. Jahrhundert der deutsche Wissenschaftler Böhringer von der deutschen Botschaft in Athen eine wichtige Rolle gespielt haben, um die Wittelsbacher auf den griechischen Thron zu setzen. Die als wissenschaftlich deklarierten Expeditionen nach Afrika im Kaiserreich waren u. a. ein Mittel der kolonialen Erschließung des Landes. Geologen in preußischer Uniform dienten dabei als Agenten auch wirtschaftlicher Interessen in Schwarzafrika. Internationale wissenschaftliche Kongresse sind noch heute Instrumente nationalstaatlicher Außenpolitik.

Nicht unwichtig sind im gegenwärtigen Verkehr der Staaten die Sportbeziehungen, die in einigen wichtigen Fällen als außenpolitisches Mittel eingesetzt worden sind. Der Einsatz dieses Mittels reicht von der nationalen Selbstdarstellung anläßlich internationaler Veranstaltungen (Olympische Spiele in Berlin 1936, Fußballweltmeisterschaften 1978 in Argentinien) bis zu Länderkämpfen zur Öffnung diplomatischer Beziehungen (Ping-Pong-Diplomatie zwischen den USA und der Volksrepublik China).[34] Auch als Mittel der System-konkurrenz wurde und wird der Sport eingesetzt, so bei Begegnun-gen von Mannschaften aus beiden deutschen Staaten. Insbesondere zur Abgrenzung gegen die Bundesrepublik wurde eine selbständige DDR-Mannschaft bei internationalen Veranstaltungen durchgesetzt.

Auf westdeutscher Seite bedeutete der Gewinn der Fußballwelt-meisterschaft 1954 weit mehr als einen sportlichen Sieg; „nach dem sensationellen Gewinn der Weltmeisterschaft" — so formuliert der dpa-Korrespondent Uwe Prieser rückblickend — „probte ein depri-miertes Volk den aufrechten Gang. Nach diesem 3:2 sagte man ‚wir'."[35] Wir, das heißt die Bundesrepublik als eine politische oder zumindest sportliche Einheit. Auch in dem zwischen Ost und West noch immer strittigen Punkt, Berlin, wurde die Einbeziehung bzw. Nichteinbeziehung Westberliner Sportler immer wieder als Mittel eingesetzt, ebenso wie südafrikanische oder isreaelische sportliche Vertretungen als sport-diplomatische Waffe benutzt worden sind.

Als Mittel der Außenpolitik wurden Sportveranstaltungen, insbe-sondere die Olympischen Spiele, in den letzten Jahren immer wieder benutzt. Dies reicht von der Geiselnahme der israelischen Olympia-mannschaft 1972 in München mit tödlichem Ausgang bis zum Boy-kott afrikanischer Staaten 1976 in Montreal und dem Boykott der Olympischen Spiele in Moskau 1980 durch westliche Staaten als Ant-wort auf die militärische Besetzung Afghanistans durch sowjetische Truppen. In diesem Fall haben sich betroffene nationale Sportver-bände und Mitglieder der Nationalen Olympischen Komitees (NOK) gegen den Einsatz des Sports als politische Waffe eingesetzt mit dem Argument, daß der Sport ein untaugliches Mittel zur Erreichung außenpolitischer Ziele sei und ein Boykott der Spiele mehr schade als nütze. Das Olympische Komitee der Vereinigten Staaten erklär-te zunächst, ein solcher Boykott sei ein „zweischneidiges Schwert, das die olympische Idee gefährde." Später hat sich das amerikani-sche Komitee dem Regierungskurs angeschlossen. Wie so oft im Be-reich der Wirtschaft, so wenden sich auch die Eigenorganisationen des Sports gegen eine Instrumentalisierung ihres Bereichs für außen-politische Zwecke. Gesellschaftliche Subsysteme sind nur dann frei-willig für nationale politische Ziele einsetzbar, wenn damit gleichzei-tig ihre Interessen gefördert werden, nicht aber — oder nur unter be-sonderen Umständen — wenn ihren Interessen entgegenlaufende Maß-nahmen wie Sanktionen ergriffen werden sollen. Im Falle der amerikanischen Olympiateilnahme erklärte der NOK-Präsident Kane, man könne sich „aus Überlegungen nationaler Solidarität und Sicherheit" dem Ersuchen Präsident Carters nicht widersetzen.[36] Das Mittel des Paßentzugs für amerikanische Sportler brauchte also nicht eingesetzt zu werden. Das NOK der Bundesrepublik hat sich Ende der siebziger Jahre von der institutionellen Förderung durch den Bund weitgehend unabhängig gemacht, hätte also die Entsendung einer Olympiamannschaft weitgehend selbständig finanzieren können; die Regierung hätte nach dem Paßgesetz als direkt wirkendes operatives Mittel den Sportlern den Paß entziehen können (eine solche Maßnahme ist allerdings nur möglich, wenn durch die Reiselustigen die „innere oder äußere Sicherheit oder sonstige erhebliche Belange der Bundesrepublik Deutschland oder eines deutschen Landes gefährdet" sind.[37]) In Frage käme auch das finanzielle Instrumentarium; die Sportverbände, die die Mitgliederversammlung des NOK bilden, sind in hohem Maße vom Bund finanziert.

Die relative Unabhängigkeit des NOK zeigte sich anläßlich der Olympischen Spiele 1960, als Willi Daume gegen den ausdrücklichen Willen von Bundeskanzler Konrad Adenauer die gemeinsame Olympia-Fahne (schwarz-rot-gold mit den olympischen Ringen) und die Hymne „Freude schöner Götterfunke" für das gemeinsame Olympia-Team der BRD und der DDR durchsetzte.

Sind oder sollen Olympische Komitees oder andere Sportorganisationen eine unabhängige Politik betreiben können? Die Olympischen Spiele sind wie Weltmeisterschaften *nationale* Veranstaltungen: eine nationale Mannschaft tritt an, nationale Symbole (Fahne, Hymne, Landbezeichnung) werden präsentiert, Siege oder Niederlagen werden im nationalen Rahmen perzipiert und interpretiert. Das Image der Athleten hat nationale Dimensionen. Dieser Organisation entspricht die Zuständigkeit der jeweiligen politischen Zentrale. Ihre Politik ist legitimiert, von gesellschaftlichen Organisationen befolgt zu werden. Der Boykott-Beschluß der Bundesregierung und des Bundestags vom 23. April 1980 blieb denn auch nicht ohne Einfluß auf den Beschluß des Präsidiums und der Versammlung des deutschen Olympischen Komitees. Eine Mehrheit der Mitgliederversammlung des NOK der Bundesrepublik entschied sich am 15. Mai 1980 mehrheitlich für einen Boykott. Eine Unabhängigkeit von Sportorganisationen wäre nur dann möglich, wenn sportliche Veranstaltungen ohne nationale Symbole stattfänden, Athleten also vornehmlich als Individuen oder allenfalls als Verbandsmitglieder auftreten würden. Einem solchen

Kompromiß des IOC wollte das NOK der Bundesrepublik nicht folgen.

Das Argument, nur totalitäre Staaten würden ihre gesellschaftlichen Gruppenorganisationen an die Kandare nehmen und instrumental für ihre Machtzwecke einsetzen, liberal organisierte Systeme müßten dagegen ihren Organisationen Autonomie zubilligen[38], ist kein Argument gegen die politische Zuständigkeit der politischen Führung.

Zusammenfassung

Die Darstellung der außenpolitischen Instrumente, die den Bundesregierungen (und anderen Regierungen) zur Verfügung standen bzw. eingesetzt wurden, führt zu folgenden allgemeineren Schlüssen:

— Der Einsatz des politischen Instrumentariums muß, um wirksam zu werden, der jeweiligen Situation angepaßt sein, er muß den spezifischen Bedürfnissen der Länder entsprechen. Ein Instrument, das zu einer bestimmten Zeit angemessen war, kann zu einer anderen verfehlt sein.

— Die zur Verfügung stehenden Instrumente der Außenpolitik sind nicht ausschließlich direkt auf den Außenbereich bezogen. In zahlreichen Politikbereichen ist der Interdependenz zwischen dem Binnen- und dem Außenbereich Rechnung getragen. Außenpolitische Ziele können mit Instrumenten erzielt werden, die auf den Binnenbereich zielen, wie umgekehrt innenpolitische Ziele mit außenpolitischen Mitteln erreicht werden können.

— Die Auswahl des politischen Instrumentariums hängt von verschiedenen Elementen des nationalen Systems und der internationalen Umgebung ab. Zu den nationalen Gegebenheiten rechnen Potentialgrößen (Entwicklungsstand, Strukturbedingungen, Abhängigkeitsbeziehungen, Entwicklungsfortschritt etc.), historische Gegebenheiten und Zukunftsperspektiven, zu den internationalen die Stellung in der Staatengemeinschaft (wirtschaftlich, militärisch, kulturell) und der Handlungsspielraum, der sich aufgrund der innen- und außenpolitischen Position ergibt, bzw. von der jeweiligen Führung genutzt wird.

— Die Erfolge beim Einsatz der Instrumente sind abhängig von der Angemessenheit in bezug auf das Ziel und in bezug auf den jeweiligen Adressaten. Dazu gehört die Beobachtung, daß Ziele oft nicht mit einzelstaatlichen Mitteln allein zu erreichen sind, daß also der Einsatz eines oder mehrerer Instrumente gemeinsam mit anderen Staaten betrieben werden muß, um zu den gewünschten Ergebnissen zu führen. Diesem Grundsatz trägt ein Gesetz in Schweden Rechnung, wonach wirtschaftliche Sanktionen von einem Mehrheitsbeschluß der UN abhängig gemacht werden.

— Instrumente lassen sich nicht immer von Zielen trennen, d. h. Ziele oder besser: Unterziele sind oft zugleich Mittel für übergeordnete Ziele, kurzfristige Ziele können zugleich Instrumente einer langfristigen Politik sein. Die Auswahl der Instrumente ist zugleich zielabhängig, wie umgekehrt Ziele instrumentabhängig sind. Die Entscheidung für bestimmte Ziele kann von dem zur Verfügung stehenden Instrumentarium vorbestimmt sein.

Anmerkungen

1 Diese Definition lehnt sich an die Krippendorffsche Eingrenzung an, weicht aber in mancher Hinsicht davon ab. (Vgl. Krippendorff, 1970, S. 243) Die Einbeziehung auch privater Mittel scheint notwendig, weil in fortgeschrittenen Industriegesellschaften mit Marktsystemen wirtschaftliche Transaktionen an staatliche Rahmenbedingungen geknüpft sind und außerdem bewußt als Instrumente staatlicher Politik eingesetzt werden. Krippendorff erscheint inkonsequent, wenn er zu den informalen Aktivitäten die Auslandsarbeit gesellschaftlicher Organisationen rechnet, die nicht im engeren Sinne zu den von der Regierung direkt verfügbaren Instrumenten zu rechnen sind, dennoch aber einen nicht unwesentlichen Einfluß ausüben.

2 Fred Charles Iklé, 1964, S. 14.

3 Vgl. G. Stourzh: Diplomatie. In: Intern. Beziehungen, K. O. Bracher, E. Fraenkel (Hrsg.), Fischer Lexikon 1969, S. 64 ff.

4 Vgl. Gerda Zellentin: Zur Rolle der Konferenzdiplomatie in den Ost-West-Beziehungen. In: J. Delbrück/N. Ropers/G. Zellentin, 1977, S. 13—26.

5 FAZ v. 21.5.79.

6 Volker Rittberger, 1979.

7 Verhandlungen des Deut. BT, Stenogr. Berichte I. Waldp., 1949, 55. Sitzung v. 30. März 1950, S. 2056 A.

8 E. Krippendorff 1971, S. 335/6.

9 Embargo: Ursprünglich nur das Festhalten fremder Handelsschiffe durch einen Staat in seinen Häfen oder Gewässern, heute Maßnahmen verschiedener Art, in der Regel gegenüber den eigenen Staatsangehörigen, durch die ein Staat oder eine Staatengruppe die Zufuhr von Gütern in einen anderen Staat unterbindet.

10 Boykott: Verrufserklärung. Der Name stammt von dem englischen Güterverwalter Charles Boycott, den die irische Landliga wegen seiner Härte gegen die irischen Pächter um 1880 zur Auswanderung zwang, indem sie bewirkte, daß ihn seine Arbeiter verließen, die Geschäftsleute keine Verträge mehr mit ihm abschlossen und jeder gesellschaftliche Verkehr mit ihm aufhörte.

11 Vgl. dazu Kurt P. Tudyka, 1973.

12 Vgl. FAZ „Deutsche Wirtschaft warnt vor Boykott Irans." 5.1.1980. Der Iran war zuvor wegen der Geiselnahme von Botschaftsangehörigen von den USA mit Sanktionen belegt worden (Exportstopp militärischer Güter, Öleinfuhrstopp aus dem Iran, Ausweisung iranischer Studenten). Zur etwa gleichen Zeit wurden die UdSSR wegen ihres Einmarsches in Afghanistan mit Wirtschaftssanktionen belegt (Kürzung von Getreidelieferungen, Stopp technologisch hochwertiger Ausrüstungsgüter, Waffenexport an Pakistan, Eingrenzung der sowjetischen Fischereirechte in amerikanischen Gewässern, Verschiebung der Eröffnung von Konsulaten).

13 B. Kubista, C. Scheer: 1976, S. 160 bzw. Volker Ronge: 1977, S. 52 ff.

14 Karl Georg Zinn: 1974, S. 125. Diese Anmerkungen, die empirisch belegt werden müßten, sind nur einige der Möglichkeiten zur Umgehung nationalstaatlicher Politik. Das Verhältnis von multinationaler und nationalstaatlicher Politik ist bisher noch nicht systematisch untersucht worden. Für die Strategie der MNK gilt die Formel, die Hans Matthöfer geprägt hat: „Stehen keine anderen Hindernisse entgegen, so gilt für die Strategie der Weltunternehmen: produzieren, wo Arbeitskräfte und Rohstoffe am billigsten − verkaufen, wo die kaufkräftige Nachfrage am größten − die Gewinne dort anfallen lassen, wo die Steuern am niedrigsten sind" (H. Matthöfer: In: Gewerkschaftliche Monatshefte 1971).

15 Eine Annäherung an die Bedeutung von Bundesunternehmen geben folgende Angaben: der Bund war 1976 an 46 Unternehmen mehrheitlich und an 745 Privatunternehmen mit mindestens 25 % des Kapitals beteiligt. Unter den 100 umsatzgrößten Unternehmen waren die Gebietskörperschaften mit Beteiligungen an 10 Firmen vertreten. Bundesbahn und Bundespost gehören zu den umsatzstärksten Unternehmen. Der Umsatzanteil der Bundesunternehmen am Gesamtumsatz der Industrie betrug 1972 5,2 % und 1974 9,4 %. Zentrale Bedeutung kommt dabei den Unternehmen der Energiewirtschaft zu: VEBA, Ruhrkohle, Saarbergwerke, Kraftwerksunion, VIAG, Gelsenberg (Vgl. Gutachten der Monopolkommission. BT-Drucksache 8/702, 1973−75).

16 „Obwohl nur ca. 1 % der Mittel für bilaterale Zusammenarbeit liefergebunden vergeben werden, beträgt der Rückfluß etwa 60 % der Auszahlungen (1976/77). Im multilateralen Bereich liegt er erheblich über 100 %, wenn lediglich das Verhältnis von öffentlichen Entwicklungshilfeleistungen zu Aufträgen durch multilaterale Organisationen betrachtet wird." (BMZ: Entwicklungspolitik. Materialien Nr. 65, April 1980, S. 37).

17 Zitiert nach: Auswärtiges Amt (Hrsg.): 1972, S. 556.

18 Vgl. Neue Züricher Zeitung v. 4.3.1980, S. 3.

19 Vgl. E. Krippendorff; 1970, S. 287.

20 Vgl. Bundesminister der Verteidigung: Weißbuch 1979. Zur Sicherheit der Bundesrepublik Deutschland und zur Entwicklung der Bundeswehr. Bonn 1979, S. 88/89.

21 Bericht der Nord-Süd-Kommission: Das Überleben sichern. (Kiepenheuer & Witsch), Köln 1980, S. 149.

22 Vgl. Ulrich Albrecht et al. 1976, S. 13.

23 – Horst Kalbus: Wunderwaffe Rüstungsexport ZDF-Sendung v. 31.7.79;
   – ACDA World Military Expenditures and Arms Transfers 1966–75. Washington 1976, S. 63,
   – SIPRI Yearbook 1976. Stockholm 1976, S. 253,
   – Christian Loeck, 1978, S. 211.

24 FAZ v. 27.7.1979.

25 Export Control Act 1949: United States Code Annotated, Titel 50. (St. Paul, 1951) § 2021, p. 296. Dieses Gesetz entspricht der amerikanischen Verfassung, die dem Kongreß das Recht gibt „to regulate Commerce with Foreign Nations" (Art. 1, § 8, Abs. 3). Das Feindhandelsgesetz wurde in einigen Fällen durch die multinationale Organisation amerikanischer Firmen durchbrochen. So hat die französische Tochter des Freuhauf-Konzerns einen Liefervertrag mit der Französischen Firma Berliet Automobiles S.A. abgeschlossen. Die Durchführung eines Auftrags von der VR China an Berliet auf Lieferung von Lastwagen implizierte auch die Verarbeitung von Teilen der amerikanischen Firma. Der Einspruch des amerikanischen Finanzministeriums unter Berufung auf das Feindhandelsgesetz hatte vor französischen Gerichten, die den Fall zu entscheiden hatten, keinen Erfolg. Das Feindhandelsgesetz konnte somit von einer amerikanischen Tochterfirma umgangen werden. Dieser Fall dürfte aber nicht typisch sein für die Anwendung des Gesetzes, er zeigt nur die Möglichkeit der Umgehung. (Vgl. William L. Craig: Application of the Trading with the Enemy Act to Foreign Corporations Owned by Americans: Refections on Freuhauf v. Massardy. In: Harvard Law Review, Bd. 83, 1969/70).

26 Vgl. Creifelds Rechtswörterbuch. (Beck) München 1968.

27 Blockade: Absperrung eines Gebiets, insbesondere von der Einfuhr kriegswichtiger Güter. Als kriegerische Blockade ein Mittel der Seekriegsführung, um Häfen und Küsten des Gegners abzusperren. Ihre Wirksamkeit setzt neben einer ihre Reichweite bezeichnenden Notifizierung an die örtlichen Behörden des Gegners und die Neutralen nach der Pariser Seerechtsdeklaration von 1856 eine effektive, das heißt durch eine hinreichende Streitmacht bewirkte Unterbindung des Zugangs voraus. Auch auf dem Land sind Blockaden durchgeführt worden (Berlin-Blockade).

28 Vgl.: Der Spiegel v. 11. Dez. 1978, S. 19–22.

29 Verf.: Reinhold Roth: Parteien und intern. Pol., in: W. Woyke 1977, S. 262–266.

30 Hartmut Weisert, 1973.

31 Vgl. Klaus von Beyme: Gewerkschaften und Arbeitsbeziehungen in kap. Ländern (Piper) München, Zürich 1977, S. 151 ff.

32 Cox, 1976, S. 35.

33 Vgl. Arno Klönne, 1977, S. 140–144.

34 Vgl. Sigmar Fischer: Sport und internationale Politik. In: W. Woyke (Hrsg.): Handwörterbuch Internationaler Politik (UTB) 1977, S. 293–297 und Frank R. Pfetsch et al: Leistungssport und Gesellschaftssystem (Hofmann) Schorndorf 1975.

166

35 RNZ v. 30.6.1979.
Und er fährt fort: „Einer Gesellschaft, die so sehr in Widerspruch zu ihrer Vergangenheit stand, daß ihre Identität wenn nicht entglitten, so doch zweifelhaft geworden war. Da traf Helmut Rahn in jener 84. Minute des Endspiels um die Fußball-Weltmeisterschaft nicht nur ins ungarische Tor, sondern auch auf einen Punkt, der ein unterdrücktes Selbstbewußtsein jäh aufspringen ließ: „Wir waren Weltmeister". Man sagte „Wir", fühlte „Wir", ohne etwas über dieses „Wir" hinaus zu meinen.
Deutschland ist Weltmeister. Deutschland?
Drei Monate zuvor ist die DDR durch die Sowjetunion zum souveränen Staat erklärt worden. Der Aufstand vom 17. Juni liegt ein Jahr, die hermetische Abriegelung der Grenze durch die „Ostzone" zwei Jahre zurück. Der Flüchtlingsstrom über diese Grenze ist auf über vier Millionen angewachsen. Noch immer kehren Spätheimkehrer aus Rußland zurück. Nachrichtensprecher verlesen im Rundfunk regelmäßig die Suchlisten der Kriegsvermißten vom Deutschen Roten Kreuz.
Das französische Magazin „Paris Match" schreibt vom „deutschen Arbeiter", der das „Totenhaus in ein Bienenhaus verwandelt" habe. Der Gassenhauer „warum lebt der Max so flott, das ahn'ste nicht, der handelt ja mit Schrott" drückt noch dieses Trümmerlächeln mit zusammengebissenen Zähnen aus. Rudi Schurickes Sonnenträume in seinem Lied von den Capri-Fischern sind inzwischen für einige Tausendschaften deutscher Touristen an den Stränden der Riviera Wahrheit geworden."
36 Vgl. FAZ v. 22.1.1980.
37 Vgl. Paßgesetz v. 26. März 1975.
38 Vgl. Diese Position vertritt Christian Graf von Krockow in seinem Büchlein „Sport, Gesellschaft, Politik" (Piper) München, 1980.

5. Ziele der Außenpolitik

Politiker denken und argumentieren in Kategorien von Interessen und beziehen sich zur Durchsetzung von persönlichen, Guppen- und nationalen Interessen auf Begriffe wie Frieden, Sicherheit, Gerechtigkeit, Einheit etc. Solche generellen Zielaussagen haben meist Rechtfertigungscharakter für die jeweilige Politik, für die wissenschaftliche Analyse sind sie aber allenfalls „Leerformeln", da sie in ihrer Allgemeinheit mit jeglichem Inhalt gefüllt werden können. Andererseits sind spezifischere Ziele, wie z. B. Wiedervereinigung historischem, oft auch kurzfristigem Wandel unterworfen (Wiedervereinigung 1949 bedeutet nicht dasselbe wie Wiedervereinigung 1974), zu sehr singuläre Ereignisse, um zu Generalisierungen benutzt zu werden. Aus diesem Grunde haben einige Autoren zu dem Konzept des „national interest" (Morgenthau und seine realistische Schule) gegriffen.

Der Ursprung des Wortes nationales Interesse ist mit der Entwicklung der neuzeitlichen Staaten seit dem 17. und 18. Jahrhundert verbunden und taucht zuerst in Italien, dann in England auf. Frühere Bezeichnungen sind „will of the prince", „dynastisches Interesse", „raison d'état", „Staatsräson". In den USA war und ist die Rede von „national honour", „public interest", „general will", „vital interest" oder von „essentials" (Berlin-Politik Kennedys).

Der Begriff des nationalen Interesses hat viele Dimensionen (Zeit, Raum, soziale Schichten, personal, ethnisch), z.B.:

räumlich: Empire, Lebensraum

zeitlich: die Zeit des Imperialismus, die Epoche des Faschismus etc.

sozial: was gut ist für Krupp (Ford), ist gut für Deutschland (die USA), oder auch was gut ist für den Bauernverband, die Exportindustrie, ist gut für Deutschland

personal: Herr X hat sich um das Vaterland verdient gemacht, d. h. er hat im Interesse des Landes gehandelt

ethnisch: Volksgruppen im Ausland (Quebec-Franzosen)

Bei Morgenthau werden Ziele und Interessen weitgehend identisch, unterscheiden sich vielmehr nur dadurch, daß Interessen „die allgemeinen, dauerhaften Zielsetzungen im Unterschied zu den „speziellen, kurzfristigen subjektiven" Zielsetzungen sind. Die so definierten Interessen sind dann weitgehend unabhängig von einzelnen Politikern. Die Bestimmungsfaktoren für das „nationale Interesse" sind vor allem Umweltfaktoren wie Geographie, natürliche Hilfsquellen, industrielle Leistungsfähigkeit, Nationalcharakter etc. Die Nähe dieser Betrachtungsweise zum Ressourcen- oder Potential- bzw. ökologischen Ansatz wird hierbei deutlich.

5.1 Zieltypologien

Das Konzept des nationalen Interesses im Sinne von Morgenthau hat nach Thomas Robinson zwei Dimensionen mit jeweils mehreren Unterkategorien:
— das nationale Interesse vom Standpunkt eines Nationalstaates,
— das nationale Interesse in bezug auf die Beziehungen zwischen zwei oder mehr Staaten.

Vom Standpunkt eines Nationalstaates lassen sich Interessen unterscheiden nach

a) Rangordnung der Wichtigkeit und Bedeutung (primär-sekundär): Die nationalstaatlichen Interessen bestehen aus Primär- und Sekundärinteressen. Primärinteressen wie Schutz der physischen, politischen und kulturellen Identität und Selbsterhaltung können nicht zur Verhandlungsdisposition gestellt werden. Sekundärinteressen sind darauf bezogene Interessen wie z. B. Schutz der im Ausland lebenden Staatsbürger.

b) der Dauer (dauernd-variabel): dauernde Interessen bleiben über längere historische Perioden konstant (z. B. Interesse Englands an Schiffahrt). Sich ändernde Interessen sind an Persönlichkeiten, öffentliche Meinung, Parteien etc. gebundene Interessen.

c) dem Grad der Allgemeinheit (speziell-allgemein): Generelle Interessen sind jene, die ein Staat gegenüber einer größeren geographischen Region oder gegenüber einer größeren Zahl von Staaten vertreten kann. Spezielle Interessen sind nach Zeit und Raum begrenzt.

Die Kombinationen ergeben dann insgesamt 8 Subkategorien

		Primärinteresse	Sekundärinteresse
dauernd	speziell	Interesse Englands an Schiffahrt	Unabhängigkeit kleinerer Staaten auf dem Kontinent
	allgemein	Schutz nationaler Identität	Gleichgewicht auf dem Kontinent, Schutz eigener Staatsbürger im Ausland
variabel	speziell	Tschechoslowakei 1938 ohne brit. Schutz (Frieden zu retten)	Münchner Vertrag durch GB unterzeichnet
	allgemein		

Nach: Thomas W. Robinson: National Interests. In: James, N. Rosenau, 1969 p. 184. Alle Beispiele sind der britischen Geschichte entnommen.

In bezug auf die Beziehungen zwischen zwei oder mehreren Staaten unterscheidet Morgenthau zwischen drei internationalen Interessen:

a) *identische Interessen* zwischen Staaten; Staaten haben ein und dasselbe Ziel, sie stimmen hinsichtlich der Aufteilung von Kosten und Erträgen überein;

b) *komplementäre* Interessen; Staaten treffen sich in der Verfolgung jeweils verschiedener Ziele bei gleichem Mittel; Partner sind am Austausch von verschiedenen Objekten interessiert z. B. bei Tauschaktionen oder Verkäufen;

c) *konfligierende* Interessen zwischen Staaten; Interessengegensätze bestimmen das Verhältnis zwischen Staaten.

Arnold Wolfers[1] unterscheidet zwischen Erweiterungsinteresse (national self-extension), Selbsterhaltungsinteresse (national self-preservation) und Selbstaufgabe (national self-abnegation).

„Selbsterweiterung": Verlangen nach Veränderung, Einflußerweiterung, Zurückerlangung verlorenen Territoriums etc.

„Selbsterhaltung": territorialer status quo, Schutz und Verteidigung bestehender Güterverteilung, Sicherheitslagerungen und vitaler Interessen

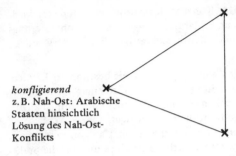

komplementär
z. B. GB interessiert an
Unabhängigkeit Portugals
von Spanien für eigene
Schiffahrt, Portugal sieht
maritime Macht GB als Ga-
rant für Unabhängigkeit

konfligierend
z. B. Nah-Ost: Arabische
Staaten hinsichtlich
Lösung des Nah-Ost-
Konflikts

identisch
z. B. GB und USA verfol-
gen das Ziel, daß es auf
dem europäischen Konti-
nent keine dominierende
Macht gibt oder der Ver-
trag zwischen Deutschland
und der Schweiz bezüglich
des Rhein-Kraftwerks.

„Selbstentsagung":   Aufgabe nationaler Ziele zugunsten übergeordneter internationaler Werte (Friede, Soli-
darität, Gerechtigkeit etc.)

Wolfers[2] unterscheidet ferner zwischen Besitzzielen (possession goals) und Konditionszielen (milieu goals). Besitzziele beziehen sich direkt auf nationale Vorteile (Zollzugeständnisse, territoriale Gewinne etc.), Konditionsziele auf Rahmenbedingungen (Freiheit der Meere, Anerkennung internationaler Abkommen etc.).

Auch die Unterscheidung zwischen universellen, ideologischen oder revolutionären Zielen (ideological/revolutionary) und mehr traditionellen nationalen (traditional national goals) Zielen schlägt Wolfers vor.

Eine weitere Typologie stammt von Joseph Frankel, der zwischen vier möglichen Verwendungsweisen des Wortes „national interest" unterschieden hat:

— aspirational, operational, explanatary, polemical[3].

zukunftsvisionär
(aspirational):   Perspektive eines Lebens in Wohlstand, historisch verwurzelte langfristige Interessen

gegenwartsgebunden
(operational):   Summe gegenwärtig wahrgenommener Interessen und meist kurzfristig verfolgter Ziele

171

Rechtfertigungs- und Widerlegungskonzept (explanatory and polemical):	Das Konzept des nationalen Interesses wird zur Erklärung, Bewertung, Rationalisierung oder Kritik auswärtiger Politik verwendet.

Diese Typologien vermögen außenpolitisch Ziele bestimmter Länder in bestimmten historischen Situationen mit Hilfe einer allgemeinen Begrifflichkeit zu kennzeichnen, reichen aber nicht aus, um zu allgemeineren theoretischen Konzeptionen zu gelangen.

Welchen Nutzen haben diese verschiedenen Kategoriebildungen bzw. Typologien für die wissenschaftliche Analyse und für die praktische Politik?

Typisierung ist die Vorstufe erfahrungswissenschaftlichen Vorgehens. Der heuristische Nutzen für Einsichten und Erklärungen muß sich dann erweisen. Bisher scheint der wissenschaftliche Wert der genannten Kategorien von begrenzter Reichweite zu sein. Vom Standpunkt politökonomischer und historischer Analyse sind die vorgeschlagenen Gruppen formal, ahistorisch, abstrakt.

Für die praktische Politik kann allerdings der Nutzen darin liegen, daß sie es ermöglichen, sich über eigene Ziele und Interessen Klarheit zu verschaffen oder Rechenschaft zu geben; man darf davon ausgehen, daß Politiker in diesen − wenn auch nicht gleichermaßen ausdifferenzierten − Kategorien denken. Die Memoirenliteratur gibt hierzu viele Hinweise.

5.2 Das Nationalinteresse

Das Konzept des Nationalinteresses ist immer wieder kritisiert worden; so wendet Wallace ein, es impliziere „a set of stable, relatively unchanging foreign policy goals, recognizable and identifiable alike to the enlightened statesman and the rational observer"[4].

Ein objektives, ein für allemal vorgegebenes nationales Interesse gäbe es aber nicht. Denn dies würde einen Konsens voraussetzen über die Natur und Priorität von Werten, die solche Ziele zum Ausdruck bringen. Die von der realistischen Schule genannten dauerhaften Ziele sind zumeist so weit und allgemein gefaßt, daß sie verschieden interpretiert werden können (Leerformeln). Die Voraussetzung sowohl rationalen Verhaltens der Entscheidungsträger als auch der Rationalität auf der Seite der Betrachter ist nicht haltbar.

Morgenthau wurde ferner die historische Belastung vorgeworfen, die mit dem Begriff des nationalstaatlichen Machtinteresses verbunden ist. Dem Morgenthauschen Konzept liegt auch ein deterministisches Element zugrunde, das aus seinem einseitigen potentialanalytischen Ansatz resultiert. Die politische Praxis zeigt, daß Zielprioritäten als Ergebnis der Konfrontation von Gruppeninteressen erst hergestellt werden, also nicht automatisch aus vorgegebenen Strukturen folgen. Die Diskussion darüber ist auch in bezug auf die politische Theorie von Max Weber, der sich der realistischen Schule verpflichtet fühlt, geführt worden[5].

Einige Autoren wie Rosenau und Aron haben aus diesen Gründen (Unbestimmtheit, Wandelbarkeit, Mangel an Rationalität) das Konzept des nationalen Interesses aufgegeben.

Läßt sich nun mit Hilfe des Begriffs des nationalen Interesses bzw. der Konzepte, die unter diesem Begriff laufen, eine Theorie der Außenpolitik entwerfen, wie es die Autoren sicherlich beabsichtigt haben?

Diese Frage wurde von einigen Autoren verneint, da die Voraussetzungen, an die die Konzepte geknüpft sind, in der Realität nicht existieren.

Zunächst, so sagen die Kritiker, gibt es kein über die Zeit konstantes außenpolitisches Ziel, wie es etwa aus der geopolitischen Lage oder der nationalen Mentalität — um nur zwei der bekanntesten Theorien zu nennen — ableitbar wäre. Das britische nationale Interesse in der Ära des Commonwealth of Nations war sicherlich ein anderes als das der europäischen Annäherung. Die deutsche Politik des Ausgleiches zwischen Ost und West in der Mitte der 20er Jahre ist sicherlich ein anderes „nationales Ziel" als die nationalsozialistische Expansionspolitik oder die Politik der westlichen Integration der Nachkriegszeit.

Die Wandelbarkeit nationaler Ziele kann z. B. an der Einstellungsänderung der westdeutschen Bevölkerung zur Frage der deutschen Ostgrenze abgelesen werden. 1972 meint die Mehrheit (61 %) der deutschen Bevölkerung, man solle sich mit der Oder-Neiße-Linie als deutsch-polnischer Grenze abfinden, nur etwa 20 Jahre zuvor, nämlich 1950, waren noch 80 % der gegenteiligen Meinung gewesen[6].

Trotz dieser Einwände ist — so scheint mir — das Konzept des Nationalinteresses zu retten, dann nämlich, wenn es zeitlich und räumlich gestreckt bzw. eingeengt wird. Die Wandelbarkeit der deutschen Außenpolitik stellt sich nämlich in größerer zeitlicher Perspektive als ein Grundmuster mit historischen Vorbildern dar. Die Alternativen der deutschen Politik nach 1949 in den fünfziger und sechziger Jahren haben Vorbilder in den zwanziger Jahren bzw. schon im 19. Jahrhundert. Klaus Hildenbrand[7] und Andreas Hillgruber[8] sehen Hitlers Eroberungspolitik gegen Osten z. T. und mit wichtigen Abstrichen in der Kontinuität der Außenpolitik der Bismarckschen Nachfolger. Es zeigt sich also, daß zwei sehr verschiedene Grundmuster deutscher Politik im Ablauf von knapp einem Jahrhundert wiederholt aufgetreten sind.

Wir definieren das Nationalinteresse als durch Ziele gekennzeichnet, die von der politischen Führung eines Landes oder/und einer breiteren Öffentlichkeit als verbindlich angesehen und über eine bestimmte Zeit konstant gehalten werden.

Der zeitliche Horizont bleibt in dieser Definition bewußt unbestimmt, die politischen Ziele müssen aber über eine gewisse Zeit vom Konsens wichtiger oder breiter Gruppen getragen sein, was nicht ausschließt, daß im Ablauf der Zeit Ziele geändert werden. Die Meinungsänderung der deutschen Bevölkerung bezüglich der Ostgrenze bzw. der Wiedervereinigung, die außenpolitische Wende der jeweiligen Opposition im Bundestag in Richtung auf den Regierungskurs zeigt den Wandel in der Kontinuität. Das Grundkonzept für Kontinuität liegt in den als „objektive Faktoren" zu bezeichnenden Gegebenheiten der geopolitischen, physischen und durch Tradition geprägten Umwelt.

Ziele dürfen nicht unabhängig von den Mitteln der Realisierung gesehen werden. An der Realitäts- bzw. Realisierungsperzeption läßt sich ablesen, ob ein Ziel überhaupt mit friedlichen oder nur kriegerischen Mitteln zu erreichen ist, ob eine Politik ideologisch oder pragmatisch angelegt ist. Als These kann der Satz formuliert werden: je pragmatischer eine Politik angelegt ist, umso wichtiger sind die Mittel für die Bestimmung der Ziele. Für eine ideologisch angeleitete Außenpolitik sind die Mittel zur Realisierung sekundär, weil gegebenenfalls auch militärische Mittel nicht ausgeschlossen sind. Die Abkehr von dem Ziel „Wiederherstellung Deutschlands in den Grenzen von 1937" oder „Wiedervereinigung" der beiden deutschen Staaten in der Meinung der politischen Führung sowohl als in der öffentlichen Meinung hat mit der Einsicht in die Möglichkeiten, d. h. mit den z. Z. zur Verfügung stehenden

Mitteln zu tun. Ziele können folglich durch politische Mittel mitbestimmt sein.

Die Prioritäten in den nationalen Zielen können von Führungseliten anders beurteilt werden als von der Bevölkerung. Solche Abweichungen gibt es in anderen Politikbereichen auch. In einer Umfrage des EMNID-Instituts 1957 rechnete z. B. die westdeutsche Bevölkerung die Wiedervereinigung zu den „dringendsten Aufgaben" der Bundesregierung (27 %); alle anderen, auch innenpolitischen Aufgaben, erhielten weniger Prozentpunkte. Es kann mit Grund vermutet werden (Elitenbefragungen liegen aus dieser Zeit nicht vor), daß insbesondere der Regierungschef auch bei strategisch begründeten anderslautenden Äußerungen der Wiedervereinigung eine geringere Priorität eingeräumt hat. Auch bei unterschiedlicher Einstufung der Prioritäten wurde das Ziel „Wiedervereinigung" für diese Zeit als verbindlich angesehen.

In den Theorien der Staatsfunktionen sind außenpolitische Ziele vor allem auf zwei Bereiche hin thematisiert: auf den äußeren Schutz (liberale Tradition) und die Sicherung der Kapitalverwertungsbedingungen nach außen (marxistische Tradition). In dem Katalog neoliberaler Außenfunktionen erscheinen auch Staatsaufgaben, die auf die ökonomischen Bedingungen bezogen sind, wie die Sicherung des Wettbewerbs durch Abbau zwischen-staatlicher Handelsschranken oder freie Konvertibilität der Währungen, kurz also die Prinzipien der Freizügigkeit in den Außenwirtschaftsbeziehungen.

In der marxistischen Tradition werden die Funktionen des „bürgerlichen Staates" bekanntlich aus den Grundbedingungen der kapitalistischen Produktion abgeleitet. Im Zeitalter des „Imperialismus" werden die Außenbeziehungen dieser Produktionsweise wichtig. Elmar Altvater listet unter die vier Funktionen des „bürgerlichen Staates" die „Sicherung der Existenz und Expansion des nationalen Kapitalismus auf dem Weltmarkt"[9], und die „offizielle" Theorie des kapitalistischen Staates aus der Sicht der sozialistischen Staatswissenschaft unterscheidet zwischen inneren und äußeren Funktionen, wobei die Außenfunktionen des „modernen imperialistischen bürgerlichen Staates" folgende Punkte enthält:
— die Verteidigung des kapitalistischen Weltsystems,
— die Unterdrückung der revolutionierenden nationalen Freiheitsbewegungen.

Die Außenpolitik der sozialistischen Staaten nach dem Übergang zur „friedlichen Koexistenz" sei dagegen auf

- die Verteidigung der Länder der sozialistischen Gemeinschaft,
- die Festigung des Friedens und die Sicherung der friedlichen Koexistenz von Ländern unterschiedlicher sozial-ökonomischer Systeme sowie
- die Festigung des Bündnisses der brüderlichen Zusammenarbeit der Länder des sozialistischen Lagers gerichtet[10].

Die außenpolitischen Ziele der VR China der 50er Jahre wiederum basierten auf der Theorie der Drei Welten und der sie kennzeichnenden „vier Widersprüche" in und zwischen den Ländern der 3 Welten. (Erste Welt: SU und USA, Zweite Welt: Industriestaaten mittlerer Größe, abhängig von den beiden Supermächten und imperialistisch gegenüber Staaten der Dritten Welt, die dem Imperialismus der 1. und 2. Welt ausgesetzt sind).

In der Konferenz der nicht-gebundenen Staaten (auf der auch blockgebundene vertreten waren) in Bandung 1955 hat sich die VR China zu den dort verabschiedeten „5 Prinzipien der Friedlichen Koexistenz" (der Achtung der Souveränität, des Nichtangriffs, der Nichteinmischung, der Gleichberechtigung und der friedlichen Koexistenz) bekannt, die um zwei weitere[11] Prinzipien (Rassengleichheit, freie Wahl der politischen und sozialen Ordnung) ergänzt wurden.

Die Zielbestimmungen, die aus der Staatsfunktionenlehre gefolgert werden können, sind zum einen zu allgemein, als daß damit die aus den Grundgegebenheiten und besonderen historischen Lagen sich ergebenden Ziele bestimmt werden könnten, und zum andern zu eindimensional auf ökonomische Funktionen bezogen, als daß die Gesamtheit der außenpolitischen Aktivitäten moderner Industriestaaten damit beschrieben werden könnten. Sicherheits- und ökonomische Funktionen gehören ebenso zu den Zielbündeln moderner Industriestaaten wie ideologische, die Grundwerte einer Gesellschaft ansprechende Orientierungen. Hinzu treten zwei Zielkomplexe, die mehr die je historische Situation einbeziehen, nämlich wie im Falle der Bundesrepublik die Deutschlandfrage als spezielles nationales Problem und die Positionsbestimmung in der Weltpolitik, die durch den Handlungsspielraum beschrieben werden kann.

Globale Ziele, wie sie meist als nationale Ziele angegeben werden, zerfallen in Bündel von Unterzielen, die nach Politikbereichen oder politisch ideologischen Maximen gegliedert werden können.

Als Beispiel versuchen wir, die außenpolitischen Ziele der sozial-liberalen Koalition aufzuschlüsseln.

Wir unterscheiden zwischen fünf Zielbündeln mit unterschiedlicher Reichweite: ökonomische Ziele, Sicherheitsziele, Ziele des politischen Handlungsspielraums, ideologische und moralische Ziele und schließlich deutschlandpolitische oder nationale Ziele. Die ersten beiden Zielbündel beziehen sich auf materielle Politikbereiche (Wirtschaft, Verteidigung), das dritte auf den Handlungsspielraum und die Einflußmöglichkeiten, die ideologischen und moralischen Ziele auf allgemeine Einstellungs- und Wertorientierungen und das letzte Zielbündel auf den zentralen Politikbereich, auf die „nationale Frage".

Fünf Zielbündel für 21 außenpolitische Ziele der Bundesrepublik in der ersten Hälfte der siebziger Jahre

I. Ökonomische Ziele
1) wirtschaftliches Wachstum
2) Arbeitsplatzsicherung durch wirtschaftliches Wachstum
3) Preisstabilität
4) wirtschaftliche Stabilität der wichtigsten Handelspartner (Kredite)

(Außenwirtschaftspolitische Ziele)
5) Stabilisierung des Weltwährungssystems
6) für Freihandel, gegen Dirigismus (keine Indexierung der Rohstoffpreise, sehr zurückhaltend bei Einrichtung eines Rohstoffonds)

II. Sicherheitsziele
7) Beziehungen zu den USA als wichtigstem Sicherheitsgaranten
8) hoher Stand der Rüstung in USA und NATO; zumindest Gleichgewicht zwischen USA und UdSSR bzw. NATO und Warschauer Pakt (für Neutronenwaffe, für Nachrüstung, aber zugleich für Rüstungskontrolle: SALT und Abrüstung MBFR)

III. Ziele, die den Handlungsspielraum betreffen:
9) Politik der Entspannung auch im deutsch-deutschen Verhältnis
10) Ausbau der EG (Aufnahme weiterer Länder: Spanien, Portugal, Griechenland; Eu-

ropawahl), stetige Fortentwicklung der Beziehungen zu osteuropäischen Ländern

11) innenpolitisch: Konjunkturelle Stabilität als Voraussetzung für außenpolitische Beweglichkeit

12) Kooperation mit der III. Welt, Mittel auch: Einsatz der internationalen Position der BRD

IV. *Ideologische oder moralische Ziele bzw. Grundlagen*

13) Tugend, Fleiß durch „eigener Hände Arbeit" (Kapitalistische Produzentengesellschaft)

14) Zivilisationsideologie, „Hygieneideologie"

15) Privateigentum mit sozialer Bindungsklausel

16) Antikommunismus (Kommunismus als Ideologie und System)

17) Demokratie mit starker Führung

V. *Ziele bezüglich der Deutschlandfrage:*

18) durch Entspannung zur Annäherung zwischen beiden deutschen Staaten (deshalb Zurückhaltung gegenüber dem Manifest der Opposition in der DDR)

19) Politik der kleinen Schritte (Transiterleichterungen, Autobahnbau, Telefonverkehr, Rentnerausreise etc., Verkehrsabkommen) geregeltes Miteinander

20) Klammer für zwei deutsche Staaten: Begriff der „deutschen Nation"

21) Weg führt über eine „europäische Lösung" (nicht über Politik der Stärke)[12]

Die Ausstattung verschiedener Politikbereiche (Wirtschaftspolitik, Verteidigungspolitik, Deutschlandpolitik etc.) und ihre Perzeption durch andere Staaten bestimmen den Handlungsspielraum. Das Schema zeigt Veränderungen im außenpolitischen Handlungsspielraum der Bundesregierungen in zentralen Politikbereichen, wie sie zwischen den 50er und 70er Jahren eingetreten sind.

Die Steigerung des militärischen Potentials hat einerseits den Einfluß im westlichen Militärbündnis vergrößert, bleibt andererseits aber durch Auflagen des NATO-Vertrags und des Viermächteabkommens über Berlin begrenzt und von auswärtigen Mächten abhängig. Dies gilt insbesondere für die Sicherheit Westberlins. Dem Ziel nationaler Zusammengehörigkeit dürften die Regierungen beider deutscher Staaten (bei unterschiedlichen Auffassungen über Notwendigkeit und Möglichkeit) etwas näher gekommen sein, wenn man die Zunahme der Austauschbeziehungen zwischen beiden Staaten als Indikator wählt. Von dem offiziell ausgesprochenen Ziel der Bundesregierung, die staatliche Einheit der deutschen Nation zu erreichen, ist die Bundesregierung noch weit entfernt.

Gegenüber der Außenwelt waren die Belastungen durch das nationalsozialistische Regime besonders groß in Ländern, die unter der Naziherrschaft zu leiden hatten. Die Politik der Integration in das westliche Staatensystem und die der Annäherung gegenüber Osteuropa hat die historische Belastung abgebaut (Umfragen zur Einstellung der Bevölkerung benachbarter Staaten gegenüber der Bundesrepublik belegen dies), dürfte aber insbesondere bei der älteren Generation noch gegenwärtig sein.

Die Position im westeuropäischen Integrationssystem ist vor allem aufgrund des Wirtschaftspotentials stärker geworden. Das Gewicht der Bundesrepublik in Europa ist gewachsen, wenn man das außenpolitische Instrument der EG, die Europäische Politische Zusammenarbeit (EPZ) in internationalen Verhandlungen (KSZE, Unctad, Unido, WWTK etc.) betrachtet oder die Stützungsaktion für Volkswirtschaften europäischer Länder (Portugal, Spanien, Vereinigtes Königreich etc.) als Indikator heranzieht.

Im atlantischen Rahmen und in der von westlichen Industriestaaten dominierten Weltwirtschaft hat die Steigerung des Industriepotentials zu größerem Einfluß geführt, bleibt aber sowohl im militärischen als auch im wirtschaftlichen Bereich hinter der westlichen Vormacht zurück.

Gleiches gilt auch im Verhältnis zur Dritten Welt, auch wenn die Bundesrepublik durch Akzeptieren grundlegender Forderungen (Nationale Unabhängigkeit, Blockfreiheit, Abbau von Einflußsphären, Bestärkung der collective self-reliance, Grundbedürfnisstrategie, Abbau von Imperialismus und Rassismus etc.) der Entwicklungsländer sich hier stärker von den USA absetzen konnte bei identischen wirtschaftlichen Interessen (offene Märkte, Freihandel etc.).

Insgesamt gesehen dürfte bei aller zwischen den 50er und 70er Jahren erfolgten Verbesserung der bargaining power im internatio-

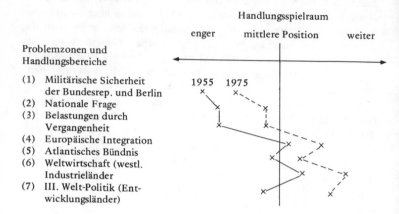

Handlungsspielraum

enger   mittlere Position   weiter

Problemzonen und
Handlungsbereiche

(1) Militärische Sicherheit
der Bundesrep. und Berlin
(2) Nationale Frage
(3) Belastungen durch
Vergangenheit
(4) Europäische Integration
(5) Atlantisches Bündnis
(6) Weltwirtschaft (westl.
Industrieländer
(7) III. Welt-Politik (Entwicklungsländer)

1955   1975

nalen Rahmen die Bundesrepublik insbesondere in Fragen der militärischen Sicherheit, der nationalen Einheit und der historischen Belastung nicht über die mittlere Linie nationaler Handlungsfähigkeit gekommen sein. Eine unabhängige Politik ist in diesen Bereichen und Problemzonen (noch) nicht möglich. Die größten Veränderungen (größere Distanz zwischen den Positionen 1955 und 1975) dürften sich auf wirtschaftlichem Gebiet (Nord-Süd-Handel, Handel mit westlichen Industrieländern) sowie auf dem Gebiet des Abbaus von Vergangenheitsbelastungen vor allem gegenüber den vom Krieg betroffenen europäischen Staaten vollzogen haben. Geringere Veränderungen dürften dagegen im Bereich militärischer Sicherheit (Sicherung des staatlichen Territoriums und Position im atlantischen Militärbündnis) eingetreten sein.

Die angegebenen Ziele sind unterschiedlich in Reichweite, materialem Inhalt, zeitlicher und räumlicher Lagerung sowie im Verhältnis zueinander. Die ideologischen und moralischen Ziele sind ebenso Voraussetzungen für andere Ziele, wie sie Grundbedingungen der Außenaktivitäten darstellen, die stets gegenseitige Image-Bildungen beeinflussen. Während die ökonomischen, sicherheitspolitischen und deutschlandpolitischen Ziele jeweils konkrete materielle Zielbündel sind, ist der Handlungsspielraum Resultat der je nach historischer Lage anderen Zielbündel. So war die deutschlandpolitische Maxime gegenüber Drittstaaten, die Hallstein-Doktrin, eine den Handlungsspielraum einschränkende Vorgabe, weil sie mit z. T. hohen Kosten (Erpreßbarkeit) verbunden war. Modifizierungen und Aufgabe dieser Doktrin durch die Ostverträge haben den Handlungsspielraum der Regierung erhöht. Die Hallstein-Doktrin und später die Scheel-Doktrin haben den Entwicklungsländern ein gewisses unabhängigkeitsbewahrendes „do-ut-des-Geschäft" ermöglicht[13], d. h. die Erhöhung des Handlungsspielraums der Bundesregierung durch Aufgabe der Doktrin hat gleichzeitig den Handlungsspielraum der Entwicklungsländer eingeschränkt. Entspannung im Ost-West-Verhältnis hat das Nord-Süd-Verhältnis belastet.

In ähnlicher Weise hat Karl Deutsch die Ziele der US-Außenpolitik bestimmt.

20 Ziele der US-Außenpolitik nach Karl Deutsch[14]:

5 Ziele der Sicherheit	1) jeder anderen Supermacht überlegen zu sein
	2) jeder konventionellen Macht überlegen zu sein
	3) durch Bündnissystem Sicherheit
	4) innerverfassungsmäßige Ordnung zu erhalten
	5) wirtschaftliche Prosperität
5 Ziele in Bezug auf den Handlungsspielraum	6) nationale Entscheidungsfreiheit in der Handelspolitik
	7) Entscheidungsfreiheit für Finanz- und Wirtschaftspolitik
	8) Freiheit, in internationalen Organisationen bestimmen zu können, Möglichkeit für Profittransfer
	9) Brain-drain erhalten, Rekrutierung von Talenten für Industrie
	10) Schutz der Menschenrechte
6 Ideologische Ziele	11) Antikommunismus
	12) Demokratie und Pressefreiheit
	13) Schutz des Privateigentums
	14) Verteidigung der Managerfreiheit (gegen Mitbestimmung und Kartelle)

15) Fleiß, Tugenden der Leistung
16) gegen zu starke Eingriffe des Staates in die Einkommensverteilung im Innern (gegen hohe Staatsquote) wie nach außen (gegen internationale Einkommensübertragungen)
17) Atomkrieg vermeiden
18) Rüstungsbeschränkung
19) Umweltschutz, Energie- und Rohstoffpolitik
20) Reduktion der Weltungleichheit

Exemplarische Darstellung eines Zielableitungsprozesses

Stufe I	Stufe II	Stufe III	Stufe IV
Übergeordnete Werte	Langfristige gesellschaftliche Werte, nationale Ziele	Von der Gesellschaft als dringlich erachtete Ziele (Spezifikation, Rangskala)	Abgeleitete konkretisierte Zielsetzungen bzw. Mittel
Äußere Sicherheit	Durch militärisches Gleichgewicht Sicherung West-Berlins, Stabilisierung in Europa, modus vivendi BRD-DDR etc.	Nato, Ostverträge KSZE, Salt I, II etc.	Zustimmung zur Neutronenwaffe, Erhöhung des Verteidigungetats, Einbeziehung Westeuropas in Salt III etc.

Die nach Grad der Generalisierung und Konkretisierung unterschiedlich gelagerten Zielvorstellungen lassen sich in einem Prozeß sukzessiver Ableitung in Unterziele bzw. Mittel zerlegen, wie dies obige Darstellung am Beispiel des übergeordneten Wertes der äußeren Sicherheit veranschaulicht. Dieser Ableitungsprozeß bleibt dabei nicht immer eingleisig auf die peripheren Materiebereiche begrenzt, sondern kann von einem bestimmten abgeleiteten Ziel oder Mittel zu anderen übergeordneten Werten führen. Der deutsch-brasilianische Reaktorbauvertrag betrifft so z. B. einerseits die ökonomischen Ziele der Arbeitsplatzsicherung, des wirtschaftlichen Wachstums und des Ausbaus des technologischen Fortschritts, wie er andererseits auch den Handlungsspielraum (in Konkurrenz mit den USA) und die Position in einem wichtigen Land der dritten Welt (mittelbar bezüglich der Deutschlandfrage) berührt.

Ziele lassen sich — wie dies Arnulf Baring[15] getan hat — in Fern- und Nahziele unterteilen, eine Unterscheidung, die weitgehend identisch ist mit der Gliederung nach langfristigen und kurzfristigen Zielen. In der konkreten historischen Analyse zeigt sich, daß die auf kürzere Frist angelegten Nahziele auch zugleich ein Mittel sein können, um Fernziele zu erreichen. Die Einstellung der Demontage, die Vollmacht zur Aufnahme konsularischer Beziehungen und zum Abschluß internationaler Verträge, die Adenauer von den westlichen Besatzungsmächten im Petersberger Abkommen erreichte, war gleichzeitig ein Mittel zur Erlangung der nationalen Souveränität, bzw. auch ein Instrument des wirtschaftlichen Wiederaufbaus. Oder: Die ab 1949 betriebene Wiederbewaffnung West-Deutschlands, d. h. der Aufbau der Bundeswehr, war zugleich ein Mittel der militärischen Sicherheit, ja der „Verteidigung des Abendlandes" gegen den Kommunismus wie auch ein Nahziel: das Erreichen der Souveranität. In der propagandistischen Selbstdarstellung war eine militärische Streitmacht auch ein Mittel der Wiedervereinigung, die durch die „Politik der Stärke", also auch der militärischen Stärke erreicht werden sollte. Zugleich diente sie auch als Instrument der westlichen Integration, sei es im europäischen Rahmen (EVG), sei es im atlantischen (NATO). Ziele und Instrumente können also in konkreten Situationen zusammenfallen.

Instrumentale und zugleich Zielfunktion hatte aus der Sicht der deutschen Nachkriegspolitiker die Bildung der europäischen Einheit in ihren verschiedenen Formen. Instrumental war sie in bezug auf die Frage der deutschen Wiedervereinigung. Diejenigen Politiker, die der nationalen Frage erste Priorität einräumten, hatten zugleich die Vorstellung eines loseren Bündnisses souveräner Staaten. Die Vokabel von Jakob Kaiser oder Kurt Schumacher von den „Vereinigten Staaten von Europa" hatte einen mehr staatenbündlerischen als bundesstaatlichen Charakter. Die deutschen Föderalisten, die in der Integration des deutschen Weststaates in eine westeuropäische Union eine Lösung auch der deutschen Frage sahen, plädierten für ein höheres Maß an Integration. Das Ziel Europa war also sowohl ein selbständiges Ziel als auch Mittel zur Erlangung der Wiedervereinigung.

5.3 Ziele der bundesdeutschen Außenpolitik

Es liegt nahe, eine Rangfolge der als wichtig erachteten Ziele einer Regierung den jeweiligen Regierungserklärungen der Bundeskanzler zu entnehmen[16]. Als Dokument der Regierungsprioritäten erweist sich jedoch eine solche Erklärung nur sehr begrenzt. Die Forderung des späteren Wirtschaftsministers Karl Schiller, eine Regierungserklärung „sollte doch wohl eine Botschaft über die Lage der Nation sein, deutlich und womöglich kühn in den Zielen, abgewogen in den Rangordnungen, klar in den Wegen und Mitteln"[17] ist von keiner der elf Erklärungen eingelöst worden. Zu zahlreich sind die Faktoren, die einer detaillierten Prioritätenliste entgegenstehen[18].

Die Plazierung der Außenpolitik im Fächerkatalog der Politikbereiche ist von den einzelnen Kanzlern unterschiedlich gehandhabt worden. Der Kanzler, der vor allem außenpolitisch wirkte, Konrad Adenauer, hat den zusammenhängenden außenpolitischen Teil jeweils ans Ende seiner Regierungserklärungen gestellt. In dem allgemeinen Teil am Anfang, der die Situation beschreibt, werden außenpolitische Sachverhalte nur kurz genannt (das Besatzungsstatut 1949, die deutsch-alliierten Verträge 1953, das atomare Wettrüsten der Supermächte 1957). Dagegen beginnt die Regierungserklärung von Ludwig Erhard 1963 im allgemeinen Teil mit der Erwähnung des westlichen Bündnisses und der Außenpolitik als erstem Politikbereich. Die 1965er Erklärung kehrt dann wieder zu dem Brauch der Adenauer-Zeit zurück und behandelt die Außenpolitik am Schluß. Auch Kiesinger schließt sich diesem Brauch an. Willy Brandts Regierungserklärung beginnt mit einer außenpolitischen Ouvertüre (Sicherheit, deutsche Nation, europäische Friedensordnung), schließt die Deutschlandpolitik als erstes großes Rahmenthema an und endet mit dem außenpolitischen Teil. Die 1973er Erklärung beginnt unter dem Eindruck der osteuropapolitischen Verhandlungen mit der Außenpolitik als erstem großen Politikbereich. In den Regierungserklärungen von Helmut Schmidt finden sich die außenpolitischen Teile in der Mitte (1974), bzw. fast am Ende (1976), wobei der außenpolitische Bezug schon zuvor in Verbindung mit der Außenwirtschaftspolitik behandelt worden war.

Die Regierungserklärungen der Bundeskanzler geben somit nur eingeschränkt Hinweise auf Zielprioritäten, die sich die jeweiligen Regierungen für ihre künftige Regierungszeit selbst gestellt haben. Diese Absichtserklärungen sagen vor allem etwas aus über diejenigen Bereiche, für die ein Handlungsbedarf gesehen wird, spiegeln also nicht notwendigerweise tatsächlich vorhandene Zielpräferenzen wider. Ziele haben häufig wie ein Scheck eine bestimmte Laufzeit, wie ein Atom eine gewisse Zerfallszeit. Einmal erreichte Ziele haben einen geringeren Handlungsbedarf als noch zu erreichende. Regierungserklärungen geben vor allem Hinweise auf Aufgaben, die man sich für eine bestimmte Periode vorgenommen hat. Diese Aufgabenstellungen sagen nicht notwendigerweise auch etwas aus über die tatsächlich getroffenen Maßnahmen. Zahlreiche Faktoren können eine Regierung daran hindern, ihre Programme durchzuführen oder nach der Wichtigkeit zu ordnen. Die Regierungserklärung, die Kurt Georg Kiesinger für die Große Koalition im Dezember 1966 gegeben hat, belegt obige Überlegungen. In Forsetzung der ,,Friedensnote" seines Vorgängers setzt Kiesinger, wie alle Kanzler nach ihm, den Willen zum Frieden als großes Oberziel an die erste Stelle seines außenpolitischen Programms. Es folgen dann: das Verhältnis zur UdSSR, die Aussöhnung mit Polen, die Verständigung mit der Tschechoslowakei, also die ostpolitischen Ziele, die erst nach der Regierungsübernahme des Koalitionspartners realisiert worden sind. Daß die osteuropäische Politik nicht aktiver noch zur Zeit der Großen Koalition betrieben wurde, hat einmal damit zu tun, daß die Prager Ereignisse des Jahres 1968 ostpolitische Absichten unterbanden, aber auch damit, daß die CDU/CSU einer offensiveren Ostpolitik abgeneigt war. Daher kommen ihre außenpolitischen Grundorientierungen eher in den dann folgenden Programmpunkten, Verhältnis zu den USA, Einigung und Erweiterung der Europäischen Gemeinschaft, dem Deutsch-Französischen Verhältnis, zum Ausdruck. Die in der Reihenfolge der Aufzählung zuletzt genannten Programmpunkte Wiedervereinigung und Verhältnis zur Dritten Welt bleiben gegenüber den zuvor genannten Zielen sekundär, nicht unmittelbar handlungszwingend.

Eine politisch strategisch angelegte Regierungserklärung ist die von Willy Brandt vom 28. Oktober 1969. Um nicht in den Ruf zu kommen, die Linie der bisherigen Politik zu verlassen, mußten die nach Westen gerichteten Ziele im außenpolitischen Programm zuerst genannt werden (Atlantisches Bündnis, Mitarbeit in internationalen Organisationen, Ausbau und Erweiterung der EG, Verhältnis zu den USA). Die ersten aktiven Schritte dieser Regierung gingen dann auch in diese Richtung (Europagipfel in Den Haag, NATO-Treffen in Reykiawik). Die eigentlichen Schwerpunkte der ersten Brandt-Regierung, die Ostpolitik, rangierten aus taktischen Gründen erst an letzter Stelle der außenpolitischen Regierungsvorhaben, darin vergleichbar mit den Regierungserklärungen Konrad Adenauers.

Schmidts Regierungserklärungen beginnen in ihrem außenpolitischen Programm mit dem Bekenntnis zur Friedenspolitik, die in der Erklärung vom 16. Dezember 1976 qualifiziert wird als Entspannung zwischen Ost und West und im militärischen Bereich als Gleichgewicht der Stärke. Das atlantische Bündnis und die europäische Union werden vor dem Verhältnis zu den osteuropäischen Staaten genannt. Die Aufgaben bezüglich der Dritten Welt-Länder rangieren in der Skala an ähnlicher Position wie das Verhältnis beider deutscher Staaten zueinander. Die Erklärung vom 17. Mai 1974 hebt schließlich auf die Probleme der Weltwirtschaft ab, also einem Gebiet, das zu einem Schwerpunkt der Regierungspolitik geworden ist.

5.4 Ziele und Instrumente im Verhältnis zueinander

Wir haben bisher versucht, Ziele und Instrumente der Außenpolitik zu systematisieren und anhand einzelner Fallbeispiele zu konkretisieren. Auf den Zusammenhang zwischen Zielen und Instrumenten wurde bereits hingewiesen. Je nach Reichweite und sachlichem Zusammenhang können Ziele zugleich Instrumente und Instrumente zugleich Ziele sein.

In den folgenden Matrizes versuchen wir, den behandelten Instrumenten Ziele zuzuordnen und die jeweils wirkungsvollsten Zusammenhänge anzukreuzen. Wir gehen dabei von einer idealtypischen Zusammenstellung von Zielen aus, die für die Adenauer-Ära der 50er Jahre und für die sozial-liberalen Koalitionen der 70er Jahre wichtig waren[19].

In der Bestimmung der außenpolitischen Ziele der Adenauer-Regierung der fünfziger Jahre gehen die Ansichten zum Teil auseinander. Arnulf Baring setzt die europäische Einigung an die erste Stelle der Prioritätenskala, gefolgt von der Souveränität Westdeutschlands. Alfred Grosser setzt die Prioritäten so: Sicherheit, europäische Einigung, Wiedervereinigung; Wolfram Hanrieders Skala bringt zuerst die Sicherheit, dann die wirtschaftliche Gesundung und schließlich die Wiedervereinigung, und Hans Karl Rupp ordnet nach 1. Souveränität, 2. Wiedervereinigung und 3. Westeuropäischer Integration.

Eine differenzierte Zielanalyse, die zwischen primären und sekundären, zwischen dauernden und kurzfristigen, zwischen allgemeinen und speziellen, zwischen handlungserzwingenden und nicht handlungsbedürftigen Zielen unterscheidet, kommt meines Erachtens zu folgenden Prioritäten:

Für die Adenauer-Regierungen der fünfziger Jahre lassen sich zwei gleichrangige und aufeinander bezogene Zielkomplexe als vorrangig angeben: die Souveränität des westdeutschen Staates Bundesrepublik und die westeuropäische Union als Integrationsrahmen. Ein „nationaler Staat" war für ihn nur als ein in Westeuropa fest verankerter Staat vorstellbar. In bezug auf die national-staatliche Vorstellung waren das Petersberger Abkommen, Montanunion, EVG, EWG, NATO, der Deutschlandvertrag und die Mitgliedschaft in europäischen und internationalen Organisationen funktional zuortbar gesehen worden, also Instrumente und Ziele zugleich. Das Erkämpfen souveräner Rechte von den Westalliierten war nie ein Abkoppeln

Ziele und Instrumente der Außenpolitik

operative Instrumente Ziele	Diplomatie	Information, Propaganda	Wirtschaft und Handel	Militär	Geheimdienst (BND)	Parteien/Interessengruppen	Informale Aktivitäten
1a Erlangung der Souveränität und	x	x		x		x	
1b westeuropäische Union	x	x	x	x		x	
2. Militärische Sicherheit	x	x	x	x		x	
3. Atlantisches Bündnis (USA)							
4. Wiederbewaffnung	x	x	x	x	x	x	x
5. Wirtschaftlicher Wiederaufbau			x			x	
6. Wiedervereinigung	x			x			
7. Abbau der Vergangenheitsbelastung							

von der Integrationsidee; auch ein zukünftiges wiedervereinigtes Deutschland sollte, so Art. 7 des Deutschlandvertrags, in die Europäische Gemeinschaft integriert sein. Der Sicherheit als einem dritten Schwerpunkt diente sowohl die Wiederbewaffnung als auch ein europäisches oder atlantisches Bündnis. Die Wiederbewaffnung war sowohl Instrument zur Erlangung der Souveränität als auch zur Erlangung der westlichen Integration; die europäische Lösung scheint Priorität vor der atlantischen gehabt zu haben. Das Ziel des wirtschaftlichen Wiederaufstiegs, ein Nahziel für sich, kann auch in bezug auf ein starkes Europa und zur Ausstattung des souveränen Weststaates gerechnet werden. Nicht direkt handlungsbedürftig scheint demgegenüber das fünfte Ziel der deutschen Wiedervereinigung gewesen zu sein, sondern mehr oder weniger als Resultante des Prozesses des weststaatlichen Aufbaus in einem starken und vereinigten Westeuropa gedacht gewesen zu sein. Die Prioritätenskala heißt dann:

1. Souveränität und Europaunion
2. Militärische Sicherheit
3. Atlantisches Bündnis (USA)
4. Wiederbewaffnung
5. Wirtschaftlicher Wiederaufbau
6. Wiedervereinigung
7. Abbau der Vergangenheitsbelastung

Die Ziele 2., 3., 4. und 5. können auch instrumentell auf die Nahziele 1 bezogen angesehen werden und diese wiederum auf das Fernziel Wiedervereinigung.

Von anderen Gruppen der Gesellschaft bzw. der Bevölkerung werden die Präferenzen unterschiedlich eingeschätzt. Die Oppositionsgruppen, vor allem die SPD und Teile der FDP geben der Wiedervereinigung einen höheren Rangplatz, und auch die Bevölkerung setzt in den Umfragen dieser Zeit die Wiedervereinigung an den ersten Platz der Präferenzskala. In der 1957er Umfrage wird nach dem Ungarnaufstand die Erhaltung des Friedens an die zweite Stelle gesetzt vor den mehr innenpolitischen Aufgaben der Renten- und Sozialreform bzw. der Preisstabilität.

Die Rangfolge der wichtigsten außenpolitischen Ziele änderte sich in der ersten Hälfte der 70er Jahre. In der Bevölkerungsmeinung rangieren wirtschaftliche Probleme, Löhne und Preise an erster Stelle der „wichtigsten politischen Fragen". Die Wiedervereinigung rutscht bis 1975 von der zweiten (ca. 1970) auf die vierte Stelle. Soziale

Aufgaben und Probleme der Innenpolitik nehmen den zweiten Platz ein und die Erhaltung des Friedens und der Ausgleich zwischen Ost und West treten um 1974 an die dritte Stelle, d. h. die Ostpolitik veränderte die Rangfolge der außenpolitischen Ziele.

Die Regierungspolitik der Jahre 1969 bis 1974 selbst dürfte (wozu nicht nur die Regierungserklärungen, sondern auch andere offizielle Äußerungen hinzugezogen werden müssen) folgende Prioritäten haben:

1. Politik der Entspannung und des Ausgleichs mit dem Osten bei gleichzeitiger Festigung und Ausbau des Westbündnisses;
2. Geregeltes Neben- bzw. Miteinander mit der DDR;
3. Abbau der Vergangenheitsbelastung;
4. Intensivierung multilateraler Zusammenarbeit (KSZE, VN, EG, NATO etc.).

In der Zeit der Schmidt-Regierungen der Jahre 1974 bis 1979 rükken weltwirtschaftliche Fragen in den Vordergrund der politischen Beachtung. Die Themen der Vorgänger, nämlich Entspannung auf der Grundlage des Gleichgewichts und des europäischen und atlantischen Bündnisses, bleiben weiterhin Schwerpunkte der Grundorientierung. Die zwar konzertierte, aber doch bilaterale Ostpolitik seines Vorgängers wird multilateral (KSZE) weiterbetrieben. Die Nord-Süd-Problematik, d. h. das Verhältnis zwischen Industriestaaten und Entwicklungsländern wird wichtiger, die Bekämpfung des Terrorismus wird auch international zu einem vorrangigen Problem.

Die Reihenfolge der außenpolitischen Optionen dürfte in der zweiten Hälfte der 70er Jahre folgendes Aussehen haben:

1. Internationale Koordination bei weltwirtschaftlichen Problemen,
2. Festigung und Ausbau westlicher Bündnissysteme bei Intensivierung der deutsch-französischen Kontakte im Rahmen der Europa- und Weltwirtschaftspolitik,
3. Multinationalisierung des Ost-West-Verhältnisses, Politik der gleichgewichtigen Entspannung,
4. Verhältnis zu Staaten der Dritten Welt,
5. Internationaler Terrorismus.

Es zeigt sich, daß die Ziele im ersten Jahrzehnt der Existenz der Bundesrepublik erheblich andere (auch in der Priorität andere) waren als die des letzten Jahrzehnts der dreißigjährigen Geschichte der Bundesrepublik. Ein solcher historischer Querschnitt soll dabei nicht die fließenden Übergänge verdecken oder gar ein

Bild der jeweiligen Regierungen vermitteln. Die Zieländerungen spiegeln Wandlungen im internationalen wie im nationalen System wider.

Ziele und Instrumente der sozialliberalen Außenpolitik

Ziele \ Instrumente	Diplomatie	Information, Propaganda	Wirtschaft und Handel	Militär	Geheimdienst (BND)	Parteien/Interessengruppen	Informale Aktivitäten
unter Kanzler Brandt							
1. Entspannung und Ausgleich mit dem Osten und Festigung und Ausbau des Westbündnisses	x		x	x		x	x
2. Geregeltes Neben- und Miteinander mit DDR	x		x	x		x	
3. Abbau der Vergangenheitsbelastung		x					
4. Intensivierung multilateraler Zusammenarbeit	x					x	
unter Kanzler Schmidt							
1. Weltwirtschaft	x		x				
2. Westliches Bündnis	x		x				
3. Entspannung bei Gleichgewicht	x	x		x			
4. Verhältnis zur Dritten Welt		x	x			x	x
5. Internationaler Terrorismus	x				x		

5.5 Real- und Idealpolitik

Die Ziel-Mittel-Problematik hat in der politischen Ideengeschichte eine Dimension, die von der rein instrumentalistischen Betrachtungsweise wegführt und den neuzeitlichen Gegensatz von Moral und Politik enthält. Zur instrumentellen Zweckrationalität, die in den Kategorien „rational" und „irrational" abgehandelt wird, kommt auch eine unterschiedliche Sichtweise von Politik hinzu, die Max Weber auf die Begriffe Verantwortungsethik und Gesinnungsethik brachte oder die auch als „Realpolitik" im Gegensatz zu „Idealpolitik" bezeichnet worden ist. Zwischen beiden liege ein „abgrundtiefer Gegensatz", der dadurch bestimmt werde, daß der Gesinnungsethiker „die Flamme der reinen Gesinnung, die Flamme z. B. des Protestes gegen die Ungerechtigkeit der sozialen Ordnung"[20] nicht zum Erlöschen bringe, aber den Einsatz der Mittel, die dazu erforderlich sind, nicht mitreflektiere. Der Verantwortungsethiker, so schreibt Weber in seinem Aufsatz „Politik als Beruf" weiter, hat für die Folgen seines Handelns aufzukommen. M. a. W., die Maximen seines Handelns sind Resultat der Dreiecksbeziehung Ziel-Mittel-Folgen und nicht einer ethischen Zielmotivation allein. Ganz eindeutig bekennt sich Weber zur verantwortungsethischen Herangehensweise an Politik. Denn was nützte, so Weber, das lauterste, moralisch reinste Ziel, wenn es nicht mit ebenso heiligen Mitteln erreicht werden könne. „Keine Ethik der Welt kommt um die Tatsache herum, daß die Erreichung ‚guter' Zwecke in zahlreichen Fällen daran gebunden ist, daß man sittlich bedenkliche oder mindestens gefährliche Mittel und die Möglichkeit oder auch die Wahrscheinlichkeit übler Nebenerfolge mit in Kauf nimmt, und keine Ethik der Welt kann ergeben: wann und in welchem Umfang der ethisch gute Zweck die ethisch gefährlichen Mittel und Nebenerfolge ‚heiligt'".[21] Sicherlich ist politisches Handeln nicht immer vor die Alternative des Einsatzes skrupelloser Mittel gestellt und damit dem Gegensatz von Ethik und Politik ausgeliefert. Es gibt auch Handeln, das mit vertretbaren Mitteln erstrebenswerte Ziele erreicht, ohne auf die Machiavellistische Abkopplung der Politik von der Moral angewiesen zu sein. Die sicherlich auch moralisch angeleitete Politik der sozial-liberalen Koalition gegenüber Osteuropa wurde nicht mit „verwerflichen" Mitteln betrieben.

Als exemplarischer Anwendungsfall für die Dichotomie Realpolitik-Idealpolitik kann aus der Sicht der beteiligten Parteien die Diskussion um die Pariser Verträge und hier um den Teil, der sich mit der Wiederbewaffnung Deutschlands im Rahmen des Beitritts zum Nordatlandischen Bündnis (NATO) beschäftigte, gelten. Die Opposition, insbesondere in Form außerparlamentarischer Aktionen, setzte sich um die Mitte der 50er Jahre aus unterschiedlichen Gruppierungen (Gewerkschaften, Theologie- und Soziologieprofessoren, SPD) zusammen, und es waren sicherlich moralische (gegen Wiederbewaffnung) mit politischen (Einschätzung der Wiedervereinigung) Motiven vermengt. Das „Deutsche Manifest", das bei einer Kundgebung in der Frankfurter Paulskirche angenommen wurde, hielt die Wiederbewaffnung nach all den Vergangenheitserlebnissen für moralisch verwerflich und das Paket der Pariser Verträge mit der „deutschen Schicksalsfrage" unvereinbar. Den realpolitischen Standpunkt vertrat in dieser Auseinandersetzung der Regierungschef:

„Ich will niemanden kränken, aber die Vorgänge in der Paulskirche erschienen mir wie ein rotes Gericht, das mit einigen grünen Salatblättern verziert war. Einige der Professoren, die dort das Wort ergriffen, waren zweifellos Männer mit lauterem Herzen. Aber auf ein so gefährliches Gelände, wie es die Außenpolitik in *unserer Situation war, sollte man sich nicht begeben, wenn man nur* ein lauteres Herz hat. *Es tut mir leid, sagen zu müssen, daß lautere Herzen allein auf diesem Gebiet nicht hoch diskontiert werden.* Auf dem Gebiet der Außenpolitik muß man etwas von den *Dingen* wissen, man muß arbeiten und studieren und aus den Vorgängen der Vergangenheit die nötigen Konsequenzen ziehen, sehr kühl, sehr nüchtern und sehr klar. In der Außenpolitik hilft nur eine sehr realistische Betrachtungsweise, es hilft keine Romantik, keine Schwärmerei."[22]

Es hängt von der jeweiligen politischen Option und der Einschätzung ihrer Realisierung ab, ob eine Politik als gesinnungs- oder idealpolitisch bezeichnet werden kann. Aus heutiger Sicht ist erkennbar, daß die Pariser Verträge von der Wiedervereinigungsforderung ein Stück entfernten. Insofern war die Einschätzung der oppositionellen Gruppen richtig. Nach wie vor kontrovers ist die Frage, ob die damalige Situation und d. h. die internationale Lage der wichtigsten Weltmächte im Verhältnis zueinander eine andere Politik (also z. B. Entmilitarisierung, Neutralität und Wiedervereinigung) zugelassen hätte und diese Option auch im „nationalen Interesse" gelegen hätte. Aus unterschiedlichen Motiven lag die Priorität der „deutschen" Politik, d. h. die Politik der Regierung auf der nationalen, sprich: bundesdeutschen Souveränität in einem westlichen Bündnissystem, wobei die Wiederaufrüstung als Mittel zu diesem Ziel (oder zu diesen Zielen) angesehen wurde.[23]

Für die Paulskirchen-Opposition war das Mittel der Wiederaufrüstung moralisch verwerflich und die Wiedervereinigung hatte eine höhere Priorität als das westliche Bündnis. Den Kern dieser Option bildet die Einschätzung der sowjetischen Politik, die seit Bestehen der Bundesrepublik immer wieder zur Grundlage außenpolitischer Kontroversen zwischen Regierung und Opposition wurde. Die Einschätzung dieser Politik als „aggressiv", „imperialistisch" wurde von Adenauer zumindest für die erste Nachkriegszeit als „realistisch" bezeichnet, so daß logischerweise jede Politik, die diese Realität nicht berücksichtigte, als „romantisch" oder als „Schwärmerei" hat diskreditiert werden können. Daß diese Einschätzung selbst bei einem älteren Politiker nicht zum Dogma erstarrte, belegt die Tatsache, daß Adenauer die Sowjetunion in den sechziger Jahren als „friedliebend" bezeichnet hat, eine Aussage, auf die sich Wehner berief, als er Anfang 1979 vom „defensiven" Charakter der sowjetischen Rüstung sprach.

Anmerkungen

1 Arnold Wolfers: The Goals of Foreign Policy. In: N. Rosenbaum (Ed.) 1970, p. 133–145 bzw. „The Pole of Power and the Pole of Indifference. In: J.N. Rosenau (Ed.): 1961, pp 146
2 Arnold Wolfers, 1962, pp 73–80
3 Joseph Frankel, 1963
4 Wallace, 1971, p. 31
5 Wolfgang Mommsen, 1959
6 Der Stern, Heft 52 v. 21.12.1969
7 Klaus Hildenbrand, 1973, S. 9 bzw. 135 ff.
8 Andreas Hillgruber, 1971
9 Elmar Altvater: Zu einigen Problemen des Staatsinterventionismus. In: Probleme des Klassenkampfes, H. 3, 1972, S. 9
10 Vgl. Marxistische Staats- und Rechtstheorie 1970, S. 161–165
11 J. Domes/M.-L. Näth, 1972, S. 57–58
12 Diese Ziele ergeben sich aufgrund unterschiedlicher Informationen wie offiziellen Aussagen führender Politiker, Interpretationen der Konsequenzen, Folgen solcher Aussagen, Beobachtungen politischen Handelns und sind nicht nach Prioritäten geordnet. Siehe dazu auch Pfetsch, 1981.
13 Vgl. Manfred Nitsch: Optionen der BRD im Nord-Süd-Verhältnis (Stiftung Wissenschaft und Politik), S. 214/Mai 1973
14 Nach Karl Deutsch: 200 Jahre Außenpolitik der USA, Vortrag Heidelberg 1977. Teiweise abgedruckt in: Neue Gesellschaft; 1978, S. 56–76
15 Arnulf Baring, 1969, S. 48 ff.

16 Vgl. Die großen Regierungserklärungen der deutschen Bundeskanzler von Adenauer bis Schmidt. Einigeleitet u. kommentiert von Klaus von Beyme. (Hanser) München 1979

17 Stenographische Berichte, Bd. 60, 29. Nov. 1965, S. 127 D, 128 A

18 Es bedürfte einer eingehenden Analyse der Funktion von Regierungserklärungen, um zu zeigen, daß der rationalistischen Forderung nach Ziel- und Mittelordnung nicht gerecht werden kann. Solche Funktionen sind z. B. Abstimmung nach innen (Ressorts, Koalitionspartner, Opposition), Präsentation nach außen (Öffentlichkeit, Ausland), unmittelbare Situation etc.

19 Die Erarbeitung solcher Ziele kann nur Ergebnis einer historischen Analyse sein wie sie im 2. Band versucht wurde. Die hier wiedergegebenen Zieltypisierungen basieren auf historischen Untersuchungen.

20 Max Weber, 1958, S. 540

21 ebenda S. 540

21 Konrad Adenauer: Erinnerungen Bd. II, 1966, S. 421

22 Adenauer kennzeichnet diese Option so: ,,Drei Faktoren waren es, die meine Haltung in der Frage der Wiederbewaffnung Deutschlands beeinflußten: 1. die Erlangung der Souveränität als Folge der Wiederaufrüstung, 2. Sicherheit gegenüber der Aufrüstung der Sowjetzone durch Sowjetrußland, 3. die Herbeiführung einer europäischen Föderation.'' (Erinnerungen Bd. 1, 1965, S. 345)

Bibliographie

Zu Kapitel 2:

Aristoteles: Politik. (Felix Meiner Verlag) Hamburg 1958
Baade, Hans W.: Das Verhältnis von Parlament und Regierung im Bereich der auswärtigen Gewalt. (Gildenverlag) Hamburg 1962
Bosch, J.: Pentagonism. N.Y. 1968
Calleo, David: The German Problem Reconsidered. (Cambridge Uni Press) Cambridge 1978
Cook, F.: The Warfare State. N.Y. 1962
Fischer, Fritz: Griff nach der Weltmacht. Düsseldorf 1964[3]
Fischer-Baling, E.: Theorie der auswärtigen Politik (Droste), Köln 1960
Frankel, Joseph: The Making of Foreign Policy. (Oxford) 1963
Friedmann, Wolfgang: The Changing Structure of International Law. London 1964
Gantzel, Klaus Jürgen (Hrsg.): Internationale Beziehungen als System. (WDV) Opladen 1973
Hanrieder, Wolfram: Dissolving International Politics: Reflections on the Nation State. In: APSR 72, 1976
Hilferding, Rudolf: Das Finanzkapital. Berlin (Ost) 1955
Hildebrand, Klaus: Staatskunst oder Systemzwang? In: Historische Zeitschrift Bd. 228 1979
Hintze, Otto: Staat und Verfassung. Gesammelte Abhandlungen. Hrsg. von F. Hartung, Göttingen 1941
Hobbes, Thomas: Leviathan. Dt.: Leviathan oder Wesen, Form und Gewalt des kirchlichen und bürgerlichen Staates. (rororo Klassiker) Hamburg 1965
Hobson, John Atkinson: Imperialism, 1902
Ders.: Confessions of an Economic Heretic. London 1938
Kant, Immanuel: Zum ewigen Frieden (1975) (Reclam) Stuttgart 1979
Kehr, E.: Der Primat der Innenpolitik. Hrsg. von H.-U. Wehler, Berlin 1970[2], Teilabdruck in: H.-U. Wehler (Hrsg.): Moderne Deutsche Sozialgeschichte. (Kiepenheuer & Witsch) Köln/Berlin 1970[3]
Kiersch, Gerhard: Außenpolitik. In: W. Woyke (Hrsg.): Handwörterbuch zur Internationalen Politik. (UTB Leske) Opladen 1977, S. 11–16
Kindermann, G.-K.: Grundelemente der Weltpolitik. (Piper) München 1977
Knapp, Manfred (Hrsg.): Die deutsch-amerikanischen Beziehungen nach 1945 (Campus) Ffm./N.Y. 1975
Knoll, E./Nies Mc Fadden: American Militarism. N.Y. 1969
Knorr, Klaus E.: Notes on the Analysis of National Capabilities. In: Rosenau/David/East (Ed.): The Analysis of International Politics. (Free Press) New York 1972
Krippendorff, Ekkard: Ist Außenpolitik Außenpolitik? In: PVS Nr. 4, 1963

Lehmbruch, Gerhard: Konkordanzdemokratien im internationalen System. In: PVS Sonderheft 1, 1969: Die anachronistische Souveränität (Hrsg. von Czempiel)

Lenin, Wladimir Iljitsch: Der Imperialismus als höchstes Stadium des Kapitalismus. Werke Bd. 22, Berlin (Ost), 1955 ff.

Link, Werner: Außenpolitische Forschung im Spannungsfeld. PVS Sonderheft 9, 1978

Locke, John: Of Civil Government. Second Treatise. (Gateway Edition) Chicago 1962

Luxemburg, Rosa: Die Akkumulation des Kapitals. Berlin 1913 (Nachdruck Frankfurt/M. 1966)

Machiavelli, Niccolo: Il Principe. (1532) Dt.: Der Fürst. (Klett) Stuttgart 1955

Mann, Golo u. Pross, H.: Außenpolitik. (Fischer Lexikon) Frankfurt/Main 1957

Marx, Karl: Zur Kritik der Politischen Ökonomie (1858, Vorwort). In: Marx/Engels-Werke, Bd. 1, Berlin (Ost) 1959, S. 336–340

Marx/Engels: Ausgewählte Schriften Bd. I, (Dietz) Berlin (Ost), 1959

Meier, Victor: Yugoslave Communism. In: W.E. Griffith: Communism in Europe. Vol. 1 (MIT Press) Cambridge (Mass.) 1964, pp. 19–84

Melman, S.: Our Depleted Society, N.Y. 1965

Montesquieu: De L'esprit des lois. Tome premier. (Classique Garnier) Paris 1961

Morgenthau, Hans J.: Politics among Nations: The Struggle for Power and Peace. New York 1967[4]

Münch, Fritz: Stichwort „Auswärtige Politik". In: Fischer Lexikon „Staat und Politik". (Fischer) Frankfurt/Main 1957, Hrsg. E. Frankel/K.D. Bracher, S. 35–38

Noack, Paul: Deutsche Außenpolitik seit 1945. (Kohlhammer) Stuttgart 1972

Reuter, Paul: Organisations internationales. Paris 1972

Rosenau, James N. (ed.): Linkage Politics: Essays on the Convergence of National and International Systems. (THE FREE PRESS) New York 1969

Ders. (ed.): Domestic Sources of Foreign Policy. (THE FREE PRESS) New York 1967

Ders.: International Politics and Foreign Policy. (Glencoe, Ill.) New York 1961

Schaumann, Wilfried: Die Gleichheit der Staaten. Wien 1968

Scheuner, Ulrich: Die internationalen Probleme der Gegenwart und die nationale Entscheidungsstruktur. In: Hennis/Kielmansegg/Matz (Hrsg.): Regierbarkeit. (Klett) Stuttgart 1977, S. 291 ff.

Schröder, Hans-Christoph: Hobsons Imperialismustheorie. In: H.-U. Wehler (Hrsg.): Imperialismus. (Kiepenheuer & Witsch) Köln 1970, S. 104–122

Seeley, John R.: Introduction to Political Science. (Neudruck 1902)

Seibt, Peter: Außenpolitik und Internationale Beziehungen. In: G. Lehmbruch: Einführung in die Politikwissenschaft. (Kohlhammer) Stuttgart 1967

Skjelsbaeck, Kjell: International Organization. 25, 1971, S. 420

Sondermann, Fred A.: The Linkage Between Foreign Policy and International Politics. In: Rosenau, J., 1961, S. 8–17

Spyteman, N.J.: America's Strategy in World Politics. New York 1942

Vital, David: The Making of British Foreign Policy. London 1968

Wallace, M.D. & Singer, D.J.: Intergovernmental Organization in the Global System 1815—1964. In: International Organization 24, 1970, S. 250 ff.

Wallace, William: Foreign Policy and the Political Process. (Macmillan) London 1971

Weber, Max: Gesammelte Politische Schriften. J. Winkelmann (Hrsg.), (Siebeck/Mohr) Tübingen 1958[2]

Wright, Quincy: A Study of War (1942), Chicago/London 1965[2]

Zellentin, Gerda: Außenpolitik und Ökonomie der kommunistischen Staaten. In: E.-O. Czempiel (Hrsg.): Die anachronistische Souveränität. PVS Sonderheft 1, Köln/Opladen 1969

Zu Kapital 3

Verfassungsrechtliche und verfassungspolitische Fragen

Baade, Hans W.: Das Verhältnis von Parlament und Regierung im Bereich der auswärtigen Gewalt der Bundesrepublik Deutschland (Hansischer Gildenverlag) Hamburg 1962

Baring, Arnulf: Außenpolitik in Adenauers Kanzlerdemokratie. Oldenburg, München + Wien 1969

Czempiel, Ernst-Otto (Hrsg.): Die anachronistische Souveränität (PVS-Sonderheft) Köln/Opladen 1969

Friesenhahn, Ernst: Parlament und Regierung im modernen Staat. In: VVD StRL 16, 1958, S. 9—73

Kewenig, Wilhelm: Staatsrechtliche Probleme parlamentarischer Regierung am Beispiel der BT-Ausschüsse, Bad Homburg 1970

Kissinger, Henry: Domestic Structure and Foreign Policy. In: W.F. Hanrieder (Hrsg.) Comparative Foreign Policy (D. Mekay) N.Y. 1971

Link, Werner: Die außenpolitische Rolle des Parlaments und das Konzept der kombinierten Gewalt. In: PVS Sonderheft 2. 1971

Mayntz, R./Scharpf F. (Hrsg.): Planungsorganisation (Piper) München 1973

Menzel, Eberhard: Die auswärtige Gewalt der Bundesrepublik Deutschland, in: VVD StRL, 12, 1954, S. 179—220

Patz, Günter: Die parlamentarische Kontrolle der Außenpolitik. Meisenheim am Glan 1976

Scharpf, Fritz: Planung als politischer Prozeß (Suhrkamp) Ffm. 1972

Weiss, Siegfried: Auswärtige Gewalt und Gewaltenteilung, (Duncker + Humblot), Berlin 1971

Regierungsorgane

Auswärtiges Amt: Jahresbericht 1976 (Sonderdruck) Bonn 1976

dassel.: Auswärtige Politik heute, Bonn 1977

Baring, Arnulf: Außenpolitik in Adenauers Kanzlerdemokratie, (Oldenburg) Mün./Wien 1969

197

Böckenförde, E.W.: Die Organisationsgewalt im Bereich der Regierung (Dunkker + Humblot) Berlin 1964

Delbrück, J./Ropers, J./Zellentin, N. (Hrsg.): Grünbuch zu den Folgewirkungen der KSZE. Köln 1977

Haas, Wilhelm: Beitrag zur Geschichte der Entstehung des Auswärtigen Amtes in der Bundesrepublik Deutschland, (Haas) Bremen 1969

Haftendorn, H./Karl, W.-D./Krause, J./Wilker, L. (Hrsg.): Verwaltete Außenpolitik. Sicherheits- und entspannungspolitische Entscheidungsprozesse in Bonn (Wiss. u. Politik) Köln 1978

Loewenberg, Gerhard: Parlamentarismus im politischen System der Bundesrepublik Deutschland (Wunderlich) Tü. 1971

Piontkowitz, Heribert: Anfänge westdeutscher Außenpolitik 1946—1949, Das Deutsche Büro für Friedensfragen, Stuttg. 1978

Sontheimer, K./Röhring, H. H.: Handbuch des pol. Systems der Bundesrepublik Deutschland (Piper) München 1977

Schwarz, Hans-Peter: Die Bundesregierung und die auswärtigen Beziehungen. In: H.-P. Schwarz (Hrsg.): Handbuch, 1976[2], S. 43—112 und die Literatur auf den Seiten 110—112

Der Bundespräsident

Billing, Werner: Die Rolle des Bundespräsidenten im Bereich der Außenpolitik. In: H. P. Schwarz (Hrsg.): Handbuch 1976, S. 142—157

Friesenhahn, Ernst: Zum Prüfungsrecht des Bundespräsidenten, In: Die moderne Demokratie und ihr Recht, Festschrift f. G. Leibholz. K. D. Bracher et al (Hrsg.) 2. Bde Tü. 1966 Bd II, S. 679 ff

Fromme, Friedrich Karl: Wenn ein „Oppositioneller" Bundespräsident wird. In: FAZ 16.3.1979

Kaltefleiter, Werner: Die Funktion des Staatsoberhauptes in der parlamentarischen Demokratie (Demokratie und Frieden Bd. 9) Köln/Opladen 1970

Nierhaus, Michael: Entscheidung, Präsidialakt und Gegenzeichnung (Studie zum öffentlichen Recht und zur Verwaltungslehre Bd. 11, Mai 1973

Reden der deutschen Bundespräsidenten. Heuss/Lübke/Heinemann/Scheel. (Eingel. von D. Sternberger) Hauser, München 1979

Seidel, Dietmar: Der Bundespräsident als Träger der auswärtigen Gewalt (Schriften zum öffentlichen Recht Bd. 197) Berlin 1972

Die Bundesbank

Duwendag, D. (Hrsg.): Macht und Ohnmacht der Bundesbank, (Athenäum), Ffm. 1973

Schwarz, Hans-Peter: Die Bundesregierung und die auswärtigen Beziehungen. In: H.-P. Schwarz (Hrsg.): Handbuch 1976[2], S. 91—93

Wildenmann, Rudolf: Die Rolle des Bundesverfassungsgerichts und der Deutschen Bundesbank in der politischen Willensbildung, (Kohlhammer) Stuttgart 1969

Der Bundestag

Baade, Hans W.: a. a. O., 1962
Beyme, Klaus von: Das politische System der Bundesrepublik Deutschland (Piper) München 1979 und die hierin enthaltene Literatur
Kaack, Heino: Opposition und Außenpolitik. In: Die anachronistische Souveränität, PVS Sonderheft 1, 1969
Loewenberg, Gerhard: Parlamentarismus im politischen System der Bundesrepublik Deutschland (Wunderlich) Tübingen 1971
Link, Werner: Die außenpolitische Rolle des Parlaments und das Konzept der kombinierten Gewalt. In: Probleme der Demokratie heute (PVS Sonderheft 2), 1970
Majonica, Ernst: Bundestag und Außenpolitik. In: H.-P. Schwarz (Hrsg.): Handbuch: 1976[2], S. 112—123
Patz, Günther: Parlamentarische Kontrolle der Außenpolitik. Meisenheim 1975
Weichert, Jürgen C.: Der Ausschuß für auswärtige Angelegenheiten. In: Außenpolitik 11, 1960, 9

Der Bundesrat

Billing, Werner: Der Einfluß des Bundesrats auf die Außenpolitik. In: H.-P. Schwarz (Hrsg.): Handbuch 1976[2], S. 123—142
Blumenwitz, Dieter: Die Beteiligung des Bundesrates beim Abschluß politischer Verträge. Bay-VBl. 1972, S. 29 ff
Hesse, K.: Der unitarische Bundesstaat (Müller) Karlsruhe 1962
Kewenig, Wilhelm: Bundesrat und auswärtige Gewalt ZRP 1971, S. 238 ff
Fromme, F. K.: Gesetzgebung im Widerstreit. Wer beherrscht den BR? Die Kontroverse 1969—1976 (Bonn aktuell) Stuttg. 1976
Neunreither, K.: Der Bundesrat zwischen Politik und Verwaltung, Heidelberg 1959
Rapp, A.: Der BR. Blick auf 25 Jahre 1949—1974 (Bonn aktuell) Stuttg. 1974
Schüle, Adolf: Die Informationspflicht der Bundesregierung gegenüber dem Bundesrat. In: Völkerrechtliche und staatsrechtliche Abhandlungen. Köln/Bln. 1954
Ziller, Gerhard: Der Bundesrat, Bonn 1973[4]

Zu Bundesverfassungsgericht

Baring, H.: Außenpolitik in Adenauers Kanzlerdemokratie (Oldenburg) Mün/Wien 1969
Beyme, K. v.: Das politische System der Bundesrepublik Deutschland (Piper) Mün 1979
Laufer, H.: Verfassungsgerichtsbarkeit und politischer Prozeß (Mohr) Tübingen 1968

Säcker, H.: Das Bundesverfassungsgericht (Beck) Mün 1975

Starck, Ch.: Das Bundesverfassungsgericht im politischen Prozeß der Bundesrepublik (Mohr) Tü 1976

Parteien

Bandulet, Bruno: Adenauer zwischen Ost und West. Alternativen der deutschen Außenpolitik, Mün 1970

Besson, Waldemar: Die Außenpolitik der Bundesrepublik (Piper) Mün 1970

Duverger, Maurice: Les parties politiques (Colin). Paris 1958[3]

Kaack, Heino: Geschichte und Struktur des deutschen Parteiensystems (Westdeutscher Verlag) Oplanden 1971

Conze, Werner: Jakob Kaiser, Politik zwischen Ost und West 1945–1949, (Kohlhammer) Stuttg. 1969

Löwenthal, Richard: Vom Kalten Krieg zur Ostpolitik, in: R. Löwenthal u. H. P. Schwarz (Hrsg.): Die Zweite Republik. 25 Jahre Bundesrepublik Deutschland (Seewald) Stuttgart 1974

Kaiser, K. und Morgan, R. (Hrsg.): Strukturwandlungen der Außenpolitik in GB und der Bundesrepublik Mün/Wien 1970

Morsey, R. u. Repgen, K. (Hrsg.): Adenauer-Studien I (Matthias-Grünewald-Verl.) Mainz 1971

Roth, Reinhold: Parteisystem und Außenpolitik (Hain) Meisenheim 1973

Soell, Hartmut: Fritz Erler – Eine politische Biographie Bd I und II. (Dietz) Berlin/Bonn 1976

Gesellschaftliche Gruppen

Adam, Hermann: Industrie- und Handelskammern in der Politik. In: Aus Politik und Zeitgeschichte. Beilage zur Wochenzeitung Das Parlament, B 42/1979, 20. Okt. 1979

Baring, Arnulf: Außenpolitik in Adenauers Kanzlerdemokratie (Oldenbourg) Mün/Wien 1969

BDI-Berichte 1972/73 ff

Düwell, Kurt: Deutschlands auswärtige Kulturpolitik 1918–1932, Grundlinien und Dokumente, Köln/Wien 1976

Empfehlungen der Enquête-Kommission ,,Auswärtige Kulturpolitik" und Stellungnahme der Bundesregierung dazu, Stand 1977

Gotto, Klaus: Die Katholische Kirche. In: H. P. Schwarz (Hrsg.): Handbuch: 1976[2], S. 229–233

Karl, W.-D./Krause, J.: Außenpolitischer Strukturwandel und parlamentarischer Strukturwandel und parlamentarischer Entscheidungsprozeß. In: H. Haftendorn et al (Hrsg.), 1978

Kreile, Michael: Osthandel und Ostpolitik (Nomos) Baden-Baden 1978

Lieser, Peter: Gewerkschaften und Außenpolitik. In: H. P. Schwarz (Hrsg.): Handbuch: 1976[2], S. 219–224

Loesch, Achim von: Die gemeinwirtschaftlichen Unternehmen der deutschen Gewerkschaften (Bund), Köln 1979

Peisert, Hansgert: Die auswärtige Kulturpolitik der Bundesrepublik Deutschland 1978

Piel, Dieter; Die außenpolitische Rolle der Wirtschaftsverbände. In: H.-P. Schwarz (Hrsg.): Handbuch, 1976[2], S. 207–215

Pfetsch, Frank R. (Hrsg.): Internationale Dimensionen in der Wissenschaft (IGW) Erlangen 1979

Reichel, Peter: Die Vertriebenenverbände als außenpolitische ‚pressure group'. In: H. P. Schwarz (Hrsg.): Handbuch 1976[2], S. 233–238

Rück, Fritz: Gewerkschaften und Außenpolitik. In: Gewerkschaftliche Monatshefte 3, 1952

Scharrer, Hans-Eckart: Die Rolle der Banken. In: J.-P. Schwarz (Hrsg.) Handbuch 1976[2], S. 219–224

Scheuner, Ulrich: Die Evangelische Kirche. In: H.-P. Schwarz (Hrsg.) Handbuch 1976[2], S. 224–229

Taft, Philip: Gewerkschaftliche Außenpolitik. Das Beispiel der amerikanischen Gewerkschaften (Bund) Köln 1975

Tudyka, Kurt P.: Gesellschaftliche Interessen und Auswärtige Beziehungen. Das Röhrenembargo. In: Heinz-Josef Varian (Hrsg.): Interessenverbände in Deutschland, Köln 1973, S. 320 ff

Weber, Jürgen: Die Interessengruppen im politischen System der Bundesrepublik Deutschland (Kohlhammer) Stuttgart 1977

Öffentliche Meinung und Presse

EMNID: Das Deutschlandbild aus der Sicht der Bevölkerung in 8 ausgewählten Ländern, Okt. 1977

EMNID-Info 1970 ff

Habermas, Jürgen: Strukturwandel der Öffentlichkeit (Lucherhand) Neuwied 1965[2]

Institut für Demoskopie Allensbach: Allensbacher Jahrbuch der Demoskopie, Wien 1977

Lippmann, Walter: Die öffentliche Meinung, München 1964

Müller-Roschach, H.: Die deutsche Europapolitik. Baden-Baden 1974

Noack, Paul: Öffentliche Meinung und Außenpolitik. In: H. P. Schwarz (Hrsg.): Handbuch: 1976[2], S. 195–207

Steinert, Marlies G.: Publik Opinion in Policy Decisional Process: Historical Dimension (MS) 10th World Congress IPSA, Edinburgh 1976

Zu Kapitel 4

Adenauer, Konrad: Erinnerungen Bd. 1 und 2, 1965 bzw. 1965 (dva) Stuttgart

Albrecht, Ulrich: Die Rüstungsexportpolitik der BRD. In: H.-J. Benedict/H.-E. Bahr (Hrsg.): Eingriffe in die Rüstungsindustrie. Initiativen von unten. Darmstadt-Neuwied 1975

Derst. et al: Rüstung und Unterentwicklung (rororo) Hamburg 1976

Auswärtiges Amt (Hrsg.): Die auswärtige Politik der Bundesrepublik Deutschland (Wissenschaft u. Politik) Köln 1972

Berichte zweier Arbeitsgruppen der Trilateralen Kommission von Experten der EG, Japan und Nord-Amerika. Der Welthandel in den siebziger Jahren und: Ein Wendepunkt in den Nord-Süd-Wirtschaftsbeziehungen

Beyme, Klaus von: Gewerkschaften und Arbeitsbeziehungen in kapitalistischen Ländern (Piper) München/Zürich 1977

Bracher, K. O., Fraenkel, E. (Hrsg.): Internationale Beziehungen (Fischer-Lexikon) Ffm. 1969

Brauch, Hans Günter: Entwicklungen und Ergebnisse der Rüstungsforschung. In: NPL, 1977 XX II/4

Bundesminister der Verteidigung: Weißbuch 1979. Zur Sicherheit der Bundesrepublik Deutschland und zur Entwicklung der Bundeswehr, Bonn 1979

Cox, Robert W.: Gewerkschaften und multinationale Konzerne. In: Beilage zur Wochenzeitung Das Parlament. B 35—36, 28.8.1976, S. 27 ff

Delbrück, J./N. Ropers/G. Zellentin: Grünbuch zu den Folgewirkungen der KSZE (Wissenschaft und Politik) Köln 1977

Forschungsinstitut der Deutschen Gesellschaft für Auswärtige Politik e.V., Bonn 1974

Geiger, Rudolf: Internationale Abkommen (Beck-Rechtsinformation) (dtv) München 1973[2]

Glismann, H. H. et al: Weltwirtschaftslehre. Eine problemorientierte Einführung (dtv) Mün 1980

Haftendorn, Helga et al.: Verwaltete Außenpolitik. (Wissenschaft u. Politik) Köln 1978

Iklé, Fred Charles: Strategie und Taktik des diplomatischen Verhandelns (Bertelsmann) Gütersloh, 1964

Klönne, Arno: Internationale Gewerkschaftsbewegung. In: W. Woyke, Handwörterbuch Intern. Politik (UTB, Leske), Opladen 1977

Krippendorff, Ekkehart: Die Amerikanische Strategie (Kiepenheuer & Witsch), Köln 1971

Krockow, Christian Graf von: Sport, Gesellschaft, Politik (Piper), München 1980

Kubista, B./Scheer, C.: Steuern und Makropolitik, Neuwied 1976

Lock, Peter/Wulf, Herbert: Deutsche Rüstungsexporte trotz Beschränkungen. Folgen für die Bundesrepublik und die Dritte Welt. In: Friedensanalysen für Theorie und Praxis. Nr. 3, Frankfurt/M. 1976, S. 83—100

Loeck, Christian: Die Politik des Transfers konventioneller Rüstungs-Strukturen und Einflußfaktoren im Entscheidungsprozeß. In: H. Haftendorn et al: 1978, S. 209—224

Mann, G./Pross, H.: Außenpolitik (Fischer Lexikon) Ffm. 1957

Medick, Monika: Waffenexporte und auswärtige Politik der Vereinigten Staaten, Meisenheim 1976

Pfetsch, Frank R. et al: Leistungssport und Gesellschaftssystem (Hofmann), Schorndorf 1975

Piel, Dieter: Die außenpolitische Rolle der Wirtschaftsverbände. In: H.-P. Schwarz: Handbuch, 1976[2], S. 207—215

Recktenwald, H. C.: Wörterbuch der Wirtschaft (Kröner), Stuttgart 1975

Rittberger, Volker: The New International Order and United Nations Conference Politics: Science and Technology for Development as an Issue Area (MS) August 1978

ders.: U. N. Conference Politics and the New International Order in the Field of Science and Technology. In: Journal of International Affairs. Vol 33/ Nr. 1, Spring/Summer 1979, P. 63–76

Ronge, Volker: Forschungspolitik als Strukturpolitik (Piper), München 1977

Roth, Reinhold: Parteien und internationale Politik. In: W. Woyke (Hrsg.): Handwörterbuch internationale Politik (UTB, Leske) 1977

Sivard, Ruth Leger: World Military and Social Expenditures. Leesbury, Va., 1977

Tudyka, Kurt P.: Gesellschaftliche Interessen und Auswärtige Beziehungen. Das Röhrenembargo. In: H. J. Varain (Hrsg.): Interessenverbände in Deutschland (Kiepenheuer & Witsch), Köln 1973

Weber, Max: Gesammelte Politische Schriften (1920) (Mohr), Tübingen 1958

Weisert, Hartmut: Die Ausübung von auswärtiger Gewalt durch Privatpersonen (Diss.) Tübingen 1973

Zinn, Karl Georg: Möglichkeiten der Machtkontrolle von Superkonzernen durch nationale Organisationen und nationale Regierungen. In: M. Krüper (Hrsg.): Investitionskontrolle gegen die Konzerne? (RORORO) Hamburg 1974, S. 124–138

Zu Kapitel 5

Altvater, Elmar: Zu einigen Problemen des Staatsinterventionismus. In: Problem des Klassenkampfes, Heft 3, 1972

Aron, Raymond: Paix et guerre entre les nations, Paris 1962. Dt. Frieden und Krieg. Eine Theorie der Staatenwelt (S. Fischer) Ffm. 1963

Deutsch, Karl W.: 200 Jahre Außenpolitik der USA, Vortrag (MS), Heidelberg 1977

J. Domes/M.-L. Näth: Die Außenpolitik der VR China, (Westdeutscher Verlag), Düsseldorf 1972

Frankel, Joseph: The Making of Foreign Policy, Oxford 1963

Hildebrand, Klaus: Deutsche Außenpolitik 1932–1945, Kalkül oder Dogma? (Kohlhammer) Stuttgart 1973[2]

Hillgruber, Andreas: Kontinuität und Diskontinuität in der deutschen Außenpolitik von Bismarck bis Hitler. Düsseldorf 1971[3]

Marxistische Staats- und Rechtstheorie, Moskau 1970. Dt.: (Pahl-Rugenstein Verlag), Köln 1974

Mommsen, Wolfgang: Max Weber und die Deutsche Politik, (Siebeck/Mohr), Tübingen 1959

Morgenthau, Hans: Politics among Nations. N.J. 1948. Dt.: Macht und Frieden, Gütersloh 1963

Pfetsch, Frank R.: Die Außenpolitik der Bundesrepublik 1949–1980 (Fink, UTB) München 1981

Die großen Regierungserklärungen der deutschen Bundeskanzler von Adenauer bis Schmidt (Hanser) München 1979, p. 182–190

Rosenau, James N.: International Politics and Foreign Policy (Glencoe, ILL), N.Y. 1969 (Rev. Ed.)

Rosenbaum, Naomi: Readings on the International Political System. (Prentice-Hall) New Jersey 1970

Wallace, William: Foreign Policy and the Political Process (Mac Millan) 1971

Wolfers, Arnold: Discord and Collaboration. Essays on International Politics. (John Hopcins Press), Baltimore 1962

ders.: The Goals of Foreign Policy. In: N. Rosenbaum (Ed.) Readings on the International Political System. New Jersey 1970, p. 133—145

Verzeichnis der Abkürzungen

AA	Auswärtiges Amt
BDI	Bundesverband der Deutschen Industrie
BGA	Bundesverband des Deutschen Groß- und Außenhandels
BHE	Bund der Heimatvertriebenen und Entrechteten
BK	Bundeskanzleramt
BMA	Bundesministerium für Arbeit und Sozialordnung
BMBW	Bundesministerium für Bildung und Wissenschaft
BMF	Bundesministerium der Finanzen
BMFT	Bundesministerium für Forschung und Technologie
BMI	Bundesministerium des Innern
BMJ	Bundesministerium der Justiz
BML	Bundesministerium für Ernährung, Landwirtschaft und Forsten
BMV	Bundesministerium für Verkehr und für das Post- und Fernmeldewesen
BMVtg	Bundesministerium der Verteidigung
BMWF	Bundesministerium für Wirtschaft und Finanzen
BMwF	Bundesministerium für wissenschaftliche Forschung
BMWi	Bundesministerium für Wirtschaft
BMZ	Bundesministerium für wirtschaftliche Zusammenarbeit
BND	Bundesnachrichtendienst
BPA	Bundespresse- und Informationsamt
BR	Bundesrat
BRD	Bundesrepublik Deutschland; offiziell: Deutschland, Bundesrepublik
BReg.	Bundesregierung
BT	Bundestag
BVerfG	Bundesverfassungsgericht
BVerfGE	Entscheidungen des Bundesverfassungsgerichts
CDU	Christlich Demokratische Union
CGB	Christlicher Gewerkschaftsbund
CIA	Central Intelligence Agency (Geheimdienst der USA)
CSU	Christlich Soziale Union

DAAD	Deutscher Akademischer Austauschdienst
DBB	Deutscher Beamtenbund
DDR	Deutsche Demokratische Republik (offiziell)
DFG	Deutsche Forschungsgemeinschaft
DGB	Deutscher Gewerkschaftsbund
DIHT	Deutscher Industrie- und Handelstag
DK	Dänemark
DVP	Deutsche Volkspartei
EG	Europäische Gemeinschaften
EKD	Evangelische Kirche in Deutschland
EPZ	Europäische Politische Zusammenarbeit
EVG	Europäische Verteidigungsgemeinschaft
EWG	Europäische Wirtschaftsgemeinschaft
F	Frankreich
FAO	Food and Agriculture Organization (Ernährungs- und Landwirtschaftsorganisation)
FDP	Freie Demokratische Partei
GATT	General Agreement on Tariff and Trade
GB	Großbritannien
GB	Gesamtdeutscher Block
GG	Grundgesetz
I	Italien
IHK	Industrie- und Handelskammer
IMF	International Monetary Fund (Internationaler Währungsfonds)
KSZE	Konferenz über Sicherheit und Zusammenarbeit in Europa
NATO	North Atlantic Treaty Organization (Nordatlantikpakt-Organisation)
NL	Niederlande
OAU	Organization of African Unity (Organisation für afrikanische Einheit)
OECD	Organization for Economic Cooperation and Development (Organisation für wirtschaftliche Zusammenarbeit und Entwicklung)
PLO	Palestinian Liberation Organization (Palästinensische Befreiungsorganisation)
RGW	Rat für Gegenseitige Wirtschaftshilfe
S	Schweden
SPD	Sozialdemokratische Partei Deutschland

UdSSR	Union der Sozialistischen Sowjetrepubliken
UNCTAD	United Nations Conference on Trade and Development (Welthandelskonferenz)
UNESCO	United Nations Educational, Scientific and Cultural Organization (Organisation der Vereinten Nationen für Erziehung, Wissenschaft und Kultur)
UNIDO	United Nations Industrial Development Organization (Organisation der Vereinten Nationen für industrielle Entwicklung)
USA	United States of America
VDMA	Verein Deutscher Maschinenindustrie
VN	Vereinte Nationen (UN)
VR	Volksrepublik
WEU	Westeuropäische Union (West European Union)
WHO	World Health Organization (Weltgesundheitsorganisation)
WWTK	Welt-Wissenschafts- und Technologiekonferenz (United Nations Conference on Science and Technology (UNCST))

Personenregister

Thomas Ellwein

Das Regierungssystem der Bundesrepublik Deutschland

4., völlig neubearbeitete Auflage 1977. XVI, 796 S.
Folieneinband

Thomas Ellweins Standardwerk über das Regierungssystem der Bundesrepublik Deutschland wurde auch für die vorliegende 4. Auflage völlig überarbeitet und auf den neuesten Stand gebracht. Als allgemeinverständlich geschriebenes Lehrbuch vereinigt es die Vorzüge einer Darstellung aus einem Guß mit denen eines Hand- und Nachschlagewerkes. Der übersichtlich gegliederte Text wird durch einen umfangreichen Quellenteil ergänzt, der die wichtigsten Dokumente enthält und zusätzlich zum Text ein reichhaltiges Material in Form von Statistiken, Erläuterungen, Auszügen aus Urteilen des Bundesverfassungsgerichts sowie Geschäftsverteilungsplänen bietet.

Wilfried Röhrich

Die repräsentative Demokratie

Ideen und Interessen. 1981. 223 S. (Studienbücher zur
Sozialwissenschaft, Bd. 40). Folieneinband

Diese Untersuchung gibt einen Überblick über die Entwicklungsetappen der repräsentativen Demokratie und ihrer Ideen. Herausgestellt wird der grundsätzliche Strukturwandel des Repräsentativsystems, auf den sich die unterschiedlichen Positionen seiner Theoretiker bezogen — ob es nun darum ging, bisher politisch entmündigte Bevölkerungsschichten in die politische Verantwortung einzugliedern, sich mit der Funktion der politischen Parteien abzufinden oder den Verbandseinfluß auf die repräsentativen Institutionen zu thematisieren.

Westdeutscher Verlag

Ernst Fraenkel

Das amerikanische Regierungssystem

Eine politologische Analyse. Mit einem Vorwort von Winfried Steffani.
4. Auflage 1981. IV, 396 S. Folieneinband

Mit der Neuauflage von Ernst Fraenkels „Das amerikanische Regierungssystem" wird ein jahrelang vergriffenes Standardwerk der politikwissenschaftlichen Literatur wieder allgemein zugänglich. Fraenkel analysiert den komplizierten Prozeß der politischen Wissensbildung und die
strukturbildenden Faktoren der amerikanischen Politik. Auf verglei-
chender Grundlage untersucht er die historischen, demokratischen,
bundesstaatlichen, rechtsstaatlichen und pluralistischen Komponenten
des amerikanischen Regierungssystems und stellt dar, wie durch das
Zusammen- und Wechselspiel von Parlament, Regierung, Parteien, Interessengruppen und öffentlicher Meinung politische Entscheidungen
zustande kommen.

Udo Kempf

Das politische System Frankreichs

Eine Einführung. 2., neubearbeitete und erweiterte Auflage 1980.
352 S. (Studienbücher zur Sozialwissenschaft, Bd. 21).
Folieneinband

Im Mittelpunkt dieser ebenso aktuellen wie materialreichen Einführung
in das politische System Frankreichs steht der Funktionsverlust des
französischen Parlamentarismus seit Beginn der V. Republik sowie die
parallellaufende Kompetenzausweitung der janusköpfigen Exekutive.
Der Autor analysiert, inwieweit das Parlament trotz mehrfacher Ver-
fassungsbeugungen von seiten des ersten Staatspräsidenten noch in der
Lage ist, seinen Kontrollfunktionen gerecht zu werden. Dies gilt auch
für die Amtszeit des jetzigen Staatspräsidenten, der versprochen hatte,
die Beziehungen zwischen Parlament und Exekutive auf eine neue Basis zu stellen. Daneben wird das Parteiensystem mit seinen jüngsten
Veränderungen umfassend abgehandelt. Hintergrund der Darstellung
bilden die politische Kultur, die Gesellschaftsstruktur sowie das Wirtschaftssystem Frankreichs.

Westdeutscher Verlag